AU CŒUR DE L'HUMAIN

Colloque 100e anniversaire Krishnamurti
et hommage à David Bohm

Collection Exploration

Éditions de Mortagne

Données de catalogage avant publication (Canada)

Vedette principale au titre :

Au cœur de l'humain

(Collection Exploration)
Textes d'un colloque tenu à Montréal en mai 1995.
Comprend des réf. bibliogr.

ISBN 2-89074-840-5

1. Krishnamurti, J. (Jiddu), 1895-   - Congrès. I
Gaboury, Placide, 1928-   . II. Collection: Collection
Exploration (Boucherville, Québec).

B5134.K754A9 1996   181' .4   C95-941700-1

Édition
Les Éditions de Mortagne
250, boul. Industriel, bureau 100
Boucherville (Québec)
J4B 2X4

Diffusion
Tél.: (514) 641-2387
Téléc.: (514) 655-6092

Illustration de la page couverture
Rémi Filion

Dépôt légal
Bibliothèque nationale du Canada
Bibliothèque nationale du Québec
Bibliothèque Nationale de France

1er trimestre 1996

ISBN: 2-89074-840-5

1 2 3 4 5 - 96 - 00 99 98 97 96

Imprimé au Canada

TABLE DES MATIÈRES

AVANT-PROPOS

En 1995, dans plusieurs villes du monde, autant en Europe, en Inde qu'en Amérique, on a célébré l'anniversaire de naissance de Krishnamurti. Dans la même foulée, un colloque international intitulé **100ᵉ anniversaire Krishnamurti et hommage à David Bohm,** a eu lieu à Montréal, en mai 1995. Il était présidé par un des précurseurs du mouvement science et conscience en Europe, Robert Linssen, qui a connu et côtoyé autant Krishnamurti que David Bohm qu'il considère comme complémentaires dans la quête de la Vérité. On sait que l'enseignement de Krishnamurti consistait surtout à retourner chacun à lui-même pour trouver la réponse vivante. David Bohm fut l'une des rares personnes à amener Krishnamurti à dialoguer sur des thèmes tels l'origine de la vie, l'origine de l'Univers et le sens de la vie.

Au cours de ce colloque, nous avons eu le privilège d'entendre des conférenciers de formation différente et d'inspiration complémentaire venir témoigner de leur vision de l'Unique réalité qui s'interprète de mille manières au quotidien. Des congressistes sont venus d'Europe et des dix provinces du Canada pour célébrer le pressentiment de la liberté que chacun porte au cœur. C'est pour rendre hommage à tous ceux qui non seulement croient mais encore se nourrissent de ce qu'il y a de plus substantiel dans la Vie que les conférenciers réunis pour cet événement ont accepté de partager leur propos au moyen de ce livre. Le Pʳ Constantin

Fotinas était en Grèce au moment du colloque et nous apprécions vivement qu'il nous ait autorisés à publier le texte qu'il n'a pu prononcer publiquement. Nous remercions tous les conférenciers, les participants, de même que tous les organisateurs et collaborateurs qui ont fait de ce colloque un succès.

Colette Chabot et Samir Coussa

LISTE DES CONFÉRENCIERS

LUC BESSETTE

Le Dr Luc Bessette a étudié la biophysique avant de faire sa médecine. Il s'intéresse autant à la santé des humains qu'à celle de la planète. Depuis quelque temps, il étudie les impacts psychoaffectifs des nouvelles technologies sur la santé. Très jeune, la philosophie orientale, autant que les grands penseurs occidentaux, l'ont inspiré. Luc Bessette est le président-organisateur du premier congrès international sur les processus de guérison que présidait le Dalaï Lama, à Montréal, en 1993. À deux reprises, il a réuni des scientifiques et des sages, et il témoigne de ce que leurs découvertes et leurs enseignements peuvent apporter à nos vies.

Coplanor
511 Place D'Armes, suite 600
Montréal (Québec)
Canada
H2Y 2W7

JEAN BOUCHART D'ORVAL

Jean Bouchart d'Orval est physicien et ingénieur nucléaire, et il aurait sans doute pu apporter une contribution significative dans ces domaines. C'est pourtant avec humour et simplicité qu'il sait raconter qu'une force tranquille l'amena à pousser sa quête du réel bien au-delà de la simple démarche scientifique. *La Maturité de la Joie* (Libre Expression), sa traduction du sanskrit au français, avec commentaires, des *sutras* de Patanjali est un chef-d'œuvre d'ouverture et s'adresse à un large public. Conférencier et écrivain, Jean Bouchart d'Orval enseigne également.

10 815 boul. d'Auteuil
Ahuntsic (Québec)
Canada
H3L 2K7

MARIO CAYER

Mario Cayer est professeur au département de *management* à la faculté des Sciences de l'administration de l'Université Laval, à Québec. Candidat au doctorat en psychologie organisationnelle au Saybrook Institute de Californie, sa recherche porte sur l'approche du dialogue proposée par le physicien David Bohm. Mario Cayer a participé à des groupes de dialogue au Canada, aux États-Unis et en Europe. Grâce à lui, cinq groupes de dialogue ont démarré au Québec au cours de la dernière année.

Département de *management*
Faculté des Sciences administratives
Université Laval
Québec (Québec)
G1K 7P4
Tél. : (418) 656-2105
E-mail: Mario.Cayer@mng.ulaval.ca

SAMIR COUSSA

Représentant de la revue *3ᵉ Millénaire* au Canada, Samir Coussa a étudié la physique et les mathématiques à l'université de Damas. Après des études en informatique à l'Université Paris VI en France, il veut compléter un doctorat sur la philosophie de la cybernétique. Il dirige depuis peu la collection *Exploration* aux Éditions de Mortagne.

5036, 4e rue Chomedey
Laval (Québec)
Canada
H7W 4V1

CONSTANTIN FOTINAS

Constantin Fotinas est professeur à la Faculté des Sciences de l'éducation de l'Université de Montréal, où il travaille, avec son groupe de recherche, sur le développement de la personne en milieu éducatif. Depuis plus de quinze ans, avec sa collaboratrice Dr Nicole Henri, il a introduit dans son enseignement universitaire l'éducation des trois corps : physique, psychomental et spirituel. Docteur en ethnologie, il a effectué des retraites chez les bouddhistes zen, les taoïstes, les soufis, et, pendant son dernier congé sabbatique au mont Athos, en Grèce, chez les chrétiens orthodoxes. Il est l'auteur d'une dizaine d'ouvrages, en langue grecque, sur la métaphysique. En français, il a publié *Le Tao de l'Éducation*, et son dernier livre, en traduction, s'intitule *Ulysse n'a jamais voyagé*.

Département d'études en éducation
Faculté des Sciences de l'éducation
Université de Montréal
C.P. 6128, succursale Centre-Ville
Montréal (Québec)
Canada
H3C 3J7
Tél.: (514) 343-2131

PLACIDE GABOURY

Placide Gaboury fut l'un des premiers philosophes au Canada à étudier les liens entre la science et la conscience.

Dans les années 70, plusieurs de ses ouvrages témoignaient des convergences entre les découvertes scientifiques de pointe et la pensée des Maîtres des grandes traditions spirituelles. Au même moment, il brûlait tous ses diplômes universitaires et abandonnait l'Ordre des Jésuites. Considéré comme l'un des plus grands éducateurs populaires au Québec, il témoignera de l'influence que la science, et plus particulièrement l'œuvre de David Bohm, a eue sur sa vie. Auteur d'une trentaine d'ouvrages, Placide Gaboury est également musicien, peintre et conférencier.

1570 St-Thimothée, app. 414
Montréal (Québec)
Canada
H2L 3N9

LUCETTE LECLERC

Lucette Leclerc est la présidente-fondatrice du Réseau québécois du transpersonnel. Pédagogue de formation, elle détient aussi une maîtrise en psychologie. Elle a une longue expérience de la pratique privée et de la consultation, ainsi que de l'enseignement. Lucette Leclerc fait actuellement une recherche phénoménologique de niveau doctoral sur des expériences dites psychospirituelles, psychoreligieuses ou psychomystiques. Le livre *La Conscience Cosmique*, que le psychiatre canadien Richard M. Bucke publiait en 1901, a été pour elle une source d'inspiration dans cette démarche.

Le Réseau Québécois du Transpersonnel
3470 rue Simpson, app. 612
Montréal (Québec)
Canada
H3G 2J5

ROBERT LINSSEN

Directeur de l'Institut des sciences et philosophies nouvelles, fondé à Bruxelles en 1935, Robert Linssen est considéré comme l'un des précurseurs du mouvement science et conscience en Europe. Déjà, au début du siècle, il réunissait des scientifiques et des sages afin de trouver un terrain commun pour sensibiliser le public aux énergies les plus substantielles de l'Univers. C'est d'ailleurs lui qui a fondé le premier Cercle Krishnamurti, en Belgique. Son amitié avec Krishnamurti remonte à 1928. En 1978, il rencontrait le physicien David Bohm, ce qui devait marquer un tournant décisif dans sa vie et dans son œuvre. Robert Linssen est certainement l'une des rares personnes à avoir connu intimement aussi bien Krishnamurti que David Bohm, et à avoir échangé avec eux jusqu'à leur décès. Auteur d'une œuvre aussi riche que variée, Robert Linssen nous fait l'honneur, durant ce colloque, de prononcer deux conférences et de procéder au lancement de son dernier titre, *La Spiritualité quantique*, publié par les Éditions de Mortagne.

Institut des Sciences et Philosophies Nouvelles
120 Jesus Eiklaan
B-3080 Tervueren
Belgique

JEAN RATTE

Chirurgien spécialisé en chirurgie vasculaire, Jean Ratte a rapidement pris conscience des limites de la médecine. De l'acupuncture à l'ostéopathie, sa démarche l'a conduit à l'holo-énergétique, une méthodologie qui se situe à l'interface des sciences biophysiques et cognitives. Jean Ratte a étudié l'holo-énergétique pendant dix ans avec ses fondateurs, Claude Piro et André Secondy. En 1992, il abandonnait la médecine pour se consacrer entièrement à la recherche et à la pratique de l'holo-énergétique. Depuis 1994, il poursuit ses recherches de façon indépendante.

Centre Holo-Énergétique
810 rue Champagneur, bureau 207 G
Outremont (Québec)
Canada
H2V 4S3
Tél. : (514) 278-2663 et 1-800-205-9530

Mot de bienvenue du président d'honneur

Votre présence à ce colloque consacré à un hommage à David Bohm et à son œuvre, ainsi qu'à la célébration du centenaire de la naissance de Krishnamurti, témoigne de l'intérêt que vous portez aux valeurs scientifiques et spirituelles dont l'humanité en crise a un immense besoin.

Dans son livre *La Danse des éléments,* Gary Zukav déclarait que la seule grande révolution du XXe siècle s'est faite en physique. On peut considérer que l'œuvre géniale de David Bohm – et celle des grands physiciens qui lui rendent hommage – a nettement contribué à une prise de conscience holistique de l'Univers considéré comme Plénitude d'un seul et même Vivant.

Cette vision unitaire spirituelle, complétée par celle de Krishnamurti, est un facteur puissant d'harmonie, de bienveillance et de fraternité. Les personnes qui ont contribué à l'organisation de ce colloque l'ont fait parce qu'elles ont l'intime conviction que les crises, les violences, les haines raciales qui déchirent l'humanité réclament d'urgence des valeurs spirituelles dégagées des limites de l'ego.

Les œuvres de David Bohm et de Krishnamurti, l'éclosion d'une psychologie transpersonnelle contribuent à l'émergence d'un sens supérieur de l'harmonie et de l'amour dans les relations humaines. Telles sont les motivations présidant à la réalisation de ce colloque.

Puissions-nous en faire une occasion d'échanges de haut niveau et de communion spirituelle!

Robert Linssen
Montréal, mai 1995

INTRODUCTION À KRISHNAMURTI

Samir Coussa

La vérité est un pays sans chemin
que l'on ne peut atteindre par aucune route
quelle qu'elle soit...

Dans cette causerie, je me propose de vous introduire à la vie de Krishnamurti et à son œuvre.

Krishnamurti est un être exceptionnel qui a parcouru tout ce siècle. Sa vie est rentrée dans la légende et son enseignement réside dans ce qu'on pourrait appeler «l'éternel», où résident les enseignements les plus profonds de l'humanité. Il n'a pas cessé, pendant soixante ans, de parcourir le monde pour aider les gens à sortir de leur torpeur et leur permettre de pénétrer plus profondément en eux afin de transformer la société, le monde et leur vie.

Krishnamurti est né le 11 mars 1895 à Madanapalle, en Inde. Déjà, avant sa naissance, sa mère faisait des rêves lui annonçant que cet enfant serait spécial et qu'il deviendrait un être exceptionnel[1]. Quelques heures après sa naissance,

---

1. Voir à ce sujet le petit livre *The Boy Krishna* écrit par Mary Lutyens, publié en Angleterre par la «Krishnamurti Foundation Trust Ltd», en 1995.

un astrologue confirma aussi cette prémonition. Étant un huitième enfant, comme le dieu Krishna, on lui donna le nom de Krishnamurti. Les années passant, cet enfant, dont on attendait beaucoup, semblait plutôt chétif, malade et un peu simplet, et l'idée qu'il allait devenir un être exceptionnel commença à s'estomper. En 1905, sa mère décéda. Krishnamurti était âgé de dix ans. En tant que fonctionnaire de l'État, son père n'avait pas un salaire suffisant pour subvenir aux besoins des quatre enfants survivants de sa famille. Deux ans plus tard, son père prend sa retraite et son traitement est réduit de moitié. Par désespoir, il s'adressa à la présidente de la Société Théosophique d'Adyar qui, à l'époque, était Annie Besant, afin d'obtenir du travail dans cette Société dont il était membre.

Précisons que la Société Théosophique a été fondée en 1875 par un groupe de jeunes chercheurs, dont la principale figure était Mme Blavatsky, elle-même un être exceptionnel et plutôt bizarre. Il faut reconnaître que la majorité de ce qu'on voit actuellement de bien ou de mal – mais ce n'est pas la faute de la Société – dans le domaine des spiritualités orientales et occidentales, nous vient grâce à l'influence de cette Société. En Inde, les textes sacrés qui ont été délaissés ont été republiés, revivifiés grâce à la puissance de celle-ci.

Donc, le père de Krishnamurti et ses enfants déménagent à Adyar, en Inde, où se trouvaient les locaux principaux de la Société. Krishnamurti et son jeune frère Nitya étaient inséparables. Nitya aidait beaucoup Krishnamurti qui était une sorte de simplet. Si, par exemple, à l'école, le professeur lui disait : «Sors de là», il sortait et ne bougeait plus jusqu'à ce que quelqu'un s'occupe de lui.

Annie Besant, présidente de la Société, était assistée par un homme du nom de Leadbeater, qu'on disait très clairvoyant. En 1909, un jour qu'il était à la plage avec un groupe de chercheurs, il vit Krishnamurti et son frère qui jouaient avec d'autres enfants. En rentrant de la plage, Leadbeater déclara à son entourage : «Aujourd'hui, j'ai rencontré la personne qui a l'aura la plus pure que j'ai jamais vue de ma vie.» Par «aura», on entend l'émanation psychique d'un être. Selon sa couleur, on dit que l'être est évolué ou non. Une aura blanche, par exemple, signifie que l'être est très pur. Les compagnons de Leadbeater sont restés stupéfaits, car ils prenaient Krishnamurti pour un simplet, d'autant plus que Leadbeater insistait sur le fait qu'il allait devenir le véhicule du prochain «Instructeur du monde» que la Société Théosophique attendait[1].

«L'Instructeur du monde» était une sorte d'énergie intelligente, comme celle du Christ, du Bouddha ou du Seigneur Maitreya, qui devait s'incarner à nouveau pour toute l'humanité. Ainsi, Annie Besant a accepté le diagnostic de Leadbeater. Parce que Krishnamurti refusait de partir sans son frère Nitya, on les a extraits tous les deux de leur environnement pour leur donner une éducation spéciale.

Vers 1911, Krishnamurti a écrit, sous le nom d'Alcyone, son premier livre intitulé *Aux Pieds du Maître*, qui, d'ailleurs, est encore en vogue. Le nom d'Alcyone avait été choisi par Leadbeater qui affirmait avoir vu, par clairvoyance, les quarante incarnations précédentes de Krishnamurti. Cette période a donc connu une grande préparation. Il a créé pour la mission supposée de Krishnamurti l'Ordre de l'Étoile d'Orient – qu'il présidait déjà en 1911-1912 – ainsi qu'une Église Catholique Libérale, et un ordre maçonnique mixte;

---

1. Signalons que Mme Blavatsky écrivit, en 1890, «que l'engouement pour les messies est révolu et condamné et que le sauveur attendu dans les différentes traditions n'est, en fait, que l'homme intérieur et que c'est en élevant sa conscience à un niveau profond que l'homme sera sauvé sans intervention extérieure»! Donc, Mme Blavatsky aurait probablement été en désaccord avec les projets de ses successeurs.

tout cela pour aider à créer les éléments nécessaires à la diffusion du message du nouveau prophète.

Par timidité et par amour pour son entourage, Krishnamurti a d'abord accepté de faire ce que son entourage attendait de lui. De plus, il était très effacé et ne se manifestait presque pas. Il était en communion avec la nature et possédait une grande sensibilité psychique. Dans cette préparation, il a donc reçu des «initiations» qui sont des pratiques où un être est introduit à un autre niveau de conscience, un niveau souvent imperceptible normalement. Mais son père, qui avait accepté que ses deux fils soient «prêtés» à la Société Théosophique, intenta un procès contre celle-ci afin de reprendre la charge de ses deux enfants. Par peur, Mme Annie Besant envoya les enfants en Angleterre et en France, où Krishnamurti apprit l'anglais, le français, le latin, un peu d'espagnol et les manières de vivre occidentales. On souhaitait l'entrée de Krishnamurti à Cambridge, mais chaque fois qu'il passait un examen, il remettait une page blanche. Tout ce qu'on a tenté n'a pas réussi et on a dû annuler ce projet.

En 1920, Krishnamurti retourna en Inde. Déjà, il parcourait le monde. En 1922, Nitya eut la tuberculose. Krishnamurti et son frère se rendirent à Ojai, en Californie et là, la santé de Nitya s'améliora nettement. C'est à ce moment que débuta la véritable transformation de Krishnamurti.

Les signes de cette transformation se sont manifestés de façon très bizarre. Il était sujet à de grandes chaleurs, des douleurs effroyables, son corps devenait très agité, il parlait parfois un langage enfantin et cela pouvait durer des heures. Immédiatement après, il était complètement transformé comme si quelque chose d'autre prenait naissance en lui. Ce phénomène, qu'on a appelé «le processus», a persisté jusqu'aux années 70. Toutefois, les théosophes qui avaient acclamé le Maître ne savaient pas de quoi il s'agissait.

En 1925, survinrent deux grands événements. Il y eut d'abord une réunion à Huizen, en Allemagne, où quelques très éminents théosophes se sont donné des initiations, ont choisi douze apôtres, comme pour Jésus, et les ont désignés pour devenir les disciples de Krishnamurti. Krishnamurti n'était pas présent et il a trouvé cela de très mauvais goût. Quelque chose de sacré, pour lui, était en train d'être souillé. Ceci l'a mis en rage contre toute la formulation théosophique de l'époque.

Le deuxième événement, beaucoup plus grave, a décidé de ce qui allait se passer. Krishnamurti devait partir en voyage et il demanda aux maîtres supposés de la Société Théosophique, avec qui il pensait être en contact sur un plan invisible et subtil, l'assurance que rien n'arriverait à son frère pendant son absence. Ce qui lui a été confirmé intérieurement, ainsi que par d'autres personnes de la Société Théosophique. Mais hélas, son frère décéda pendant son voyage. Cet événement lui causa un très grand choc! Pendant toutes ces années, il avait cru à son message messianique, il avait cru en ses Maîtres et voilà que ceux-ci lui avaient promis une chose qui ne s'était pas produite.

Il était inconsolable et est resté pendant près de dix jours à pleurer. Il dit, à ce sujet : «Il est mort. J'ai pleuré dans la solitude. Partout où j'allais, j'entendais sa voix et son rire heureux. Je cherchais son visage sur tous les passants et demandais partout si l'on avait vu mon frère. Mais personne ne put me réconforter. J'ai prié, j'ai adoré, mais Dieu restait silencieux.» Ce passage bien compris, je crois, résume tout le message que Krishnamurti va développer par la suite. Dans cette crise et dans son déchirement extraordinaire, Krishnamurti a essayé au début de se réfugier dans des croyances réconfortantes : il y a une vie après la mort, il y a un plan, ma vie est consacrée à être un messie, donc il y a sûrement un sens à la mort de mon frère… Mais cette fuite ne réussissait pas. Sa pensée tourmentée se réfugiait auprès de ses amis, mais sans succès. Et, chaque fois, il constata que ce n'était pas la solution véritable, mais encore une autre fuite. Et enfin ce fut le silence. Il ne cherchait plus à fuir. Il est resté seul avec sa douleur, il ne priait plus les dieux, n'attendait plus de consolation. Quand on ne cherche plus, délaissant le passé et ce qui arrivera dans l'avenir, quand on ne cherche plus d'échappatoires, il y a alors une telle concentration d'énergie psychique qu'elle fait éclater toute la structure égoïste. C'est exactement ce qui arriva à Krishnamurti.

Les derniers vestiges illusoires de son Moi ont éclaté. Il dit alors : «Je souffrais, mais je commençais à me délivrer de tout ce qui me limitait jusqu'à ce qu'enfin je m'unisse au Bien-Aimé. J'entrai dans l'océan de libération et l'établis au-dedans de moi.» Cela s'est passé en dix jours, après la mort de son frère. Il était, par la suite, méconnaissable. Lui qui, avant, était à l'écart, effacé, qui donnait quelques conférences où il répétait , avec sa propre fraîcheur, ce que les autres voulaient qu'ils disent, voilà qu'il se trouve complètement transformé. Ce n'était plus cette personne craintive, c'était maintenant quelqu'un qui s'affirmait.

Mais pendant quelques années, il est resté dans la Société Théosophique, principalement à cause de son grand amour pour Mme Annie Besant, qui était comme sa mère. Dès 1925, Krishnamurti commença à frapper sur la torpeur de son entourage. Il leur demandait de s'éveiller et de ne pas attendre la libération par l'intermédiaire d'une tierce personne, pas plus que par une organisation donnée.

Il y a 2000 ans pesaient également sur Jésus toutes les attentes messianiques de son époque. Toutes les paroles qu'il prononçait étaient attribuées à une forme de messianisme. Dans les Évangiles, on entend souvent Jésus dire des choses comme : «Avant qu'Abraham fût, je suis», ce qui détruisait ces projections. Deux mille ans après, la mentalité de l'être humain n'a pas changé. Nous attendons toujours un sauveur, nous n'avons pas mûri. Ceci nous est démontré par le cas de Krishnamurti.

Le Bien-Aimé dont parlait Krishnamurti n'était pas son frère, mais l'essence des choses. Et pendant ces quelques premières années, il commença à écrire des poèmes d'une très grande pureté mystique. Je vais vous lire un texte qui, je l'espère, fera ressortir le sens de ce qu'il vivait.

Viens avec moi, t'asseoir près de la mer. Ouvre ton cœur. Sois libre.
Je te parlerai d'une paix intime,
comme celle des profondeurs calmes,
d'une liberté intime, comme celle de l'espace,
d'un bonheur intime,
comme celui des vagues qui dansent.
Vois la lune, trace un chemin de silence sur la mer sombre,
Ainsi devant moi l'intelligence ouvre un sentier lumineux.
La douleur gémissante se cache sous la moquerie d'un sourire,
Le poids d'un amour périssable alourdit le cœur,
La raison est déçue et la pensée s'altère.
Ah! viens t'asseoir près de moi,
Ouvre ton cœur, sois libre.
Comme la lumière que la course immuable du soleil ramène,
l'intelligence à toi viendra.
Les lourdes terreurs d'une attente angoissée
s'en iront de toi comme les vagues reculent sous l'assaut des vents.
Viens t'asseoir près de moi,
Tu sauras quelle intelligence donne un amour vrai.
Comme le vent chasse les nuées aveugles,
la pensée claire chassera tes préjugés stupides.
La lune est amoureuse du soleil
et le rire des étoiles remplit l'espace.
Oui, viens t'asseoir près de moi,
Ouvre ton cœur. Sois libre.

Voilà un exemple de la ferveur mystique qui animait Krishnamurti à cette époque et qui l'a habité jusqu'à la fin de sa vie. Mais comme sa poésie ne semblait pas éveiller les gens, mais au contraire les attacher par sa beauté, il durcit le ton rapidement et son discours changea; il dit : «Plus rien ne demeurera pour ceux qui acceptent tout d'une autorité extérieure. Pour ceux qui sont recouverts de la poussière de la tradition, de la poussière des croyances agonisantes. Mais lorsque vous appelez le doute et secouez ainsi cette poussière, il reste le résultat de votre propre détermination, l'extase de votre propre pensée et de votre propre sentiment, et cela, rien ne peut le détruire. Plus vous doutez, plus impitoyablement et logiquement vous examinerez vos croyances sous toutes leurs faces et plus clairement apparaît la vérité dans toute sa forme et sa beauté primitive.» Le ton changea donc complètement. Ailleurs, il ajouta : «Il vous faut tout mettre en doute, afin que du paroxysme du doute, naisse la certitude. Ce n'est pas lorsque vous vous sentez fatigués ou malheureux qu'il faut douter. N'importe qui peut faire cela. C'est dans les moments d'extase que vous devez douter, car vous découvrez alors si ce qui demeure est vrai ou faux.»

Pendant ces années, Krishnamurti prépara son entourage à ce qui allait arriver. Bien que refusant toute autorité, mais tout en acceptant son rôle, il vit que les gens restaient endormis. Qu'allait-il faire de tous ces gens qui le proclamaient comme le Messie? Allait-il accepter toute l'adulation dont il était l'objet de la part des milliers d'adeptes qui attendaient, partout dans le monde? En 1929, il donne ce discours historique qui reste unique dans les annales spirituelles de l'humanité. Lorsqu'il annonça : «Je vais vous expliquer pourquoi je vais dissoudre l'Ordre», les milliers de personnes présentes eurent un choc. Et il raconta l'histoire suivante.

Le diable marchait dans la rue avec un ami. En voyant quelqu'un se pencher pour ramasser quelque chose qu'il mit dans sa poche, l'ami du diable dit : «Qu'a-t-il mis dans sa poche?» Le diable répond : «Une partie de la vérité.» L'ami du diable ajoute : «Mais s'il a pris une partie de la vérité dans sa poche, vos affaires vont aller très mal.» Et le diable répond : «Ne vous inquiétez pas, je vais l'aider à l'organiser.»

Après que Krishnamurti eut raconté cela, il poursuivit : «La vérité est un pays sans chemin que l'on ne peut atteindre par aucune route quelle qu'elle soit : aucune religion, aucune secte. Tel est mon point de vue et je le maintiens d'une façon absolue et inconditionnelle. S'il n'y a que cinq personnes qui veuillent entendre, qui veuillent vivre, dont le visage soit tourné vers l'éternité, ce sera suffisant. À quoi cela sert-il d'avoir des milliers de personnes ne comprenant pas, complètement embaumées dans leurs préjugés, ne voulant pas la chose neuve originale, mais la voulant traduite, ramenée à la mesure de leur individualité stérile et stagnante : parce que je suis la vérité (encore à cette époque, il disait : "Je suis la vérité", mais changera, par la suite, rapidement), je désire que ceux qui cherchent à me comprendre soient libres. Et non pas qu'ils me suivent, non pas qu'ils fassent de moi une cage qui deviendrait une religion, une secte. Ils devraient plutôt s'affranchir de toutes les craintes, de la crainte de la religion, de la crainte du salut, de la crainte de la spiritualité, de la crainte de l'amour, de la crainte de la mort, de la crainte même de la vie. Comme un artiste qui peint un tableau, parce que c'est son art, qui est sa joie, son expression, sa gloire, son épanouissement, c'est ainsi que j'agis, et non pas pour obtenir quoi que ce soit de qui que ce soit. Vous êtes habitués à l'autorité ou à l'atmosphère de l'autorité. Que ferais-je d'une suite de gens insincères, hypocrites, moi l'incorporation de la vérité? Mon dessein est de faire des hommes inconditionnellement libres. Je veux donc délivrer l'homme et qu'il se réjouisse comme un oiseau dans le ciel clair, sans fardeau, indépendant, extatique au milieu de cette liberté.»

Et Krishnamurti dissout l'Ordre, toutes les organisations et rendit les différentes donations. Il leur dit : «Vous pouvez faire d'autres organisations. Je n'ai rien à voir avec cela.» Imaginez que vous avez des châteaux, des propriétés et des milliers de disciples partout dans le monde qui vous considèrent comme le Messie, et que subitement vous preniez conscience de la fausseté de cette situation, que feriez-vous ? Eh bien, Krishnamurti a démoli tout cela! Par la suite, quelqu'un a dit : «Jésus a chassé les vendeurs du Temple. Krishnamurti n'a pas chassé seulement les vendeurs, il a chassé les dévots et il a brûlé le Temple.» Et je pense que c'est vrai, pas pour comparer Krishnamurti à Jésus, mais pour donner le cadre historique et grandiose de cet événement.

La Société Théosophique et tout l'entourage de Krishnamurti étaient sous le choc. Certains disaient, comme Leadbeater, que la venue du Messie était faussée. D'autres ajoutaient que Krishnamurti n'avait plus voulu accéder à un niveau supérieur et s'était enfermé à son propre niveau. D'autres ont dit : «Krishnamurti est maintenant le véritable Maître. Vraiment, il incarne le Maître ultime.» Vous pouvez lire cela dans des livres comme *L'Initié, dans le Nouvel Âge*, ouvrage en trois volumes paru dans les années 30. La controverse continue jusqu'à nos jours. Mais déjà, en 1926, Krishnamurti disait : «Amis, ne vous occupez pas de qui je suis, vous ne le saurez jamais. Ce n'est pas du tout important.»

Pendant les dix premières années après la dissolution de l'Ordre, les mêmes questions revenaient constamment : «Êtes-vous l'Instructeur du monde? La réincarnation, qu'est-ce que c'est? Connaissez-vous vos vies antérieures? Est-ce qu'il y a une vie après la mort?» Et ceci a continué jusqu'à la fin de sa vie. Mais les gens sont devenus de plus en plus sophistiqués dans leur questionnement. Par exemple, après la mort de Gandhi, quelqu'un lui demande : «Est-ce que Gandhi est toujours vivant?» c'est-à-dire dans un autre niveau. Alors, Krishnamurti répond : «Vous

m'avez posé cette question sous mille déguisements différents. En fait, si je vous dis que Gandhi est toujours vivant,
vous allez penser qu'il y a une vie après la mort. Si je vous
dis que Gandhi est mort, qu'il n'existe plus, vous allez croire
qu'il n'y a pas une vie après la mort. Et dans les deux cas,
ajouta-t-il, ce n'est qu'une croyance de plus et de seconde
main. Ce qu'il vous faut, c'est savoir pourquoi vous posez
la question. Pourquoi me posez-vous cette question? Est-ce
que c'est parce que vous avez peur? Regardez dans votre vie
le pourquoi de cette question.» Il agissait comme un miroir
pour les gens qui l'entouraient.

On lui demanda : «Comment est-il possible que Dieu
permette qu'il y ait toute cette misère dans le monde, cette
violence, les guerres, etc?» À nouveau, Krishnamurti
répond : «Regardez comment vous créez les problèmes.
Vous postulez qu'il y a un Dieu qui a créé l'univers, que ce
Dieu est bon et miséricordieux. Par la suite, vous regardez
tout autour de vous et vous trouvez que le monde est dans
la violence, dans la misère, dans la guerre et vous créez un
problème. Comment un Dieu aussi bon a pu créer ce monde?
Et c'est vous qui avez créé ce problème, parce que vous avez
postulé tout au début qu'il y a un Dieu bienveillant et miséricordieux qui a créé ce monde.» Donc, chaque fois qu'on lui
posait ces questions, Krishnamurti essayait de ramener la
personne à elle-même, à sa propre structure mentale et à son
fonctionnement. Bien sûr, il rentrait dans beaucoup plus de
détails, qu'il m'est impossible de mentionner ici.

À partir des années 30, Krishnamurti commença à parcourir le monde de son propre chef et de plus en plus de
personnes intéressées se réunissaient autour de lui. Jusqu'à
la fin de sa vie, il continua d'affirmer que lui-même n'était
pas une autorité, que tout ce qu'il disait devait être revu,
étudié, critiqué pour distinguer le faux du vrai. Même dans
les «Krishnamurti Foundations» qu'il a fondées – ces organisations qui ont pour seule fonction d'imprimer les livres,

les vidéocassettes et de les rendre disponibles aux gens –, il n'y a pas d'autorité, il n'y aucun successeur, aucun interprète possible. Il est mort d'un cancer, en 1986, à l'âge de quatre-vingt-onze ans. Jusqu'à la dernière minute, il n'a cessé de voyager partout dans le monde. Voilà pour la vie de Krishnamurti[1].

La clé de l'enseignement de Krishnamurti se trouve dans ce qu'on appelle «le processus oppositionnel du moi». C'est dans l'enseignement de Krishnamurti que ce processus a été le mieux éclairé, et ce, dans un langage tout à fait actuel qui n'a rien à voir avec une nomenclature philosophique, psychologique, indienne, sanskrite ou autres. Je vais parler rapidement de ce processus.

Le processus du moi, nous le vivons à chaque instant, vous et moi. Quand j'ai commencé ma conférence – maintenant, ça va un peu mieux –, je tremblais. C'est aussi une partie de ce processus du moi qui veut avoir une image plus agréable vis-à-vis de vous. Quand l'enfant naît, il n'a pas le sentiment d'être séparé de son milieu et de son entourage; il vit dans un monde un peu magique. Il n'a pas du tout conscience de ce que pense l'adulte. Et, un jour, il se transforme, il acquiert la conscience adulte. Cela se produit d'un seul coup. Avant, il ne se sentait pas séparé. Bien sûr, il y a des phases, mais ce sentiment de séparation arrive en quelque sorte d'un seul coup : l'enfant tombe. Du jour où il est tombé, les choses ne se passent plus de la même façon. Comment ce processus fonctionne-t-il?

Il y a le soi-conscience qui vous donne la peur fondamentale. La peur fondamentale vous donne la recherche de sécurité. La recherche de sécurité vous donne une avidité de

---

1. Pour plus de détails sur la vie de Krishnamurti, voir les quatre volumes de Mary Lutyens parus aux Éditions Arista/Amrita, ainsi que le livre de Pupul Jayakar, *Krishnamurti*, aux Éditions l'Âge du Verseau/Rocher.

possession. Et à nouveau, la possession vous donne la conscience de soi. Je vais expliquer brièvement cela. C'est un processus cyclique qui s'autogénère[1]. Par exemple, Krishnamurti disait dans certaines de ses conférences : «C'est la peur qui crée la conscience de soi.» J'ai peur et je prends conscience que je suis séparé des gens. Dans d'autres conférences, il va dire : «C'est la conscience de soi qui crée la peur.» J'ai conscience de moi, voilà qu'il y a autour de moi des êtres. Peut-être qu'ils vont m'être hostiles? Peut-être qu'ils vont dire ceci ou cela de moi? Donc, ce sentiment a créé la peur. Il n'y a pas de contradiction. C'est une des caractéristiques du processus cyclique du moi où chaque élément produit les autres dans une succession indéfinie. Tout l'enseignement de Krishnamurti explique et décrit ce processus et tous les malentendus qui existent concernant cet enseignement sont attribuables à l'incompréhension de ce cycle.

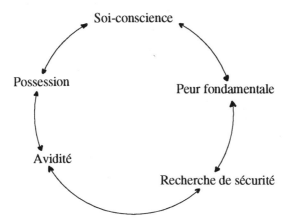

Pour nous protéger, nous allons à la recherche d'une sécurité. De quelle façon? Nous allons nous procurer des

---

1. Le meilleur livre que je connaisse sur ce processus et sur la pensée de Krishnamurti est celui de René Fouéré, *La Révolution du Réel : Krishnamurti*, aux Éditions Le Courrier du Livre. Ce livre m'a inspiré pour l'exposé et j'y ai puisé la majorité des citations. Je le recommande vivement.

biens : télévision, nourriture, amis, etc. Je vais acheter des choses, je vais acquérir une voiture, et je ne sais quoi. Je veux avoir tout. Les États vont faire des guerres afin d'agrandir leurs territoires dans le temps et dans l'espace. Le temps et l'espace sont représentés par nos ancêtres et le pays auquel nous appartenons. Ainsi, nous voulons acquérir toujours plus. C'est l'avidité, la possession, et ça s'enchaîne jusqu'à la conscience de soi. Plus j'acquiers, plus... Et tout se passe si rapidement en nous qu'on n'en a même pas conscience.

Dès que quelqu'un vient mettre une épingle dans ce processus, on se ressaisit et la réaction consiste à aller chercher du réconfort. Par exemple, nous invoquons l'appui de nos amis. Nous allons faire appel au passé : «Ah! dans le passé, j'étais telle chose ou telle chose.» Ou nous allons nous replier sur nous-mêmes : «Je ne veux plus souffrir à nouveau. Je ne veux plus revivre cette expérience. Donc, je ne veux plus rencontrer cette personne.» Ce sont là des aspects de réactions du moi. Et en nous repliant, nous produisons la répulsion et la haine. Ou nous pouvons chercher ou bien nous chercherons un autre terrain d'affirmation. Par exemple, si nous échouons quelque part, nous aurons tendance à compenser en faisant autre chose qui, à nouveau, projettera notre moi devant tout le monde. Ou encore si quelqu'un nous a insultés, nous tenterons de déprécier cette personne : «Elle n'est rien, elle n'en vaut pas la peine.» Ou nous allons rationaliser, ce qui signifie que nous allons donner une raison mystique, philosophique ou psychologique à ce qui nous arrive : «Le monde est comme ça. Rien ne peut changer.» Ou enfin, nous allons chercher à mettre en œuvre des techniques pour nous améliorer : «Je vais faire dix minutes d'assise en silence, du yoga, de la visualisation. Je vais travailler sur les chakras, aller chez un psychologue, etc.» Voilà ce qui se passe dans le processus oppositionnel du moi, et cela se produit d'une façon si rapide qu'on n'en a même pas conscience.

Krishnamurti a décrit en détails ce processus et a démontré qu'il était impossible de s'en sortir à l'aide de techniques, contrairement à ce que pensent la majorité des gens. Cette recherche des techniques est elle-même une recherche de sécurité qui mène à l'avidité. Cette évidence crée le désarroi des organisateurs des méthodes de développement personnel et spirituel qui souvent réagissent en la rejetant ou en la méconnaissant.

Ce processus oppositionnel du moi est dû, en grande partie, à ce qu'on appelle l'intelligence technique. Cette forme d'intelligence se caractérise par l'élaboration d'un projet et sa réalisation, comme la construction d'une maison ou la cuisine d'un plat. Ainsi, puisque depuis toujours l'être humain élabore et réalise des projets, on peut le qualifier d'être technique. On ignore encore comment ce côté technique et ces réalisations ont envahi la vie psychologique de l'être humain. Le fait qu'un projet s'étale dans le temps et dans l'espace a donné naissance au temps psychologique, temps qui, selon Krishnamurti, n'existe pas réellement. De la pensée technique proviennent tous les malentendus. Dès qu'on se pose la question sur le comment faire, la conscience technique donne naissance à un projet qui, à son tour, nous introduit au monde psychologique. Étant dominé par le temps, il nous fait croire qu'on peut devenir meilleur.

On peut donc conclure que Krishnamurti a eu une influence très importante aussi bien sur l'éducation, sur le développement de la psychologie transpersonnelle, que dans l'évolution d'une conscience planétaire et dans la compréhension de l'âme humaine. On pourrait expliciter davantage, mais afin de ne pas excéder le cadre de cet exposé, nous référons le lecteur aux différents livres de Krishnamurti, à celui de Fouéré déjà cité et aux deux remarquables livres de David Bohm *Changing Consciousness* chez Harper, et *Thought as a system* (éd. Routledge).

Durant sa longue carrière, Krishnamurti a rencontré des gens de tous les milieux, de toutes les disciplines et de tous les pays. Deux rencontres se sont singularisées par leur importance. En premier, la rencontre avec Aldous Huxley, auteur connu avec qui Krishnamurti a eu peut-être ses plus profonds échanges. Huxley contribua à introduire Krishnamurti dans le milieu intellectuel de la Californie. Il le poussa à publier ses notes comme les trois volumes des *Commentaires sur la vie*. La deuxième rencontre importante fut avec l'illustre physicien David Bohm qui, à son tour, fit connaître Krishnamurti au milieu scientifique. Plusieurs dialogues entre les deux hommes furent publiés sous forme de livres et audio-vidéocassettes.

C'est à travers ses nombreuses rencontres et ses voyages que Krishnamurti s'est intéressé aux implications des nouvelles technologies, aux religions et à la politique, bref, à tous les aspects de la vie humaine. Ainsi, il a senti la nécessité d'une éducation nouvelle où, au-delà des connaissances académiques, l'élève et l'éducateur doivent participer à une prise de conscience des conditionnements imposés par la société ou par la famille, car pour Krishnamurti «la véritable éducation est d'apprendre comment penser, et non quoi penser. Si vous savez comment penser, si vous avez vraiment cette capacité, alors vous êtes un être humain libre – libre des dogmes, des superstitions, des cérémonies – et alors, vous pouvez découvrir ce qu'est la religion». Cette éducation nous ouvre aux choses de la nature, à ses cycles et à ses processus, et, par le fait même, nous rend sensibles et attentifs à ce qui se déroule dans notre conscience[1].

---

1. Lire le livre de Louis Nduwumwami, *Krishnamurti et l'éducation,* aux Éditions du Rocher, qui fournira au lecteur une bonne bibliographie sur ce sujet et une présentation aisée des vues de Krishnamurti sur l'éducation.

L'œuvre publiée de Krishnamurti peut se diviser en trois parties. Disons, au départ, que la majorité de ses livres sont tirés des transcriptions de ses discours, qui ont été un peu arrondis et ainsi Krishnamurti paraissait très dur. On l'a décrit comme quelqu'un qui attend les gens dans le tournant, mais ce n'est pas tout à fait vrai, car comme il l'a expliqué : «Si vous allez chez un médecin et qu'il doit vous opérer, il ne vous opère pas pour vous faire mal, mais il vous fait mal un peu maintenant peut-être pour que vous soyez mieux après.» La seconde partie se compose des livres que Krishnamurti a lui-même écrits, des livres extraordinaires où il décrit la nature d'une façon très impersonnelle et où il parle des problèmes de la vie quotidienne. Parmi ceux-ci, nous retrouvons : *Les commentaires sur la vie, La révolution du silence,* son premier *Journal,* son dernier *Journal,* ses *Carnets.* Et, enfin, la troisième partie consiste en des dialogues avec des penseurs qui traitent un sujet donné en profondeur, ainsi que *Le temps aboli* avec David Bohm.

* * *

Q. — *Est-ce que Krishnamurti est devenu ce qu'il a été parce qu'il a compris à travers la douleur et la maladie?*

S.C. — Non. Ce n'est ni comprendre ni accepter, mais voir le processus tel qu'il est. On voit que tout ce qu'on fait n'est que la recherche d'une fuite, ainsi que je l'ai décrit d'une façon très incomplète dans le processus du moi. À un moment, il peut arriver que cette fuite en avant s'arrête!

J'ai connu une personne qui a vécu une situation très difficile. Elle a souffert énormément et a même pensé au suicide. Mais la lecture de Krishnamurti lui a permis de traverser cette dure épreuve. Chaque fois qu'elle cherchait un refuge, elle voyait que ce n'était pas la véritable solution. Cela a duré un peu plus de vingt-quatre heures. Après avoir épuisé toutes les échappatoires possibles, un silence s'est installé sans qu'elle l'ait recherché, car si on le recherche, on ne l'obtient pas. Ainsi, le système s'est vu tel qu'il était, tel qu'il fonctionnait. Grâce à cette personne, j'ai un peu compris ce qu'a vécu Krishnamurti.

Q. — *M. Coussa, lorsqu'on vous a présenté, on a mentionné que vous faisiez de la recherche en intelligence artificielle, particulièrement en cybernétique. Pouvez-vous nous expliquer le lien que vous voyez avec vos recherches personnelles et la pensée de Krishnamurti?*

S.C. — Tout d'abord, je dois préciser que je ne fais plus de recherche technique en intelligence artificielle. Il s'agissait d'une thèse que je voulais faire et qui traitait de la possibilité de créer des machines intelligentes telles que nous. Il m'apparaissait important de comprendre le processus du moi, afin de distinguer ce qui est mécanique en nous et ce qui ne l'est pas. Ces machines pourraient contribuer à cette compréhension. Mais l'autre aspect du processus du moi appartient au domaine intemporel et je ne crois pas qu'on puisse le mécaniser. J'étudie plusieurs modèles de conscience, dont celui proposé par Krishnamurti, modèle qu'il a connu par son propre vécu.

Q. — *Est-ce que Krishnamurti vous inspirait pour aller plus loin dans votre recherche sur un plan technique?*

S.C. — Non, la technique, c'est autre chose. Ma recherche ne porte pas exclusivement sur l'intelligence artificielle et la cybernétique, mais elle doit également inclure ce qu'ont dit les psychologues, philosophes et les neurologues sur la conscience et sur les relations entre le cerveau et notre esprit. Le modèle que propose Krishnamurti est, parmi les nombreux modèles, celui que je considère être, à la fois intellectuellement et expérimentalement, celui qui convient le plus à la réalité.

Q. — *Je suis fortement intéressé à en savoir un peu plus sur les «quanta». La conscience serait-elle un constituant de l'électron?*

S.C. — Les «quanta» en physique viennent, bien sûr, de la théorie quantique qui dit qu'on peut diviser la matière jusqu'à une certaine limite qu'on appelle le «quantum». Il y a les molécules divisibles en atomes, et, à l'intérieur, on peut aller aux électrons, aux protons, etc., et il y a les photons, etc. Ces particules ont des propriétés et ces propriétés ou quantités peuvent être divisées, mais non à l'infini. On appelle alors la plus petite quantité un *quantum.* Je ne sais pas si c'est très clair, mais disons qu'en physique, c'est la plus petite quantité qui n'est plus divisible, que ce soit la matière ou bien une propriété de celle-ci, car il y a deux formes de *quanta.*

La question suivante est : *la conscience se trouve-t-elle dans les électrons?* Je pense que la personne qui a posé cette question se réfère aux travaux de Jean Charon. Cela dit, depuis qu'il a formulé cette thèse, il a évolué et ne parle plus de la conscience dans les électrons. La dernière représentation de Jean Charon est que la matière est divisible en deux grandes catégories : les éons sont les particules chargées qui, selon lui, contiennent de la mémoire, et les pré-éons sont des particules qui ne sont pas chargées et qui ne contiennent pas encore de la mémoire. Pour lui, les électrons ne représentent qu'une partie spéciale de toutes les particules chargées. De plus, pour Jean Charon, maintenant que l'esprit n'est plus limité à ces particules, il est plutôt sous-jacent à toutes ces particules. Donc, il a changé. Avant, c'était localisé dans l'électron, qui avait des propriétés très sophistiquées et très complexes, mais la notion s'est généralisée à toutes les particules. Ce que dit Jean Charon est-il vrai ou faux? Si on posait la question à Jean Charon, il dirait que ce n'est qu'un modèle qui peut aider peut-être à aller plus loin dans la recherche, c'est tout. Mais est-ce cela ou non? Maintenant, si on se réfère aux traditions spirituelles, elles ne vont pas dire que la conscience se trouve dans une particule. Elles vont dire qu'il n'y a que la conscience. Donc, toutes les particules ne sont que des formes de cette conscience. C'est la conscience elle-même qui est unité et que nous voyons sous des formes différentes.

Q. — *Pourriez-vous commenter le fameux livre écrit par la fille de M. Rajagopal, qui a été le secrétaire de Krishnamurti? Et quel effet ces révélations sur la vie privée et intime de Krishnamurti ont-elles eu sur vous et sur les amis qui ont vécu près de lui? Et troisième question : ce livre est-il crédible ou est-ce une sorte de thérapie ou un fantasme?*

S.C. — Le livre en question est : Radha Sloss : *Lives in the Shadow with J. Krishanmurti*, édité à Londres, en 1991, par Bloomsbury.

Radha était la fille de Rajagopal qui, presque dès la séparation de Krishnamurti d'avec la Société Théosophique, était devenu son secrétaire et ce, jusqu'à 1968. Il était responsable de l'organisation des réunions et de la publication de l'œuvre écrite ou orale de Krishnamurti, et cela à travers des organisations telles que «Krishnamurti Writings Inc.», «K & R Foundation», etc.

Rajagopal s'était marié avec Rosalind, une ancienne amie commune à lui et à Krishnamurti. Durant la Deuxième Guerre mondiale, Krishnamurti est resté confiné à sa résidence, en Californie, où il partageait les mêmes locaux avec les Rajagopal. C'est là, pendant l'absence prolongée de Rajagopal, que la liaison intime s'est tissée entre Krishnamurti et Rosalind.

Le livre de R. Sloss décrit cette relation, propose de nombreuses interprétations sur le comportement de Krishnamurti et sur sa vie intérieure, et avance toute une thèse sur les raisons profondes de la rupture entre Krishnamurti et Rajagopal.

Avant de commenter brièvement ce livre, il faut signaler qu'il a eu l'effet d'une bombe. Beaucoup de ceux qui ont déifié Krishnamurti étaient sous le coup du choc. Certains ont renié Krishnamurti et son enseignement, d'autres ont même refusé de discuter tout ce que rapportait le livre de Sloss.

C'est dire, encore une fois, notre immaturité : les uns et les autres ont trouvé leur sauveur idéal et parfait. Ils ont réagi soit en laissant tomber ce sauveur (et peut-être à la recherche d'un autre), soit en s'attachant encore plus à leur image, refusant toute critique.

Revenons au livre de Sloss. Je ne trouve aucun problème à ce que Krishnamurti ait eu des relations intimes, chose sur laquelle se sont penchés exclusivement les uns et les autres... Surtout qu'il n'a pas usé de son «statut» d'orateur ou de maître; et même si c'était avec une femme mariée. En deuxième lieu, la rupture entre Krishnamurti et Rajagopal – et le procès qui s'en est suivi – n'est pas, comme décrit par Sloss, la volonté de Krishnamurti de mettre sous sa main les documents prouvant sa relation intime, mais le fait que Rajagopal a profité personnellement des dons de charité versés par des bienfaiteurs pour la propagation de l'œuvre de Krishnamurti. Radha Sloss a mélangé les deux problèmes et a brouillé les pistes en se donnant l'autorité de «première main» de quelqu'un qui a vécu avec Krishnamurti et qui était la fille des Rajagopal.

Le véritable problème que suscite ce livre est le comportement égoïste de Krishnamurti, et la seule véritable question qu'on peut se poser est : «Si Krishnamurti n'a pu vivre son enseignement axé sur la vie quotidienne, alors qui pourra le vivre?» Ici, nous soulevons un problème très actuel des relations entre éveil/libération et éthique. Mais c'est un problème très complexe qui nécessite de très longs développements, car, d'une part, l'éthique est souvent liée à une culture et se transforme avec le temps et le lieu. Et, d'autre part, il ne faut pas tomber dans le piège qui, subtilement, justifie un comportement en disant que la personne est libre de tout.

J'invite le lecteur à lire les documents publiés par la «Krishnamurti Foundation of America» pour se faire une idée plus objective sur le sujet : (1) *Statement by the KFA about the Radha Sloss book* Lives in the Shadow with J. Krishnamurti; (2) *History of the KFA* par Erna Lilliefelt, qui décrit le procès entre Krishnamurti et Rajagopal.

Enfin, j'ajouterai la réponse à paraître de Mary Lutyens sur ce sujet. En bref, ce livre a révélé la relation intime entre Krishnamurti et Rajagopal, mais les interprétations qu'elle en a données sont à considérer avec soin avant de décider de leur justesse ou de leur fausseté. Dans ce livre et dans l'interview qu'elle a accordée à la revue bouddhiste *Tricycle*, R. Sloss ne semble pas nier la véracité de l'enseignement de Krishnamurti. D'autres témoignages – et ils sont légion – nous montrent Krishnamurti comme Présence et Attention impersonnelles, amoureux de la nature, de l'innocence et de leur source ultime. Je garde cette image tout en restant libre d'elle.

Q. — *Une dernière question : pour vous, qu'est-ce que l'Essentiel?*

S.C. — Je pense que nous disons tous ici la même chose avec parfois des mots différents. L'Essentiel, c'est l'Écoute. Et écouter nécessite l'amour. À la limite, c'est la même chose. Que dire de plus!

Pour terminer, je vais lire un texte intitulé Le Perroquet, tiré du troisième volume des *Commentaires sur la vie*, de Krishnamurti, traduit par René Fouéré, dans son livre déjà mentionné. J'espère que ce texte vous fera sentir cette attention, cette présence impersonnelle qu'était Krishnamurti.

Un perroquet solitaire était perché sur la branche morte d'un arbre voisin. Il ne se lissait pas les plumes et se tenait très tranquille, mais ses yeux étaient mobiles et alertes.

Il était d'un vert délicat, avec un bec d'un rouge brillant et une longue queue d'un vert plus pâle.

Vous aviez envie de le toucher, d'en caresser la couleur, mais si vous le touchiez il s'envolait.

Bien qu'il fût complètement immobile, une lumière verte gelée, vous pouviez sentir qu'il était intensément vivant, et il paraissait donner vie à la branche morte sur laquelle il était perché. Il était si étonnamment beau que cela vous coupait le souffle. Vous osiez à peine détacher votre regard de lui de peur qu'il ne disparût dans un éclair.

Vous aviez vu des perroquets par douzaines, se déplaçant dans leur vol bizarre, se perchant le long des fils, ou éparpillés sur les champs rouges où pousse le jeune blé vert. Mais cet oiseau unique semblait être le foyer de toute vie, de toute beauté et de toute perfection. Rien n'existait plus que cette tache vivante de vert sur une branche noire contre le ciel bleu.

Il n'y avait plus ni mots ni pensées dans votre esprit. Vous n'étiez même pas conscient que vous ne pensiez plus. L'intensité de cela vous donnait les larmes aux yeux et vous faisait ciller alors que le battement même de votre paupière pouvait apeurer l'oiseau et le faire fuir!

Mais il restait là, sans mouvement, si lisse, si élégant, avec chaque plume à sa place!

Quelques minutes seulement avaient dû passer, et ces quelques minutes couvriraient le jour, l'année et la totalité du temps. Dans ces quelques minutes résidait toute vie, sans terme ni commencement. Ce n'est pas une expérience qu'on aurait à emmagasiner dans la mémoire, une chose morte qu'on aurait à garder vivante par la pensée, qui meurt elle aussi. C'est totalement vivant. Et dès lors, cela ne peut être trouvé parmi les choses mortes.

Quelqu'un appela de la maison au-delà du jardin, et la branche morte devint soudainement nue.

DE LA CONNAISSANCE SCIENTIFIQUE À LA CONNAISSANCE

Jean Bouchart d'Orval

On voit très bien comment, enfant, nous étions, et peut-être sommes-nous encore complètement dans l'étonnement qui est la marque de la pureté de perception.

Nous sommes ici pour *nous* célébrer. Le prétexte semble être un hommage à David Bohm et la célébration du centième anniversaire de la naissance de Krishnamurti, mais en réalité, tout ça n'est qu'un prétexte pour célébrer ce qui est le plus digne d'être célébré : ce qui en nous est vivant, ce qui en nous existe vraiment, ce qui en nous est réel; selon l'expression bienheureuse de M. Linssen, célébrer le Grand Vivant. C'est là une formulation que j'ai toujours adorée et chérie parce qu'il n'y a rien d'autre qui soit plus digne d'être célébré que ce Grand Vivant qui est en nous. Et pas seulement lors d'un colloque, lors d'une magnifique rencontre comme cette fin de semaine, mais toujours à l'occasion de notre existence. Voilà l'occasion de célébrer la manifestation de ce qui vit, de la conscience, de l'unique Réalité qui, dans sa manifestation, dans son déploiement dans l'espace et dans le temps, prend la forme d'expériences, de l'Expérience qui est toujours pure.

J'aurai peut-être l'air d'affirmer des choses, dans les minutes qui vont venir, mais en réalité, j'aimerais les lancer comme des interrogations, comme des occasions, parce qu'au fond tout n'est qu'occasion : les lieux, les rencontres et les affirmations mêmes. On devrait toujours les recueillir comme des occasions d'examen. Je pense que si Krishnamurti était ici, en personne, il serait d'accord pour dire que tout n'est qu'une occasion de remettre en question le connu, de questionner toute la façon dont on a conceptualisé le réel.

C'est justement ce qui se passe depuis le tout début, non pas seulement depuis le tout début de l'humanité, mais depuis le tout début de notre propre incarnation terrestre; depuis qu'il y a perception. La conscience s'éveille par le moyen de la perception. On sait très bien qu'un enfant qui n'est pas mis en contact avec la lumière avant un certain temps ne verra jamais. Et si ses sens n'étaient jamais éveillés, rien ne se passerait au niveau de la manifestation de la conscience. Il n'y aurait pas vraiment d'éveil, de manifestation d'éveil. Cette perception est constamment première dans la manifestation, elle est aussi constamment pure. Je disais «au début» : et ce n'est pas seulement un début historique, c'est un début constant. Chaque fois qu'il nous vient une perception par nos sens, par la mémoire, chaque fois qu'on ressent une émotion ou qu'on perçoit une pensée, la perception est là dans toute sa pureté, dans toute son unicité et son inséparabilité. Mais, chaque fois, quelque chose intervient qui recouvre cette pureté de perception. Cela arrive à l'individu, cela est arrivé à l'humanité à travers son évolution.

On voit très bien comment, enfant, nous étions, et peut-être sommes-nous encore complètement dans l'étonnement qui est la marque de la pureté de perception, et combien de plus en plus souvent, heureusement, cette pureté tend à revenir, pour peu qu'on soit attentif à elle. Cette pureté est, au départ, et encore plus tard, elle est toujours. Cette justesse de la perception dépose une impression en nous; elle la dépose dans ce qu'on appelle la mémoire, laissant toujours une impression en termes de «j'aime» ou «je n'aime pas», en termes d'agréable ou non agréable, avec plus ou moins d'intensité. Et il y a ce processus, à mesure que les impressions se déposent et s'accumulent. En même temps, une lumière nous pousse à vouloir regrouper nos expériences, à les expliquer, à trouver un fil conducteur, à déceler une unité. Dans le fond, toutes les explications du monde entier, dans tous les domaines, tendent vers cette pureté originelle, vers cette unité de l'existence. Mais cette unité à travers la diversité des formes est immédiatement oblitérée, parce que l'Être unique, dès qu'il se manifeste en tant que forme, se voile en tant qu'Être. C'est ça, la merveille : la vie elle-même est poésie, elle est expression poétique qui affirme en se voilant et laisse le lecteur ou l'auditeur que nous sommes (parce que nous ne sommes rien d'autre que cela, auditeur ou lecteur dans la vie), le grand plaisir de la découverte, c'est-à-dire de retirer la couverte qui s'est installée au fil des ans à travers le processus du «devenir».

Voilà la première chose qui nous touche : la perception. Et tout cela se cristallise tranquillement, devient schématisé, conceptualisé. C'est la grande affaire de tout le cycle d'éveil de la conscience. Il s'agit vraiment d'un processus aller-retour. Au cœur de cette évolution, que j'appellerais centrifuge, s'insinue un processus de cristallisation, d'organisation du réel. On citait cette histoire de Krishnamurti à propos du diable qui allait aider le passant à organiser une portion de la vérité; je pense que le diable a connu un vif succès dans nos vies, très tôt d'ailleurs, et qu'il continue à œuvrer. Mais ne nous accrochons pas au mot diable. D'ailleurs, le mot démon, qui est le mot *daimon* en grec, voulait d'abord et avant tout dire la divinité. Alors, ce n'est que la divinité qui a pris le visage du diable pour nous faire organiser cela et pour ensuite, comme Krishnamurti l'a fait lui-même, dissoudre cette organisation et nous faire retrouver le réel lui-même.

C'est toujours par comparaison qu'on connaît la vérité. Un peu comme quand on tombe malade et qu'on recouvre la santé, on découvre alors ce qu'est vraiment la santé. Ce n'est peut-être pas nécessaire de retomber malade encore et encore, mais il semble que c'est ainsi que l'on perçoit le réel. Si on nous montrait un mur ou un écran recouvert de dessins ou de figures, c'est la première chose qu'on percevrait. Et si on enlevait ces figures, on verrait peut-être les trous dans le mur, derrière les cadres. Si on bouchait les trous, on verrait les petites poussières sur le mur. Une fois celles-ci enlevées, stupéfaction! On découvrirait le mur lui-même qui, pourtant, dès le départ, occupait 99 % de la surface. Il en est de même de notre conscience. On s'accroche constamment aux formes que prend le réel, on s'attache au paraître. Et le fond, l'arrière-plan demeure, j'allais dire inconnu : il ne monte pas à la surface de la conscience, alors qu'il est le verbe, dans le fond, tout le mouvement de manifestation de l'existence. C'est un phénomène de l'attention qui est faite pour se poser d'abord sur les différences, sur le paraître, sur ce qui ressort comparé à... Par exemple, si je demeure immobile, que personne ne bouge dans la salle, mais que tout d'un coup quelqu'un bouge le bras, immédiatement mon œil, et donc mon attention, se porte là. C'est comme ça avec le son aussi. Si on demeure parfaitement silencieux et que, tout d'un coup, un son se fait entendre, l'attention ira là. Également, si un son continu arrête soudain, l'attention y sera appelée. Ce ne sont pas seulement nos sens qui sont ainsi, mais l'attention elle-même qui se porte d'abord et avant tout sur ce qui ressort, par comparaison. On connaît par comparaison. C'est pourquoi il est extrêmement difficile, bien qu'au fond ce soit simple, de retrouver la pureté de la perception du Fond, de la Réalité telle qu'elle est, sans conceptualisation; l'attention n'a pas été forgée ainsi, elle ne s'est pas habituée à percevoir de cette façon-là. On dirait qu'il lui faut toujours ce personnage qui perçoit quelque chose, le «je».

Notre histoire, en tant qu'êtres humains, qui inclut l'histoire de la science, n'est rien d'autre que ce processus d'organisation du réel, de conceptualisation de la réalité. Cette conceptualisation devient de plus en plus rigide si on n'y prend pas garde; notre vision de l'existence se transforme alors en un amoncellement de théories. Le mot théorie veut dire, à l'origine, «point de vue», voir à partir d'un point de vue. On oublie allègrement qu'il s'agit d'un point de vue, et on se met, selon l'expression consacrée, à prendre la carte pour le territoire. Le repas est servi et on a encore le nez dans le menu, et on s'en déclare satisfait jusqu'à ce qu'il arrive quelque chose dans notre vie, ou peut-être dans nos expériences scientifiques, qui vienne bouleverser, chambarder nos concepts établis, qui ne sont rien d'autre que le résultat d'une prodigieuse activité de la mémoire.

On a fait des expériences pour mesurer l'activité électrique du cerveau au moment de la perception d'une image, réelle ou imaginée. Bien sûr, une grande activité électrique surgit à l'arrière du cerveau où les images sont traitées; mais on a aussi découvert, sans doute avec un peu d'étonnement, combien la mémoire est active lors de la perception : une activité absolument fébrile de la mémoire, pas seulement des images visuelles, mais de toutes perceptions de nos sens et de notre mémoire. La perception directe et les impressions de la mémoire deviennent complètement mêlées, comme dans une soupe où les idées et les impressions mentales venues de nos expériences passées (ce que sont, dans le fond, nos théories) remontent pêle-mêle. Quand je vois un arbre, je peux me rappeler des expériences romantiques. Si je suis ébéniste, je peux déjà voir l'arbre en planches. Si je suis botaniste, je vais expliquer la sorte d'arbre, comment il se reproduit, etc. Mais alors, je ne vois plus l'arbre dans son essence. Le fond du réel, l'arrière-plan se trouve immédiatement mêlé aux pensées. Mes explications, ma mémoire des expériences passées, organisées et bien structurées (n'est-ce pas cela, la science?) me donnent l'impression d'en savoir plus sur l'arbre. En réalité, je ne connais pas davantage l'essence de l'arbre, l'essence de la réalité. Vous pouvez demander aujourd'hui à n'importe quel physicien de vous expliquer ce qu'est la matière, ou l'énergie, et on vous répondra, peut-être avec des équations longues comme le bras, *comment* l'énergie change de forme; mais on ne vous dira jamais ce que c'est. Le réel se trouve mêlé à tout le *comment*.

Nos théories nous ont donné l'impression d'en savoir davantage qu'il y a quelques siècles, alors qu'en réalité nous ne sommes que des ignorants un peu plus raffinés. Nous avons davantage de mots, d'images, de représentations pour l'expliquer, pour exposer notre ignorance fondamentale. Si la science n'avait fait que nous montrer cela, elle aurait complètement rempli son rôle. Nous demeurons, après tant de siècles d'acharnement sur la matière, fondamentalement ignorants sur la réalité, sur ce qu'on appelle, selon l'expression latine, le *quid*, le quoi du réel. Chaque fois qu'on pose la question du quoi, on se fait répondre le comment, parce que c'est sur cela que notre attention continue à se porter. Cela est le résultat d'une activité intense de la mémoire, activité qui passe inaperçue. Il est important de le voir pas seulement une fois, mais chaque fois qu'on perçoit un objet, chaque fois qu'on voit un visage. Par exemple, chaque fois qu'on dit mon nom, qu'on m'appelle, je me retourne, et immédiatement, sans prendre garde, le schéma du moi, du «je», est là, complètement présent. Il s'active et se met à donner le ton au réel, à la pensée, à l'action, et donc à la réaction et toutes ses conséquences, avec les peurs, les désirs, les regrets et tout ce cercle de renforcement de la croyance au «je».

La science a peut-être pour but le plus noble de nous éveiller à notre ignorance. La science du XXe siècle a peut-être commencé à ébranler en nous cette assurance tranquille que nous connaissons le réel parce que nous l'avons schématisé, parce que nous l'avons enfermé dans des représentations.

Nous vivons dans un monde de représentations et d'opinions, et parce que nous ne le percevons pas, et dans la mesure où nous ne le percevons pas, ce monde de représentations continue à nous enfermer dans l'enclos qui nous empêche de dévoiler la totalité du réel, de ce Grand Vivant. C'est le monde que nous avons forgé et que nous déplorons très souvent, sans voir que chaque instant, nous continuons à le perpétuer par cette distraction, ce manque d'attention. On demande parfois, parvenue au point où elle en est, comment la science va désormais aller plus loin. Qu'est-ce, en fait, qu'aller plus loin pour la science? Là-dessus, je dirais que la science n'a pas à aller plus loin en tant que science, c'est-à-dire qu'elle n'a pas à devenir autre chose qu'elle-même. Je pense que l'on commet parfois une maladresse en espérant que la science devienne autre chose qu'elle-même et se mette à fonder une vision plus «profonde», plus spirituelle, de la vie. C'est un vice fondamental d'attendre cela d'elle. La science doit continuer à être ce qu'elle est et à nous montrer comment on peut s'approcher le plus près possible du réel sans franchir le gouffre des représentations. La pensée peut, par les prodiges dont elle est capable, arriver jusqu'au bord du gouffre et contempler le réel de loin, l'imaginer, mais elle n'y a jamais accès, tant qu'elle demeure la pensée telle qu'on la connaît, la pensée organisée, la pensée qui explique et calcule, la pensée qui est surtout la propriété d'un penseur. Le mouvement d'appropriation ne nous a jamais laissés jusqu'à maintenant. Autant dans notre vie quotidienne que dans nos laboratoires ou dans nos bureaux, ou dans nos équations, nous continuons à vouloir nous approprier le réel, à essayer de l'enfermer, à mettre le doigt dessus; mais chaque fois qu'on affirme quelque chose, on se rend compte, l'instant d'après, qu'il faut dire le contraire.

Comme Oppenheimer l'expliquait, si nous demandons si l'électron bouge sur son orbite, nous devons répondre non. Si nous demandons si l'électron change de position, nous devons répondre non. Est-ce que l'électron est ceci? Nous devons répondre non. Il faut toujours répondre non, parce que chaque fois qu'on répond oui, l'instant d'après on s'aperçoit que le contraire est vrai également. Et je trouve ça merveilleux! C'est là que nos expériences du réel doivent nous amener, non seulement en science mais dans notre vie personnelle. Et c'est avec grande joie que j'ai remarqué, sur la table où sont étalés quelques livres, l'ouvrage de notre ami Placide Gaboury qui s'intitule *Une Voie qui coule comme l'eau* et, tout de suite à côté, celui d'Éric Baret qui dit : *L'eau ne coule pas*. Je crois que tout est là, dans ce magnifique paradoxe. On peut parcourir les deux ouvrages, déchiffrer les deux auteurs et voir que tous les deux mènent l'attention au même endroit qui n'est pas un lieu, qui n'est même pas un état, qui est simplement cette découverte dont on parlait tout à l'heure.

Alors, que veut dire aller plus loin? Ça ne s'adresse pas à la science en tant que science. Aller plus loin s'adresse au scientifique lui-même qui doit voir la limitation de ce processus rigide, de ce processus dont on n'est plus conscient, où il y a constamment quelqu'un qui cherche quelque chose, qui essaie d'enfermer le réel dans sa description. Et c'est seulement dans l'étonnement, dans le paradoxe, que cela devient clair et qu'il y a quelque chose de frais qui peut, je dis bien qui peut, se passer. C'est une cessation, une magnifique cessation qui peut prendre place, à la condition que l'énergie soit là en quantité et en qualité. En quantité, pourquoi? Parce qu'il faut une énergie énorme pour se libérer du connu : pour s'en extraire, il s'agit d'abord de voir le connu, de le réaliser, de faire en sorte qu'il cesse d'agir à notre insu. À ce moment-là, il cesse de donner le ton pour la première fois. Cela demande qu'on demeure un peu avec l'étonnement, et non pas simplement l'effleurer. On peut être très connaissant de physique quantique, de relativité et de toute la physique du XXe siècle, qu'on appelle moderne et qui aura maintenant presque 100 ans aussi, et dont on peut célébrer le centenaire en même temps que celui de Krishnamurti. N'est-il pas étonnant que la physique moderne ait presque 100 ans et que nous soyons pourtant encore très loin d'en avoir extrait toute la richesse sur le plan non seulement philosophique, mais pratique, dans notre vécu? Le physicien a tout cela devant les yeux, devant ses appareils, et l'instant d'après, il prend sa voiture, rentre chez lui et redevient *quelqu'un*. Il recommence à fonctionner avec son cerveau newtonien, complètement pénétré de la vision mécaniste. Que suggère cette vision? Que l'univers est composé de choses et de phénomènes séparés les uns des autres, évoluant dans un cadre plat et linéaire à l'espace et le temps, et surtout que tout est là, en périphérie par rapport à ce centre de perception, ce nombril de l'univers, qui n'est nul autre que *moi*.

En science, on lui a donné un nom plus pompeux. On l'a appelé l'observateur. On parle beaucoup d'observateur, d'observant, etc., mais tout ça n'est qu'un jargon pour se rassurer qu'on en sait plus que le peuple, alors que la réalité quotidienne de chaque laboratoire devrait nous ébranler, elle devrait nous étonner. On devrait être capable de demeurer avec cet étonnement; c'est là que tout se joue… ou ne se joue pas! C'est ce que j'appelle la quantité et la qualité d'énergie : cette capacité de demeurer un peu avec l'étonnement, non seulement en physique, mais quand on a une maladie, quand on subit un échec, quand quelque chose ne fonctionne pas selon nos concepts, selon nos schémas. Cette magnifique persistance ou insistance de l'attention nous fait malheureusement trop souvent défaut. C'est là qu'on découvre la clé de ce qu'on peut appeler, un peu conceptuellement peut-être, la libération. Il s'agit de retrouver cette pureté, cette fraîcheur originelle dans le jeu de la perception, parce que c'est bien d'un jeu dont il est question. Quand on joue, il n'y a pas de «je» tant qu'on demeure plongé dans le jeu. J'avais remarqué cela en jouant au hockey, entre autres : tant qu'on demeure dans le jeu, tout va, il n'y a pas de problème, mais dès qu'un but est compté, tout le monde rentre dans son ego. Il en est de même de l'action. Ni l'action ni la perception ne causent de problème. C'est comment on perçoit cela, comment on pense à cela, comment, comme le diable le souhaitait ardemment, dans l'histoire, on l'organise. Et c'est là qu'on entre dans le monde du devenir, dans ce monde qui veut toujours s'approprier, qui n'est jamais là avec la réalité telle qu'elle est. On est toujours en train d'organiser un futur qu'on espère simple et on se ramasse tôt ou tard avec un passé de plus en plus composé, et qui tend même à devenir décomposé alors qu'il suffirait simplement de demeurer avec l'infinitif, dans lequel est enfoui le mot infini...

David Bohm suggérait un nouveau mode d'expression : le rhéomode. *Rhéo*, en grec, veut dire le flot, la continuité, l'écoulement. On voit d'ailleurs comment notre langage, qui reflète la réalité de notre existence individuelle, était organisé, au départ, autour du verbe : le verbe qui décrit la pureté de l'action. D'ailleurs, si on veut vraiment savoir le sens des mots en étymologie, on va voir le verbe, qui constitue la racine des mots et qui en donne le sens primitif. Il est très instructif de prendre un mot et de retourner, dans les langues anciennes, aux racines que sont les verbes. On s'aperçoit comment, surtout dans nos langues modernes, on a de plus en plus mis l'accent sur le sujet, l'adverbe, l'adjectif et le complément. Tout est interrelié. Notre insistance à recevoir des objets, des compléments, tient au fait que nous désirons constamment nous assurer que nous existons en tant que sujet, parce que nous sentons très bien que tout ça n'est pas très solide, le «je», l'observateur qui est ce nombril de la perception. On sent très bien cette espèce de gouffre, cette espèce de vide noir à côté de nous à mesure qu'on avance, mais, en même temps, on fait semblant de ne pas le voir. On se distrait avec des concepts et des théories. On le perçoit distraitement et on ne veut pas le voir. L'acharnement à vouloir s'approprier les objets matériels, les objets mentaux, les théories, les explications du monde, toute l'organisation du réel, l'obstination à vouloir s'approprier cela n'est rien d'autre qu'une tentative un peu maladroite et ultimement futile de se rassurer que nous sommes bien en existence en tant que personne individuelle. Tout ça finit forcément dans une frustration énorme et le plus tôt est peut-être le mieux! Je trouve magnifique que nous soyons désillusionnés le plus tôt possible par rapport à cela. C'est pour ça que l'étonnement est essentiel, cet étonnement qui, en fait, est une aporie.

L'aporie était cet embarras, ce cul-de-sac où les échanges entre Socrate et les Athéniens aboutissaient. On rencontre cela souvent dans les dialogues de Platon. À un moment donné, la discussion étant terminée, on se surprend à penser : «Il manque une page! Où est la conclusion?» C'est la panique. Il nous faut absolument une conclusion à se mettre sous la dent comme nouveau concept. Eh bien, non! On retrouve souvent cette aporie dans ces magnifiques dialogues entre Krishnamurti et David Bohm, de magnifiques entretiens qui nous laissent dans le suspense, dans un embarras non pas statique mais dynamique où quelque chose d'immense s'est ouvert. C'est ce qu'on appelle un entretien réussi.

J'aimerais vous citer un court passage de mon livre : *La maturité de la Joie*. Le philosophe Heidegger échange avec un maître japonais qui, dans l'ouvrage, s'appelle simplement «un Japonais», et il discute avec «Celui qui cherche» (Heidegger lui-même) au sujet de l'aporie à laquelle on arrive dans nos échanges. Le Japonais fait remarquer à Heidegger : «Pour nous, il ne paraît pas étrange qu'un entretien laisse dans l'indéterminé ce que l'on a proprement en vue, plus encore : qu'il le ramène à l'abri dans l'indéterminable.» Et Heidegger, n'en restant pas pour compte, réplique : «Cela fait partie, à mon avis, de tout entretien réussi entre gens qui pensent. Un tel entretien a, comme de soi-même, le pouvoir de prendre garde à ce que non seulement cet indéterminable ne s'échappe pas, mais que, dans le cours de l'entretien, il déploie de façon toujours plus rayonnante sa force de recueillement.» Je pense que l'entretien auquel on est convié ici, et l'entretien auquel l'existence elle-même nous convie – parce que la science n'est rien d'autre qu'un entretien de nous avec nous-mêmes – seront réussis dans la mesure où nous serons capables, comme le disait Heidegger, de prendre en garde cet indéterminable et de ne pas le laisser s'échapper. C'est ce que j'ai appelé l'insistance de l'attention, qui ne se satisfait pas de compromis vite négociés avec le réel, qui ne se contente pas d'une explication, comme en physique classique où on conclut, une fois pour toutes, que tout est expliqué.

Au XVIIIe et au XIXe siècles, on croyait que tout ce qui restait à régler, dans notre explication de l'univers, était des petits détails de plomberie, que presque tout était dit. On s'est aperçu qu'on n'avait pas mangé tout son pain, loin de là! Alors, c'est peut-être la tâche la plus noble qu'on puisse se fixer, si on tient absolument à s'en fixer une : ne pas laisser l'indéterminable s'échapper. Voilà qui est radical! Cette voie radicale, on pourrait l'appeler «la voie du milieu», ce «milieu» étant ce qu'il y a de plus radical. Oui, c'est une voie radicale entre l'affirmation de quelque chose et l'affirmation de son contraire. La voie du milieu n'a rien à voir avec la moyenne arithmétique entre deux affirmations, entre un peu de ceci, un peu de cela. Cette radicalité tient beaucoup plus à une sorte de cessation. Patanjali l'appelait *nirodha*, qui veut dire non pas un contrôle, mais une cessation naturelle, qui ne vient pas d'une *volonté* de cessation. C'est l'esprit méditatif, quand on *demeure avec* et qu'on ne souhaite pas que ce qui est ne soit pas, que ce qui est arrivé ne soit pas arrivé. On ne s'évade pas dans un monde irréel ou même dans une promesse d'au-delà, de paradis à la fin de ses jours. Non. *Demeurer avec*. C'est la cessation, c'est le *nirvana*, qui veut dire aussi l'extinction : non pas l'extinction de la forme, l'extinction de la pensée, ni la cessation de nos représentations, mais plutôt l'extinction de l'ignorance. Nos représentations sont magnifiques, mais cessons de croire qu'elles sont le réel, non seulement en science, mais à chaque moment. Tout tient à cela.

Ce qui nous sépare de la plénitude, de la pleine liberté, est extrêmement mince et presque ridicule, mais c'est toujours là. J'ai juste une poussière infime dans l'œil et mon attention va toujours aller là ; je ne pourrai plus penser à rien d'autre. Toute ma vie va s'organiser autour de la possibilité d'enlever cette poussière. Or, ce qui nous sépare de la connaissance du réel tel qu'il est, sans théorie ni point de vue, est extrêmement mince, mais parce qu'on ne le voit pas, parce qu'on essaie sans cesse de s'en échapper, de souhaiter autre chose, ça continue d'agir. Et c'est ce qui explique que le monde (le monde, c'est chacun d'entre nous) n'a guère évolué ; il n'a guère changé depuis des milliers et des milliers d'années. C'est ça qui devrait peut-être susciter notre étonnement.

L'étonnement, ce n'est pas qu'il n'y ait qu'une réalité et que nous soyons cette réalité. C'est plutôt que nous ne le voyons pas encore. Non pas seulement le voir, le comprendre, mais se laisser imprégner par cela, que cela devienne la réalité, et non plus simplement un autre conditionnement qu'on vient opposer aux conditionnements antérieurs.

Notre mémoire, qui est extrêmement active, nous conditionne de telle et telle manière, et quand nous découvrons, comme le disait le diable, une partie de la vérité et que l'attention se relâche, nous demeurons avec une partie de la vérité. Alors, notre comportement va continuer à dénoter un affrontement entre deux conditionnements, un qui dit : «Fais ceci», et l'autre qui dit : «Ne fais pas cela.» Nous sommes écartés entre les deux. Nous sommes le résultat de cela et nous nous surprenons des pertes d'énergie dans notre vie, car l'énergie, le feu est éparpillé en nous, il n'est pas ramassé et est pris dans l'enchevêtrement des conditionnements.

Cette attention lumineuse et libératrice n'a rien à voir avec un conditionnement, elle n'a rien à voir avec un but, avec un idéal, avec un groupe, avec un objectif, avec une personne ou avec une représentation. C'est la cessation de la croyance en la représentation. Représentation, en sanskrit, se dit *murti* qui veut dire aussi statue, image. Alors, le passage de notre existence en tant qu'être humain est peut-être le passage de Krishnamurti à Krishna, tout simplement. Krishna, c'est d'abord et avant tout le Réel, et c'est ce passage de la représentation de Krishna, de la représentation du Réel que Krishnamurti a réussi. Dans le système nerveux, ce passage doit s'installer de la représentation du réel au réel tel qu'il est, d'une façon réelle, concrète, dynamique, vécue. Voilà qui est radical! C'est dans cet étonnement, dans ce recueillement que le Fond peut se manifester, mais non plus tel qu'on le souhaiterait, tel qu'on l'a lu ou tel qu'on l'a appris. Il faut vraiment faire *tabula rasa*. Le réel est déjà là et nous attend depuis le tout début. Vient alors l'intensité, l'intensité qui dormait en nous.

C'est formidable l'énergie qui sommeille en nous et combien nous nous contentons de si peu. Nous avons conclu et, chaque jour, à chaque instant, nous continuons de conclure des compromis malheureux avec moins, beaucoup moins que ce que nous sommes. Malheureusement, le processus d'évolution centrifuge, aussi important soit-il, a considérablement réduit notre champ de vision et laisse des angles morts. Par rapport à une possibilité de 360°, nous avançons avec 340° d'angle mort et nous continuons d'affirmer : «Je vois!» L'éveil passe d'abord par la reconnaissance de cela. Nous ne perdons jamais notre temps chaque fois que notre attention est menée à la découverte, à la redécouverte, à la reconnaissance de cela, parce que tout est là. On n'a rien d'autre à faire que cela.

C'est pour cela que je suis extrêmement reconnaissant envers M. Robert Linssen, envers tous ceux qui ont organisé et tous ceux qui sont présents à cette rencontre formidable, pour l'occasion d'une nouvelle reconnaissance de ce processus d'organisation du réel. Il n'y a rien de moral là-dedans. Ce n'est ni bon ni mauvais. C'est simplement maladroit, c'est tout. Nous avons été des penseurs maladroits, et donc des acteurs maladroits. L'occasion nous est constamment offerte de le réaliser, et dès que c'est réalisé d'une façon vivante, à l'instant même, tout est là. Il n'y a rien d'autre à faire que de laisser l'Être être ce qu'il doit être à travers ce véhicule-ci, à travers toutes ses formes. À ce moment-là, c'est la célébration. La vie n'est pas un combat, elle est une célébration! C'est ce que nous sommes venus faire maintenant. On ne lit plus, on ne parle plus, on n'écoute plus, on n'agit plus dans le but de faire, de s'approprier, d'arriver, mais simplement pour célébrer, bénir et remercier. Les mains, les yeux, la langue sont faits pour cela, non pour prendre. Il est important de saisir combien notre corps a fini par réaliser, par manifester, par cristalliser ce mouvement de préhension, ce mouvement rigide qui veut toujours prendre. Nos yeux veulent prendre et deviennent crispés. Nos mains deviennent préhensives. Notre corps et notre pensée reflètent cela, bien sûr. Nous ne perdons jamais notre temps en réalisant cela. C'est le fondement de l'attention méditative, qui n'est pas une utopie, mais simplement une attitude réaliste, complètement réaliste, où il ne subsiste aucune forme de compromis avec quelqu'image que ce soit. Après cela, oui, les images, les représentations, les théories, tout peut continuer et va continuer de toute façon, mais on ne trébuchera plus dessus. La joie va se manifester d'une façon plus directe, plus évidente.

Tel est le processus : rendre évident ce qui est subtil, car tant que le subtil (le divin ou le réel) demeure subtil, il n'est pas agissant en nous. Si c'est subtil, c'est que ce n'est pas devenu évident et ce n'est pas ce qui nous meut. Il est inévitable que ça devienne de plus en plus évident. Alors, notre comportement suit automatiquement, sans devenir un devoir, sans devenir le résultat d'un conditionnement. Il est simplement le flot de la Conscience qui ne peut s'empêcher d'être autre chose que ce qu'elle est.

* * *

Q. — *Vous avez parlé de l'homme inchangé. Dans les années 60, Placide Gaboury a déjà écrit un livre qui portait ce titre. Je constate que l'homme n'a pas beaucoup changé. Vous avez dit que nous étions des penseurs maladroits. Mon père, quant à lui, disait qu'on fait beaucoup de coches mal taillées. Est-ce que le lot de l'humanité sera de toujours faire des coches mal taillées? Ce n'est pas très encourageant pour l'humanité ce qui se vit actuellement. M. Linssen faisait remarquer de telles choses dans son livre* La spiritualité de la matière. *Krishnamurti a aussi parlé dans ce sens. Ce n'est pas trop rassurant pour nous, les humains. Où va-t-on se ramasser comme ça?*

J.B.D. — Je dirais, d'entrée de jeu, qu'on ne devrait jamais s'inquiéter. Il n'y a pas matière à inquiétude. Ça ne peut aller plus mal que maintenant! Il ne s'agit pas d'être optimiste, mais simplement réaliste. On ne devrait jamais s'inquiéter. Dès qu'on s'inquiète, c'est qu'il y a quelqu'un qui est là pour s'inquiéter. C'est ce même personnage, un peu mythique, qui était là pour faire des coches mal taillées et qui s'imagine être aux commandes, au contrôle. Nous nous imaginons, en tant qu'êtres humains, que nous prenons des décisions, que nous effectuons le travail. En réalité, nous réalisons simplement où l'être est en train de s'en aller. Et quand nous en prenons enfin conscience, nous cessons d'avoir l'impression de décider, dans notre vie. C'est peut-être ça l'expérience majeure d'une vie humaine.

Au début, on s'imagine qu'on décide de tout, qu'on contrôle tout. On vieillit un peu et on s'aperçoit qu'il y a des aspects de l'existence qu'on ne contrôle pas très bien. On vieillit encore un peu et on s'aperçoit qu'une grande partie de l'existence échappe à notre contrôle. Et rendu à l'automne, on s'aperçoit qu'il y a très peu de choses qu'on a contrôlées. À la fin, peut-être qu'on s'apercevra qu'on n'a jamais rien contrôlé! C'est magnifique si on s'aperçoit déjà, au moment où on se parle, qu'on n'a jamais rien contrôlé en tant qu'individu, et qu'il nous reste encore des bonnes années et de l'énergie. Quelle joie de constater que des centaines de personnes prennent une magnifique fin de semaine du mois de mai pour se réunir et examiner ça ensemble : nous avons fait des coches mal taillées, mais nous n'avons pas à nous en désoler, car ce n'est pas nous qui les avons faites, c'est simplement le jeu. Il n'y a rien à corriger. Ce serait faire une autre coche mal taillée que d'essayer de corriger, de blâmer, plutôt que de reconnaître l'Artisan qui, en nous, est à l'œuvre. Le Divin n'a jamais rien à regretter. Pourquoi? Parce qu'il ne fait rien! Non pas que rien ne se fasse, mais il n'y a personne pour faire quoi que ce soit. C'est la réalisation libératrice qui peut survenir à chaque instant. Dès qu'il y a un malaise, c'est l'occasion de retrouver cette réalisation-là. Quand un malaise survient, on ne doit rien blâmer, mais simplement constater comment on est redevenu quelqu'un, encore une fois, et que c'est ce quelqu'un qui est mal à l'aise.

Q. — *Je suis ici parce que ces auteurs m'interpellent. Mais est-ce encore une représentation du monde, une philosophie de l'être? En d'autres mots, est-ce une nouvelle théorie?*

J.B.D. — Il n'y a rien d'autre que ça pour nous interpeller. Il n'y a rien d'autre que ça! Quand un feu a brûlé et qu'on cesse de l'alimenter, où va-t-il? C'est devenu une question superflue. Que reste-t-il lorsqu'on cesse d'alimenter la croyance dans le monde de la représentation? Il reste l'unique énergie, l'unique feu, l'unique Vie qui nous a toujours attirés. Ce mouvement libérateur n'est que la reconnaissance de ce qui nous attire dans tout ce qui nous attire. Au moment où je dis ça, je me rappelle la première phrase de mon premier professeur de philosophie, au collège : «La philosophie, c'est de savoir ce que nous savons.» Par la suite, ça s'en est allé vers le bas. C'est devenu la philosophie telle qu'on la connaît trop souvent, qui est redevenue de la représentation. Tout était dit là-dedans et c'est toujours à qui nous interpelle à travers chaque mouvement de pensée, chaque perception, et rien d'autre que ça. Il n'y a qu'une Force. Il n'y a pas deux réalités. Il n'y a pas la réalité physique, la réalité mentale, la réalité spirituelle. Il n'y a pas de matière, il n'y a pas d'esprit. Il y a la Réalité et toutes les représentations qu'on peut en faire. Alors, il ne faut pas se surprendre, et surtout pas se désoler, que ce soit ça qui nous interpelle, finalement. On reconnaît alors que c'est toujours ça qui nous a interpellés. Il n'y a rien d'autre qui nous attire que notre nature vraie, notre nature véritable, le Fond qui est le Silence. Non pas l'absence d'idée, l'absence de parole, l'absence de représentation, mais le Silence qui est la seule réalité. L'expression, pas seulement l'expression verbale, écrite, mais tout le mouvement de la vie, ce qu'on appelle le Verbe, n'est rien d'autre que le Silence manifesté. De la même façon que les vagues ne sont rien d'autre que l'océan.

Q. — *Il y a beaucoup de choses que vous dites avec lesquelles j'entre en résonance. Je retrouve évidemment David Bohm et d'autres personnes dans les affirmations que vous faites. J'aime bien cette façon dialectique, paradoxale avec laquelle vous essayez d'exprimer cela, par exemple l'eau qui coule et l'eau qui ne coule pas. Toutefois, j'ai certains problèmes avec les affirmations non dialectiques que vous faites. Je vais en nommer deux qui m'inquiètent particulièrement. D'abord, vous affirmez qu'on peut être en contact direct avec la nature et qu'on en est simplement à deux doigts. Le coup nous a déja été fait, en philosophie, depuis très longtemps, avec un David Hume ou un Emmanuel Kant qui ont essayé d'y répondre. Ce n'est pas la première fois que cette affirmation se fait et je la trouve particulièrement non dialectique. J'aimerais que vous commentiez cela. Ensuite, j'aimerais que vous commentiez sur la joie et la célébration. Pour moi, les enfants qui meurent, la faim dans le monde, ce n'est pas une célébration. Ce Congrès est fait par des gens riches, qui ont payé beaucoup d'argent pour être ici; il est facile d'oublier la réalité des gens qui crèvent. Alors, j'aimerais que vous commentiez cet autre aspect dialectique.*

J.B.D. — Le fait qu'il y ait beaucoup de malheurs ne nous échappe pas; il ne nous échappe jamais. Il est important de voir où commence le malheur. Nous ne discutons pas de quelque chose qui est séparé de l'existence. C'est pourquoi j'aime beaucoup insister sur l'aspect éminemment pratique. Toute philosophie qui n'est pas archipratique n'est pas de la philosophie, n'est pas de la connaissance. Il faut reconnaître le réel tel qu'il s'est manifesté sur la terre. Mais d'où cela vient-il? On peut tenter de remédier à ces malheurs, à partir de cette flamme de compassion et d'amour qui nous prend chaque fois qu'on est exposé au malheur, à la souffrance humaine sous toutes ses formes. On peut choisir d'y répondre de telle ou telle manière. Mais n'est-ce pas aussi une façon magnifique d'y répondre en examinant, d'abord et avant tout, comment le malheur commence et comment nous avons forgé cela? Nous contribuons à le perpétuer par notre pensée qui sépare. Chaque fois que nous partons en croisade, c'est notre propre souffrance que nous voulons soulager. C'est ça, la compassion. Ce n'est pas de soulager la souffrance d'autrui. Dans la mesure où nous sommes capables de vibrer avec le Fond, nous sommes capables de vibrer avec toutes ses manifestations. Tous ceux qui se dévouent, corps et âme, au soulagement de la misère humaine vibrent d'une façon particulière à ce Fond. Il me vient un exemple. Si quelqu'un de notre entourage tombe malade, on peut lui porter secours immédiatement, lui administrer les premiers soins. On peut aussi choisir d'examiner le processus de la maladie et, peut-être, apporter une aide d'autant plus puissante qu'on a trouvé la racine de cette maladie. On peut surtout demeurer en santé soi-même et recouvrer la santé. Sans cela, on ne sera pas d'une grande aide à l'humanité souffrante et trébuchante. Arriver avec une moitié de connaissance, c'est arriver avec une moitié d'ignorance, et c'est perpétuer cela. La libération de la souffrance passe d'abord et avant tout par la libération de la souffrance en soi, ce qui n'est pas du tout égotique. La fin de la souffrance, c'est la fin de l'ego, et c'est pourquoi tout est inclus dans ce cheminement, dans cette découverte. Par la suite, on ne peut que vibrer à soi-même. C'est la fin de l'*autre* par rapport à *soi*. Je trouve extrêmement important ce que nous faisons en fin de semaine. Chaque fois que notre attention est ramenée à l'essentiel, c'est le soulagement, la libération du processus même de la souffrance. Il n'y a rien à séparer de ça, rien de ce qui est fait dans le monde, en terme concret, rien de ce qui est fait ici. C'est un seul et même processus qui nous interpelle de cette façon-ci, et qui interpelle d'autres êtres humains, d'une autre façon. Tout ça a sa place, tout ça est magnifique!

L'autre question porte sur le contact avec le Réel. Il s'agit là d'une expression, car le Réel n'a pas à arriver au contact avec le Réel! Pour arriver au contact direct avec le Réel, il faut d'abord être quelqu'un, et, dans ce sens, ce qui a été dit est complètement faux. D'ailleurs, j'ajouterai que tout ce que j'ai dit, dans un certain sens, peut être complètement faux dès qu'on a la prétention d'avoir dit quelque chose. Et ma dernière prétention, c'est que j'espère n'avoir absolument rien dit ici!

Q. — *Comment réagissez-vous à la vague de nationalisme actuelle?*

J.B.D. — J'avais cette impression, à l'époque, que le nationalisme était important. On confond, on conceptualise, encore une fois, le fait d'avoir une vision juste de la réalité et l'action juste, avec une façon particulière d'être. La nation, c'est une conceptualisation, quelque chose qui n'est pas réel en soi, ce qui n'empêche pas de prendre les meilleures dispositions possibles, lorsqu'on constate qu'un groupe de gens a des caractéristiques. Mais il n'y a aucun absolu là-dedans. Quand la clarté de vision s'est d'abord installée sur le réel, en tant que réel, je pense que toutes les modalités d'existence deviennent beaucoup plus faciles à déterminer, et ça ne devient même plus un choix. C'est ça, la liberté, et le reste n'est que sa manifestation.

Q. — *La technologie actuelle, qui nous conduit à ce qu'on appelle la réalité virtuelle, ne serait-elle pas un moyen de nous faire accéder à la nouvelle compréhension du réel voilé et du devenir toujours en mouvement?*

J.B.D. — Ce qui fait accéder à la conscience du réel, voilé ou non, c'est le réel. Ça paraît très simple à dire, mais tout autre échappatoire, tout autre raccourci, tout autre moyen mène à quelque chose de limité. Ce qu'on appelle la réalité virtuelle est une forme, le paraître de ce qu'on peut appeler le réel. De la même façon que ce microphone est une forme. On a simplement à connaître ce qui est devant nos yeux, devant notre conscience ou notre attention, sans essayer de chercher quelque chose qui apparaît très différent, d'un autre ordre, qui est encore une apparence de la réalité. Et ça, c'est très insidieux, car accorder de la crédibilité à ces formes, à ces manifestations, quelles qu'elles soient, donne souvent l'impression d'être arrivé quelque part par rapport à la connaissance de ce qu'on appelle la réalité physique ou mentale. Dès qu'il y a quelque chose à appréhender, c'est une forme du réel. Je pense qu'il n'y a pas de substitut pour l'effacement, la cessation de toute croyance dans les imageries, dans les formes, qu'elles soient virtuelles, physiques ou autres. Ça me rappelle cette phrase du général MacArthur, au début des années 50, durant la guerre de Corée. Au moment où les Coréens du Nord ont envahi le Sud, le président cherchait toutes sortes de moyens pour tergiverser, marchander, négocier, alors que la route était déjà tracée. Il y avait une action à prendre, et le général MacArthur, qui était reconnu pour trancher des nœuds gordiens, a dit : «Monsieur le Président, il n'y a pas de substitut pour la victoire.» Je pense qu'il n'y a pas de substitut pour le réel. C'est une illusion sans cesse renouvelée de penser qu'il y aura une nouvelle théorie, une nouvelle manifestation de la réalité, une nouvelle paire de lunettes, un nouveau casque d'écoute, une nouvelle pilule pour nous faire accéder au réel. C'est la croyance en tout cela qui nous en tient éloigné, qui nous le voile.

Si on a la capacité de voir que tout est toujours en mouvement, que tout est toujours en devenir au niveau des formes, des phénomènes, je pense qu'on a vu tout ce qu'il y avait à voir dans le monde. Alors survient ce que j'appelle la cessation. Quand il ne reste plus aucun espoir, aucune échappatoire, rien à quoi se raccrocher, à ce moment-là quelque chose de frais se passe en terme de connaissance du réel. Il faut vraiment qu'il y ait un silence, une cessation de la fragmentation de la réalité. Changer ses chaînes en acier pour des chaînes en or peut paraître reluisant, ça rend les voisins jaloux et ça donne l'impression d'être arrivé quelque part, mais quand on est arrivé au bout de sa chaîne, on ne va pas plus loin en terme de connaissance du réel.

Q. — Comment un simple mortel peut-il accéder au niveau de réalité évoqué par David Bohm et par Robert Linssen ? Comment dépasser le niveau de croyance pour accéder à la connaissance, à l'expérience ? Est-ce réservé aux seuls physiciens quantiques et aux mystiques ? Est-ce accessible ?

J.B.D. — C'est d'abord et avant tout en cessant d'être un être mortel. Quand on est quelqu'un qui se croit mortel, il est certain que les questions et les réponses ne vont jamais cesser. Ça me rappelle une petite anecdote qu'on trouve dans les Évangiles quand Jésus converse avec un riche et lui dit de tout vendre, de le suivre, etc., et le type s'en est retourné chez lui. Jésus a dit : «Il est plus facile à un chameau de passer par le trou d'une aiguille qu'à un riche d'entrer dans le royaume.» Alors, un de ses disciples lui a demandé : «Si c'est si difficile d'entrer dans le royaume, qui peut y parvenir ?» Et Jésus a fait cette réponse magnifique : «Pour les hommes, c'est impossible, mais pour Dieu, rien n'est impossible.» Je reviens à ce que j'ai dit tout à l'heure. Il n'y a que le réel qui donne accès au réel. Il n'y a que la liberté qui donne accès à la liberté. La liberté commence avec la liberté, et non pas avec un chemin qui mène vers la liberté. Un chemin qui mène vers la liberté n'est pas mauvais, mais ce n'est pas ce qui cause la liberté. C'est la liberté qui cause la liberté. Elle est sans cause, elle est tout ce qui est. Dans ce sens, on peut dire que le chemin et l'atteinte sont confondus. Le chemin et le soi-disant but sont une seule et même réalité et, à ce moment-là, on cesse de croire qu'une réponse va étancher notre soif de questions parce qu'on comprend que ce qui nous dérange n'est pas une question, mais plutôt un état de questionnement. Quand on est un être séparé, limité, qui est en recherche, il est certain que la recherche n'aura jamais de fin. C'est l'intensité méditative, l'intensité d'attention dont parle Robert Linssen. Dans cet instant, dans cette intensité d'observation où il n'y a pas d'observateur, le questionnement tombe et les questions ne sont que des symptômes du questionnement. C'est à ça qu'il faut voir cet état de questionnement, et c'est pour ça qu'il n'y a pas de chemin véritable. Est-ce que l'attention peut s'enseigner?

Q. — *La notion de perception originelle peut-elle être considérée comme un postulat à son discours? Si oui, pourquoi? Que signifie de dire que cette perception est pure? Est-ce que cette notion est une expérience?*

J.B.D. — Le discours qui procède du silence va toujours ramener au silence. En ce sens, la perception originelle, que j'appellerais le silence originel, n'est pas seulement ce qui précède le discours, c'est tout le mouvement de manifestation de l'existence. Il précède le discours en même temps qu'il en est la substance. Le discours n'est que la forme imprimée au silence, peu importe ce que l'on dit, peu importe qu'on le sache ou non. Toutefois, quand on le sait, directement et non pas comme une simple connaissance intellectuelle, le comment du discours se met à refléter le silence originel, la perception originelle, la perception pure.

Dire que la perception est pure signifie : sans égard à la forme de perception. On peut penser, par exemple, à l'essence du bois qui peut être un arbre, une planche, une maison, du papier ou un livre. Mais l'essence même, c'est ce que j'appelle la pureté. Le même exemple peut s'appliquer à l'or. On peut avoir une montre en or, un pendentif en or, une bague en or, un cœur en or peut-être, mais ce que j'appellerais la pureté de l'or, c'est l'or lui-même. Est-ce que cela a une forme? Non et oui, en même temps. Cela a toutes les formes.

Alors, il y a perception pure quand il n'y a plus quelqu'un qui s'approprie la perception. Ça devient ma perception, et je reviens encore à cette intensité d'attention. Quand on est parfaitement attentif à toute chose, il n'y a plus de sujet séparé de l'objet. J'ai déjà passé un de ces tests de champ visuel, le «test Humphrey» qui est administré par un programme informatique. Pendant de longs moments, il faut fixer un point lumineux, sans bouger. L'ordinateur envoie des signaux lumineux qu'on doit détecter sans quitter le point central, le petit point jaune. À force d'être attentif au même point, on ne le voit plus, c'est-à-dire qu'il perd sa forme propre en tant que forme de point lumineux. Pourtant, on continue à percevoir les flashes lumineux envoyés par l'ordinateur et on a les yeux ouverts à tout le circuit. C'est un phénomène d'attention que Patanjali décrit comme étant l'état de *samadhi*. Lorsque l'état de méditation, d'attention se poursuit, l'objet se met à reluire ou à luire en toute pureté. L'essence de l'objet se met à luire en toute pureté comme s'il n'avait plus de forme propre. C'est ça, le *samadhi*. *Sam* veut dire égal. Il y a donc une perception égale, non pas une uniformité au niveau des formes, mais une perception de l'Unique, du Grand Vivant, de l'Absolu. Il n'y a plus qu'une seule Réalité. Il n'y a plus de fragmentation sujet/objet. C'est la perception pure. On ne peut pas dire que c'est une expérience, dans le sens où on l'entend généralement. C'est justement la fin des expériences, le *vedânta*. *Veda* veut dire la vision, et *anta*, en sanskrit, veut dire la fin. C'est la fin de la vision habituelle, la fin de ce processus d'appropriation, de structure de la connaissance, la fin de l'expérience. On ne pourra jamais circonscrire cela avec des formules, avec quoi que ce soit. Il faut y aller. Il faut plonger dedans.

Q. — *Vous avez quitté la physique pour vous consacrer au cheminement de la conscience. Croyez-vous qu'il soit possible de concilier les deux dans le monde dans lequel nous vivons, c'est-à-dire remplir une fonction intégrée au système et travailler à la croissance personnelle et vivre en paix intérieurement?*

J.B.D. — Je n'ai pas l'impression d'avoir quitté la physique. J'ai simplement l'impression de continuer sur la même lancée, un peu comme un boulevard qu'on emprunte, quand on change de municipalité : il change de nom, mais c'est le même boulevard, il a seulement changé d'étiquette.

Bien sûr, je ne fais pas de la physique comme on peut en faire quand on l'étudie ou qu'on l'enseigne. Je ne crois pas qu'il y ait à concilier quoi que ce soit, parce que quand le réel se manifeste au-delà de toute image, de toute représentation, de toute conceptualisation, à ce moment-là on est saisi par cette réalisation qu'il n'y a jamais eu deux réalités. Il ne peut y avoir de séparation entre la réalité quotidienne et la réalité qu'on a réalisée les yeux fermés, ou dont on a pu avoir une intuition en étudiant la physique ou la science. Il y a une réalité, et plutôt que de concilier, on réalise qu'il n'y a jamais rien à concilier. Ce n'est pas une fusion, mais l'absence de toute dualité.

Q. — *Comment parvenir à équilibrer les énergies qui fusent de toute part avec celles qui sont d'une sensibilité extrême?*

J.B.D. — En reconnaissant tout simplement qu'il y a une énergie, et à ce moment-là, on cesse de tomber dans le piège des formes que prend l'énergie et de toujours vouloir tout équilibrer. Il n'y a rien à équilibrer. L'énergie est équilibre elle-même. Vouloir équilibrer ça, c'est vouloir essayer d'agir sur l'absolu plutôt que de laisser l'absolu agir sur la manifestation. Je crois qu'il n'y a rien à faire avec l'énergie, sauf reconnaître qu'il y a l'énergie. Il faut la laisser faire son œuvre une fois pour toutes, sortir du monde petit, étriqué du devenir, et avoir l'impression de toujours vouloir contrôler en tant que personne, ce qui est une complète aberration et qui ne mène strictement nulle part. Je pense que ça passe par la reconnaissance de la nature de l'énergie.

Q. — *Pour vous, Jean Bouchart d'Orval, qu'est-ce que l'Essentiel?*

J.B.D. — L'essentiel est peut-être la seule chose qui se passe de définition, qui n'en a pas besoin, qui se soutient elle-même. On peut peut-être dire que l'Essentiel n'est rien d'autre que lui-même. C'est peut-être la seule chose dont on peut dire cela.

KRISHNAMURTI ET DAVID BOHM, DIALOGUE ENTRE SCIENCE ET CONSCIENCE

Robert Linssen

> L'énergie ultime de l'Univers
> est une énergie d'Amour.

Ma première rencontre avec David Bohm et son œuvre s'est faite au Centre Krishnamurti de Brockwood Park, vers 1978. J'ai été saisi par la simplicité de son accueil ainsi que par la subtilité et la pénétration de sa pensée. Seul un être humain ayant un esprit de finesse de cette ampleur pouvait approcher les subtilités difficilement accessibles des mondes quantique et subquantique. Personne ne pouvait prévoir qu'au-delà d'un sourire aussi discret, reflet d'une spontanéité et d'une sensibilité exceptionnelles, se trouvait un véritable génie pour qui les mathématiques transcendantales et les équations des rapports tensoriels entre les particules ultimes n'étaient qu'un jeu d'enfant!

Et pourtant, cette subtilité et cette haute finesse de sensibilité lui ont permis de déjouer les barrières jusqu'à présent infranchissables de l'infiniment petit et d'en retirer une inspiration entraînant le plus grand bouleversement, non seulement de la physique du XXe siècle, mais aussi des grandes révolutions dans les valeurs que nous accordons au monde ainsi qu'à nous-mêmes.

Dans la présentation de son œuvre, David Bohm écrit : «Dans mon travail scientifique et philosophique, mon souci principal a été de **comprendre la nature de la Réalité en général et de la conscience en particulier comme un Tout cohérent, qui n'est jamais statique ni complet mais plutôt comme un processus sans fin de mouvement de déploiement.**»

Cette vision essentiellement dynamique et créatrice, très différente de la fixité accordée aux apparences surfacielles, a permis à Bohm de saisir et de vivre la prédominance du Vivant sur le résiduel au niveau des profondeurs de l'Univers.

David Bohm a osé proclamer, face au scepticisme de ses collègues, ce qui constitue le grand renversement des valeurs anciennes dans de multiples domaines.

Ce que nous considérons comme l'irréel, l'impalpable, l'intangible se révèle être la source, le fondement ultime et substantiel de l'Univers. Les profondeurs du cosmos sont de nature spirituelle. Une surprenante convergence commençait à se révéler entre la nouvelle physique de David Bohm et les sommets de l'expérience mystique.

Il fallut beaucoup d'audace à David Bohm pour présenter à ses collègues physiciens le domaine incroyablement petit de l'espace des «variables» cachées dont l'existence était encore contestée.

La vision pénétrante de Bohm lui a permis d'élaborer un modèle conceptuel d'une telle subtilité, situé à l'extrême limite de réduction de l'espace, là où toute action éventuelle serait «insignifiante» au sens mathématique du terme! Ce domaine impliquerait des champs et des particules dont la petitesse approcherait le milliardième de micron.

Et cependant, c'est à ce niveau ultime du monde matériel que se produit l'activité vertigineuse des champs quantiques d'informations actives que l'on pourrait considérer comme le battement de cœur de l'Univers et la source inépuisable de ses imprévisibles innovations.

* * *

Bohm considérait l'Univers comme la **Plénitude indivise et l'Unité organique d'un seul et même Vivant.** Il insistait sur la non-séparabilité et l'interfusion mutuelle des particules, impliquant une interdépendance fondamentale entre l'observateur, l'acte d'observation et l'observé.

Ceci devait inévitablement conduire à la rencontre de Bohm et Krishnamurti pour qui cette vision holistique était un vécu fondamental.

Vers 1960, l'épouse de David Bohm, passant devant une librairie, remarque un livre de Krishnamurti évoquant les liens entre l'observateur et l'observé. Elle l'offrit immédiatement au célèbre physicien qui sollicita aussitôt une entrevue avec Krishnamurti. Cet entretien a été d'une importance décisive dans la vie des deux interlocuteurs.

Tous deux étaient passionnés par le sujet. Ils évoquaient constamment l'ampleur des liens entre l'observateur et l'observé et les implications qui en résultent dans les valeurs que nos pensées accordent aux choses.

Krishnamurti et Bohm nous montrent les conséquences désastreuses d'une pensée fragmentaire, incapable de vision globale, une pensée déformée par sa fixation excessive sur le «particulier» et les détails. Cette pensée est un facteur de division, d'isolement arbitraire, d'opposition.

Elle amplifie l'apparent isolement de l'ego, origine essentielle des crises, des violences, des haines raciales. Pour David Bohm et Krishnamurti, la déification de la pensée conduit à une civilisation hyper-technicienne, autodestructrice par la recherche insensée du pouvoir. Les valeurs spirituelles les plus fondamentales constituant la noblesse de l'être humain sont écartées. Ainsi que l'exprime constamment Krishnamurti : «La pensée n'est pas l'intelligence.» Il existe une certaine intelligence du cœur, évoquée par les éveillés avec lesquels j'ai vécu. La part d'intelligence de l'Amour se révèle par le dépassement des limites de l'ego. Elle nous aide à nous délivrer du sentimentalisme généralement indissociable du mot «amour». Lorsque le mot «amour» est évoqué au cours des questions qui suivent ses conférences, Krishnamurti déclare souvent, en anglais : «This word must be desinfected.» (Ce mot doit être purifié.)

Pour Krishnamurti, l'amour est un «état d'être» naturel, libéré des tentatives de corruption et d'appropriation de l'ego. Il déclare fréquemment à ce propos «qu'un cœur sans amour est semblable à une rivière qui n'a plus d'eau pour abreuver ses rives».

* * *

Limites de la pensée

Il est hors de question ici de jeter un discrédit quelconque sur l'activité mentale. La pensée est une fonction naturelle s'inscrivant dans un ensemble beaucoup plus vaste. Pour Krishnamurti, la pensée est un moyen de communication; elle est un outil de choix pour les travaux techniques, mais **ses processus sont mécaniques et dépourvus de créativité véritable.** Il déclare que la **vision pénétrante** ne passe pas par **le cerveau.**

Ainsi que le déclare Stanislav Grof dans la préface du livre de David Bohm : «La pensée humaine est une réponse active de la mémoire qui inclut les éléments intellectuels, émotionnels, dans un processus unifié et inextricable.» Celle-ci ne fait que répéter de vieux souvenirs ou bien recombine et organise leurs éléments en de nouvelles structures dynamiques. **Il est impossible de créer quoi que ce soit de réellement nouveau dans son principe. Dans ce contexte, même la nouveauté est mécanique.**

Nous retrouvons une similitude entre David Bohm et Krishnamurti lorsqu'il déclare qu'il y a une nécessité fondamentale de dépasser les informations du mesurable pour laisser opérer en nous l'Immesurable. L'exigence de laisser libre cours à l'action de l'Immesurable en chacun de nous correspond à l'appel de Krishnamurti, aux termes duquel il déclare que «le passé doit cesser pour que puisse être l'inconnaissance, l'immensité». Cette exigence est résumée dans le titre de son livre *Se libérer du connu*.

Le passé et le «connu» désignent ici l'ensemble des mémoires résiduelles qu'ont laissées les éléments du «mesurable» et leurs conditionnements. Ceci correspond à l'appel d'une attention vigilante dans l'instantanéité du présent, prélude au «lâcher prise» évoqué dans le zen.

Quelques mots très simples suffisent pour formuler l'exigence de la réalisation incombant aux pèlerins du cheminement de l'éveil, mais cette simplicité peut être plus apparente que réelle.

Tout peut se résumer par ces mots : «laisser opérer le Vivant sur le résiduel» ou encore «laisser opérer le Suprême, l'Inconnu, au lieu de vouloir opérer sur lui».

L'importance de cette réalisation est telle qu'elle a fait l'objet de longs dialogues privés et publics, durant plusieurs semaines, entre David Bohm et Krishnamurti, dialogues auxquels j'ai assisté en diverses occasions, en 1980 et 1981, à Brockwood Park. La conclusion pourrait en être résumée par les quelques mots «simples» cités ci-dessus : «laisser opérer le Vivant sur le résiduel». L'évidence des obstacles montre bien la rigueur et la pénétration d'attention requises pour mener à bien la disponibilité et la «vacance» intérieure indispensables.

David Bohm et Krishnamurti nous exhortent à «nous affranchir de la pesanteur des mémoires résiduelles du "connu", non pour sombrer dans l'incohérence, mais, au contraire, pour réaliser une qualité d'attention pure, enfin dégagé de toute mécanicité. Notre vie intérieure, déclare Krishnamurti, n'est qu'une marche stérile qui va du connu au connu.»

Tel est le sens profond de la nécessité d'un «dépouillement du vieil homme, ce milliardaire du temps et de la mémoire», si bien évoqué par Raymond Ruyer dans sa *Gnose de Princeton*. La simplicité d'esprit à laquelle les écritures font un constant appel évoque la même exigence.

* * *

Processus de division de l'activité mentale

Ainsi que l'expose David Bohm dans son remarquable ouvrage *Thought as a system* (Éd. Routledge), tous les conflits humains résultent d'un processus de division de la pensée. Celle-ci nous isole systématiquement de la globalité de l'Univers qui, lui, ne connaît aucune séparation.

La réalité de l'être humain est une conscience unique omnipénétrante et omniprésente. La pensée, qui est un «**système déformant**», nous empêche de voir l'unité de notre nature essentielle. L'agitation mentale nous plonge dans l'apparente dualité.

Dans son introduction au livre de David Bohm, l'écrivain Lee Nichol déclare : «L'essentiel de la redéfinition de David Bohm concernant la pensée est une proposition au terme de laquelle le corps, les émotions, l'intellect, les réflexes doivent être actuellement compris dans l'action d'un champ unifié de pensées mutuellement informantes» (*Thought as a system*, p.11).

Faut-il encore insister sur le fait que le dépassement des conditionnements de la pensée, évoqué par Bohm et Krishnamurti, **est un facteur d'ordre et de santé biologique et psychologique,** ainsi que le souligne si justement le professeur Renée Weber.

Les œuvres de David Bohm et de Krishnamurti fournissent les bases solides d'une nouvelle médecine holistique et d'une psychologie transpersonnelle dont Larry Dossey et Stanislav Grof exposent l'efficacité dans leurs ouvrages respectifs *Space, Time and Medecine et La psychologie transpersonnelle.*

La vision holistique suggérée par David Bohm et Krishnamurti contribue à nous libérer de l'emprise paralysante de l'ego. Elle nous délivre d'une intolérable situation d'exil, génératrice d'insondables nostalgies et d'angoisses.

Nous ne sommes pas isolés. **Rien** ne nous manque pour vivre dans la **sérénité d'une plénitude** qui ne demande qu'à nous combler de ses richesses.

Ainsi que l'expose David Bohm dans son remarquable ouvrage *Thought as a System,* l'origine de tous les conflits humains provient d'un processus de division de la pensée qui, systématiquement, nous isole de la globalité de l'Univers qui, lui, ne connaît aucune séparation. La réalité de l'être humain est une Conscience omniprésente, unique, mais la pensée, qui est un véritable «système» déformant, nous met dans l'incapacité de connaître notre véritable nature.

Mutations cérébrales et vision holistique

Je voudrais également souligner un fait particulièrement admirable dans l'œuvre de David Bohm qui le destine à s'approcher non seulement de l'enseignement de Krishnamurti, mais aussi des sagesses orientales. Ceci a d'ailleurs été souligné par Gary Zukav dans son livre *La danse des éléments*.

L'étonnante capacité d'exploration de l'œuvre de David Bohm, le caractère véritablement encyclopédique de son savoir, et, surtout, la finesse de sa vision pénétrante lui ont permis de réaliser un miracle : celui de pousser l'exploration scientifique à des profondeurs telles que la science peut se démontrer elle-même, en l'homme et par l'homme, ses limites et l'obligation d'un dépassement des méthodes traditionnelles d'investigation, conduisant à l'écoute intérieure d'un langage supramental de l'incommensurable.

L'œuvre entière de David Bohm fait appel à la priorité de l'incommensurable. Il déclare à ce propos (*La Plénitude de l'Univers*, p. 60) un «insight» (une vision pénétrante) original et créateur se réalisant dans le champ entier dont la mesure est l'action de l'incommensurable! Car lorsque de tels «insight» apparaissent, la source ne peut pas en être à l'intérieur d'idées déjà contenues dans le champ de la mesure (mémoires résiduelles), mais doit se situer obligatoirement dans l'incommensurable qui contient la cause formative essentielle de tout ce qui arrive dans le champ du mesurable.

Cependant, face à l'ampleur des souffrances de l'humanité, au seuil du 3e millénaire, l'être humain ne peut plus se limiter à la seule compréhension des aspects théoriques d'une vision holistique de l'Univers, ni aux exposés conceptuels évoquant la possibilité d'épanouissements de conscience et de mutations cérébrales impliquées dans le dépassement de l'ego. Un pas de plus est nécessaire! C'est ici que Krishnamurti intervenait en déclarant : «Les scientifiques admettent les possibilités des mutations cérébrales et spirituelles, mais très peu s'engagent à faire eux-mêmes le plongeon dans l'inconnu.»

Le spectacle de l'ampleur croissante des crises, des violences, de la drogue, des maladies nouvelles, inconnues, ont incité Krishnamurti à déclarer : «La maison brûle.» «Look at what is.» (Regardons les faits.) «You are the world and the world is you.» (Vous êtes le monde et le monde est vous.) Nous avons une part de responsabilité dans la situation actuelle. Le sentir profondément peut nous donner l'énergie nécessaire à la mutation intérieure que commandent les événements.

Le prix Nobel Konrad Lorenz déclarait que pour la première fois dans son histoire, grâce à ces sciences nouvelles, l'humanité est en possession des clés qui peuvent la sauver de sa destruction.

Les œuvres de David Bohm, de Rupert Sheldrake, de Stanislav Grof, de John Archibald Wheeler, des prix Nobel tels Prigogine, John Ecclès et de leurs sympathisants trop nombreux pour être cités ici, ainsi que les enseignements d'un Krishnamurti, d'un Ramana Maharshi ou du zen, constituent un vaste ensemble d'informations faisant appel à la vision holistique.

Nous savons maintenant que les crises ne sont pas entièrement négatives et que les énergies des champs de mémoires qu'elles engendrent sont des occasions préparant l'émergence de mutations utiles et nécessaires.

En cette fin de XXᵉ siècle tourmentée, tandis que résonnent encore les échos de la violence et de la haine, nous voyons nettement apparaître les signes annonciateurs d'une ère nouvelle.

Plénitude au-delà de la vie et la mort biologique

Les sagesses transcendantales de tous les temps enseignent le caractère illusoire de l'ego. La pensée s'identifie exclusivement à l'image du corps. De ce fait, le cerveau est dans l'incapacité de percevoir les richesses spirituelles que nos propres profondeurs lui destinent.

Selon Krishnamurti, lorsque la pensée est libre de l'emprise de ses mémoires, le cerveau peut avoir un lien avec l'esprit (Revue *Aurore*, p. 37, Paris, 1984).

Dans *The flame of attention* (p. 31), Krishnamurti déclare : «Il y a une origine, un fondement originel dont toutes choses émergent. La méditation consiste à arriver à ce fondement qui est à l'origine de toutes choses et est libre du temps. Ceci est le chemin de la méditation. Et béni est celui qui le trouve[1].»

David Bohm et Krishnamurti considèrent la dissolution du penseur comme la priorité suprême de la tâche que le chercheur de vérité puisse entreprendre.

Lors de ses dialogues avec David Bohm, le Dr Renée Weber déclare : «L'illusion d'un ego est liée au temps et à la mort. C'est le "penseur" et non la conscience qui est voué à la mort. La mort psychologique se produit quand la conscience s'accorde au rythme du présent toujours en mouvement et en renouvellement, ne permettant à aucune de ses parties de devenir fixes en tant qu'énergie résiduelle[2].»

Krishnamurti et David Bohm souhaitent que nous prenions conscience de l'action paralysante de ce qui est

---

1. Krishnamurti, J., *The flame of attention*, Éditions Miranda, 1984. Traduction : *La Flamme de l'attention*, Éditions du Rocher.

2. Weber, Dr Renée dans *Le paradigme holographique*, de Ken Wilber, pp. 72-74, Éditions le Jour, Montréal, 1984.

résiduel : les habitudes, la mémoire, l'image de soi, le connu, etc., afin que le Vivant, toujours renouvelé, puisse s'exprimer librement en nous.

Le Dr Renée Weber écrit : «C'est l'énergie résiduelle qui pourvoit le cadre de ce qui deviendra le "penseur", qui consiste en expériences non digérées en mémoires. La mort de l'ego démantèle cette superstructure, la remettant à sa juste place. David Bohm soutient le point de vue qu'un tel geste entraîne une augmentation de l'adaptation biologique et de la santé[1].»

La mort ainsi comprise est en réalité sa négation. Krishnamurti en évoque la plénitude : «C'était incroyable, il y avait la beauté, l'amour, l'immensité de la création, non ces rochers, non ces champs, c'était loin au-delà avec une telle abondance, que le monde, les arbres et la terre disparurent. C'était l'essence des profondeurs[2].» L'écrivain René Fouéré rapporte enfin cette déclaration de Krishnamurti : «Mourir à soi-même est un ravissement[3].» Cet appel à la dédramatisation de la mort résulte du vécu intérieur de la Plénitude de la Vie.

Enfin! N'est-il pas merveilleux d'entendre la conclusion d'un long dialogue entre deux scientifiques de haut niveau, David Bohm et Dr Renée Weber : «L'énergie ultime de l'Univers est une énergie d'Amour.»

Seul l'Amour nous révélera la Lumière de notre nature véritable qui nous transformera en artisans de l'ère nouvelle, dans la dignité qu'appelle notre essence divine.

1. Weber, Dr Renée dans *Le paradigme holographique*, de Ken Wilber, pp. 72-74, Éditions le Jour, Montréal, 1984.

2. Krishnamurti, J., *Notebook*, p. 57, Éditions Gollancz, 1976. Traduction : *Carnets*, Éditions du Rocher.

3. Fouéré, R., *La révolution du réel*, Éditions Le Courrier du Livre, Paris, p. 227, 1985.

Je terminerai par la lecture d'un poème écrit par Krishnamurti quelques instants après l'une de ses ouvertures à la lumière intérieure. Ce poème est inspiré de cette vision pénétrante qui nous donne le sentiment d'une sorte d'omnipénétrabilité d'une essence commune qui nous transpénètre et qui, dans la mesure où nous sommes sensibles à sa présence en nous, se révèle dans sa priorité, dans son omnipénétrabilité. Toutes les choses que nous voyons et tous les sons que nous entendons se réalisent à travers cette réalité intérieure de lumière omnipénétrante. Dans ce poème, Krishnamurti évoque ce sens de l'omnipénétrabilité. Il désigne la Réalité suprême, qui est l'élément central de sa contemplation, par le terme «Lui» ou bien «Le».

Je LE vis, qui me regardait
et ma vision devint immense.
Mes yeux s'ouvrirent, mon intelligence comprit
Mon cœur embrassa toute chose
Car un Amour nouveau était né en moi.

Je voyais à travers LUI
Les grands arbres qui s'inclinaient
pour l'accueillir,
Les feuilles sèches, la boue du chemin.
Les villageois bavards chargés de lourds fardeaux
Passaient à travers LUI
Sans le savoir et riant.
Les chiens, à travers LUI, couraient
vers moi en aboyant.
IL est devant moi pour toujours.
Partout où je regarde IL est là.
Je vois tout à travers LUI.
Sa gloire éveille en moi une gloire
Que jamais je n'avais connue.
Ma vision n'est que paix éternelle,
Tout en est glorifié.
IL est toujours devant moi.

(*L'immortel ami*, Krishnamurti, 1922)

Q. — *Comment expliqueriez-vous la résistance qui existe à laisser circuler dans les milieux instruits – universités, milieux d'éducation et le reste – les découvertes et les réflexions concernant les nouvelles perceptions du réel voilé derrière la réalité visible dont parle la nouvelle physique?*

R.L. — C'est une question qui est posée très fréquemment. Il est normal qu'on se la pose étant donné le contraste qui existe entre la vision holistique, d'une part, et, d'autre part, la résistance, la mauvaise foi que certains milieux scientifiques officiels opposent à la vision holistique. J'ai présidé, il y a une dizaine d'années, un séminaire international consacré au rapport entre la physique nouvelle et le milieu spirituel. Il y avait le professeur Chauchard, différents savants de réputation internationale et des physiciens tout à fait remarquables, dont le professeur Olivier Costa de Beauregard. Quelques jours avant, nous avions annoncé ce séminaire dans lequel il y avait également Jean Herbert. Or, le professeur de Beauregard a été empêché de venir parce qu'il a été ulcéré de la violence et de la méchanceté d'articles écrits à la requête d'un groupe de physiciens qui le traitaient de toute une série d'épithètes uniquement sur le fait que, dans une déclaration à la télévision, il avait dit ceci : «On télégraphie maintenant dans le réel en dehors de tous les moyens de communication habituels.» Il a simplement voulu dire qu'il y avait des possibilités de communication intérieure, psychologique et psychique qui étaient de plus en plus évidentes. C'est vous dire qu'il y a une certaine opposition.

Mieux. Dans le laboratoire de physique de David Bohm, au Birbeck College, à Londres, on a procédé à des expériences au cours desquelles de jeunes éléments doués d'une puissance magnétique tout à fait particulière avaient le pouvoir de plier des métaux. Je vous signale que ces expériences ont été faites en présence de nombreux scientifiques, de psychiatres et de spécialistes des mathématiques. Ces expériences ont été faites avec toute une série de précautions et toute la prudence nécessaire au point de vue contrôle. On a constitué, au laboratoire de métallurgie de Londres, des métaux dont la résistance était très spéciale, et si l'on voulait tricher, puisqu'il était question de plier ces métaux, ils cassaient net. Je vous signale que ces métaux étaient placés dans des ampoules de verres scellées qui empêchaient toute possibilité de manipulation. Or, ces métaux ont été pliés comme de simples ficelles. Alors, on a fait la recherche et on a vu que ces métaux n'étaient pas du tout pliés de l'extérieur, mais qu'il y avait une opération de la pensée sur les forces de cohésion moléculaire. On a été beaucoup plus loin. On a fait des recherches sur la nature des rayons qui opéraient sur ces échantillons métalliques et on a vu que, partant de la partie limbique du cerveau, il y avait un faisceau de neutrinos, et peut-être encore d'autres particules inconnues, qui étaient responsables de cela. Tout est consigné dans un ouvrage qui s'appelle en anglais *The metal benders,* c'est-à-dire *Les plieurs de métaux.* Donc, tout est absolument irréfutable. Nous nous trouvons là devant une mauvaise foi absolument invraisemblable dans lesquels les milieux, que nous appelons avec Jean Charon «les physiciens fossiles», qui en sont encore à un concept de matière formée par des particules (autonomes), prétendent que tout cela est faux.

Pourquoi y a-t-il cette résistance? Pour deux raisons. D'abord, il y a l'inertie de la force d'habitude. Tout être humain qui s'est engagé dans certaines convictions et certaines croyances est, au bout d'un certain temps, victime d'une sorte de force d'inertie, parce qu'il est habitué à cela et qu'il y a là des résistances qui remontent, du fait qu'en chacun de nous il y a l'instinct de conservation. Sans instinct de conservation, ni vous ni moi ne serions ici, et cet instinct de conservation conduit l'être humain à refuser l'inconnu, à refuser le nouveau, à coller à tout ce qui est très ancien et cristallisé. Il y a encore autre chose. Le refus de beaucoup de physiciens d'accepter les travaux de ceux qui partagent la vision holistique leur interdit la possibilité d'expliquer la plupart de cela. Alors, ils sont dans l'incapacité totale d'expliquer comment, par le pouvoir de la pensée, on peut opérer sur les forces de cohésion moléculaire. Deux solutions s'offrent à eux. Ou bien dire: «Je ne sais pas. J'ignore.» Mais comme, en général, ils n'ont pas l'honnêteté suffisante d'adopter cette réponse qui porterait atteinte à leur prestige, ils disent : «Non, ça n'existe pas.» On triche. Voilà, dans les grandes lignes. Il y aurait encore beaucoup de réponses à donner à ce refus. C'est, en général, le refus de l'inconnu, la peur de l'inconnu qui est inévitablement une manifestation indirecte de l'instinct de conservation sans lequel ni vous ni moi ne serions ici. C'est tout ce qu'on peut dire. Voilà les éléments les plus évidents, qui, à mon humble avis, sont absolument irréfutables en considération des expériences auxquelles David Bohm a participé au laboratoire de physique de l'université de Londres.

Q. — *Je trouve un peu décourageant de constater que dans la vie de Bouddha, de Krishnamurti et d'autres, il ait été nécessaire de vivre une grande souffrance pour accéder à l'éveil. N'y a-t-il pas d'autres façons d'y accéder?*

R.L. — Il ne faut pas se fixer exactement et uniquement sur l'exemple qui a été évoqué ici. Krishnamurti a parlé d'une grande souffrance parce qu'une grande souffrance implique la totalité des énergies dont nous sommes constitués. Dans une causerie récente, j'ai parlé de ce qu'on appelle la dépossession de l'amour. Nous savons que le signe distinctif de l'amour est la gratuité, le désintéressement, la spontanéité, et il existe un itinéraire très connu, dans la tradition indienne, dans la bhakti-yoga, au cours duquel il y a une possibilité que dans des circonstances particulièrement saisissantes et particulièrement douloureuses, il y ait un conflit dans l'être humain qu'on appelle «tromper dans ses affections», surprendre l'être humain à ne plus lui rendre la réciprocité souhaitée. Dès lors, il y a une sorte de duel qui se réalise entre le mental qui réclame la réciprocité, qui réclame la vengeance, qui réclame tout un processus très agressif et négatif. Ou bien, si, selon la tradition indienne, il est très engagé dans l'œuvre d'amour, il y a cette possibilité qui est très rare, mais qui serait la meilleure, c'est qu'étant fidèle à la loi d'amour et à ce qu'on appelle le caractère prioritaire de l'amour, il se surprend à accorder à l'être aimé l'amour, quelle que soit la réciprocité et quelles que soient les circonstances. À ce niveau, il y a une possibilité de mutation et ce n'est pas l'ego qui a réalisé la chose, c'est l'amour dans le potentiel extraordinaire de force et d'intelligence qui ne font qu'un. Donc, dans l'exemple que je vous ai cité, il y a deux exemples de souffrance. Mais ce qui importe, c'est que dans la momentanéité de chaque instant, il y ait vraiment, en nous, un affranchissement total de l'emprise des automatismes de la mémoire, qui est cette mort à nous-mêmes que certains envisagent avec un certain effroi.

J'abrège la réponse à cette question parce que c'est une question très vaste. Il ne faut pas oublier cette pensée très paradoxale qui dit ceci : «Mourir à soi-même est un ravissement.» Alors, vous voyez qu'à cette question il y a de nombreuses réponses, et il ne faut pas se fixer sur une seule réponse. D'ailleurs, très souvent, Krishnamurti et d'autres, comme Ramana Maharshi, répondent dans le cadre de la question et en se mettant au niveau de l'interlocuteur, surtout dans l'enseignement de Ramana. Donc, il ne faut jamais se fixer sur une réponse ou un exemple pris à titre explicatif. Il y a beaucoup d'autres réponses.

Q. — *Comment un simple mortel peut-il accéder au niveau de réalité évoqué par David Bohm? Comment dépasser le niveau de croyance pour accéder à la connaissance, à l'expérience? Est-ce réservé aux seuls physiciens quantiques et aux mystiques? Est-ce accessible?*

R.L. — Il y a une exigence qui a été formulée par tous les sages de tous les temps et qui est énoncée en un seul mot : voir. Cette exigence est à l'origine des Védas, du *satori* dans le zen. C'est réaliser une qualité d'attention que non seulement Krishnamurti a développée d'une façon très complète toutes les possibilités, mais aussi dans la sagesse taoïste où il est dit ceci : «Voir exige une attention totale, une présence au présent.» Mais ça ne suffit pas parce que c'est là une répétition qui est devenue très dominante pour le moment. L'exercice de l'attention parfaite consiste à voir sans attendre. C'est ainsi que les maîtres taoïstes emploient l'exemple des miroirs. Le parfait miroir voit tout, mais il ne prend rien, il ne compare rien, il ne nomme rien, il n'attend rien, il ne choisit rien. Il voit, tout simplement, mais dans la momentanéité de chaque instant. Si vraiment vous réalisez cette vision en vous dégageant de tous les automatismes de la mémoire, de vos préférences personnelles, de vos répulsions personnelles, de vos choix, etc., qui voit? Qui voit lorsque vraiment tous les automatismes et les vieilles habitudes de votre vision sont éliminés? À ce moment-là, ce n'est plus vous. Bien sûr, il y a un corps qui est là, mais ce corps est complètement vidé, sur le plan psychologique, de l'identification avec lui, de l'identification à l'image de lui-même. Donc, la clé, c'est une attention vigilante dans la momentanéité et dans l'instant, d'une attention qui n'attend rien. Et ce n'est pas si facile que cela. Le premier pas, en réalité, c'est de voir que, constamment, dans le champ de notre esprit, se présentent des images qui n'ont rien à voir avec les circonstances que nous vivons. Donc, on vit le présent au présent. C'est réaliser une faculté d'attention qui n'attend rien, se surprendre à avoir continuellement des suggestions, des concepts mentaux qui se projettent dans l'avenir, simplement, mais le faire d'une façon continuelle, sans rien attendre. Je vous dis que ce n'est pas facile. Notamment, des pratiquants du zen qui sont face au mur et qui pratiquent le zazen doivent bien se rendre compte que, dans le simple fait de prendre la posture du lotus et d'être face au mur, il y a une secrète intention d'atteindre quelque chose. Voilà une des clés. Donc, c'est la plénitude de l'attention dans la momentanéité de l'instant, et si vous le faites à chaque instant, vous verrez que s'installe en vous un automatisme d'attention. Cette expression semble contradictoire, mais il y a, de toute façon, un automatisme d'attention, et vous vous surprendrez à réaliser une acuité d'attention dans la momentanéité de chaque instant, une intensité d'attention telle que vous collez à la circonstance présente qui vous permet de vous décoller entièrement de l'emprise qu'exercent sur vous les échos du passé et, de plus en plus, il y a en vous une sorte de pénétration, une faculté d'une intensité extraordinaire qui vous libère de l'emprise de tout ce qui est secondaire, de tout ce qui est artificiel, de tout ce qui est mort. À ce moment-là, il y a, comme le dit Krishnamurti, l'irruption explosive de l'inconnu avec sa béatitude. C'est une technique, et il y en a encore beaucoup d'autres.

Q. — *M. Linssen, est-ce que l'attention peut s'enseigner?*

R.L. — C'est une question piège! Ce qu'on peut faire, c'est de prendre conscience du fait très simple que nous ne sommes jamais attentifs, que nous sommes dans un état de distraction constant, que, d'une part, dans le quotidien, une partie des affichages mentaux qui se présentent dans notre esprit ne sont que des échos du passé et que, d'autre part, nous hypothéquons le futur. Il y a donc là un comportement horizontal qui va du passé, qui va à l'avenir, qui est un état de distraction, au sens étymologique du terme, un éparpillement de toutes les énergies de notre attention. Les énergies sont diluées dans un processus horizontal, alors que chez les éveillés, quels qu'ils soient, au lieu de ce processus horizontal qui est un éparpillement de l'attention, il y a une sorte de ramassement des énergies dans la momentanéité de l'instant. Ramassement, bien entendu, qui n'est pas opéré par l'ego, mais qui résulte des profondeurs d'un niveau de conscience, parce que s'il était essentiellement le résultat d'une intervention de l'ego, on tournerait en rond, et à ce moment-là on sortirait du processus horizontal qui vient de la nécessité de la verticalité, ici, maintenant. Là, il y a véritablement un facteur fondamental.

Disons, pour terminer : «Qui voit quand on parle de voir?» Il y a dans le processus de l'éveil, à la fois et en priorité absolue, ce qu'on appelle le Suprême, l'Inconnu, pour employer la terminologie de Krishnamurti. Et cette vision fondamentale est le Sujet, le grand Sujet, avec un grand «S». Cette attitude a été définie par mon instructeur chinois Wei Wu Wei : «L'art, le suprême art, c'est de vivre nouménalement parmi les phénomènes, c'est-à-dire en laissant opérer en nous, dans la priorité qui s'impose, la réalité fondamentale, appelée l'holo-mouvement par David Bohm, ou le Suprême, peu importe les mots qu'on lui donne, mais le vivre dans la momentanéité de chaque instant, vivre nouménalement parmi les phénomènes.»

Q. — *Est-ce que Krishnamurti connaissait Sri Aurobindo? Et quels étaient leurs points communs ou divergents? Krishnamurti a-t-il laissé des écrits sur les soins, la médecine, la santé en général?*

R.L. — Krishnamurti a entendu parler de Sri Aurobindo. Bien sûr, nous en avons souvent évoqué les enseignements, d'autant plus que j'ai été souvent à l'*ashram* de Sri Aurobindo. En fait, on peut dire que, théoriquement, il y aurait certains points communs. Il y en a un, par exemple, que je vous cite immédiatement. Dans l'enseignement de Sri Aurobindo, et notamment de la Mère, on entrevoit nettement la possibilité de mutation cérébrale. Dans cette optique, le règne humain serait un règne provisoire. C'est ce que cette excellente amie, la doctoresse Brosse, appelle «l'homme après l'homme», c'est-à-dire un être dans lequel il y aurait la réalisation de cette vision cosmique, de cette vision pénétrante à l'état tout à fait naturel, tout à fait normal. Je viens d'employer le mot naturel et j'insiste beaucoup sur le fait que, dans l'optique des sages avec lesquels j'ai vécu, ce qu'on appelle l'éveil n'est rien d'autre que l'état suprêmement naturel et l'état le plus simple qui existe. Et dans l'esprit de ceux avec lesquels j'ai vécu, ce qui est très compliqué, c'est la façon dont nous vivons tous en prenant des masques, en jouant la comédie, en luttant, en voulant devenir, en voulant avoir, avoir plus, etc.

Quant à la technique de leur enseignement, quant à leur attitude vis-à-vis des auditeurs, elle est évidemment très différente. Nous savons très bien, et c'est là une chose sur laquelle il est nécessaire d'insister, que Krishnamurti ne nous met jamais dans une situation de dépendance à l'égard de sa personne. Il veut que nous réalisions une sorte de connaissance par nous-mêmes, il veut que nous soyons vraiment des adultes, et il estime que la nature nous a donné la possibilité de percevoir en nous-mêmes et par nous-mêmes la source inconditionnée et suprême dont nous émanons. Ensuite, dans l'*ashram* de Pondichéry, il y a autant vis-à-vis de Sri Aurobindo que de la Mère une attitude de dévotion, une attitude nettement de dépendance vis-à-vis de la personne de la Mère ou de Sri Aurobindo, tandis que dans l'entourage de Krishnamurti, cette extrême dépendance n'existe pas. Mais là, tout de même, il faut formuler une réserve. C'est que, sans s'en rendre compte, beaucoup de fanatiques de Krishnamurti tendent inconsciemment à déifier la personne de Krishnamurti. C'est d'ailleurs une des raisons pour laquelle David Bohm, à un certain moment, s'est séparé de Krishnamurti. Mais il y a des comparaisons ou des similitudes. Maintenant, je m'excuse de vous dire ceci, mais ces comparaisons peuvent peut-être donner des satisfactions aux intellectuels, mais en aucun cas cette préoccupation ne permet de réaliser vraiment correctement le cheminement de notre exploration intérieure. Nous sommes là avec nos souffrances, avec nos sensibilités, et elles ont un enseignement. Le grand Livre de la Vie a des caractères que nous pouvons tous lire. Ce sont nos preuves, nos souffrances, nos joies aussi, qu'il faut vivre d'une façon absolument claire, libérés de toute influence et de toute autorité extérieure. Voilà, c'est l'essentiel.

Q. — *Quels seraient, selon vous, les éléments essentiels que nous devrions enseigner aux jeunes de 6 à 12 ans, dans les écoles primaires, et de 13 à 18 ans, au niveau secondaire, pour aider à réaliser le niveau de conscience du réel, tel que découvert par les physiciens modernes?*

R.L. — Il y a un élément fondamental à prendre en considération, c'est l'équilibre entre le développement de l'intellect et du cœur. Il y a cette déclaration de Claparède qui nous dit que : «Une éducation complète doit réaliser l'équilibre entre le cerveau, le cœur et les mains.» Il est inutile de vous dire, vous le savez déjà, qu'actuellement une éducation réelle cela n'existe pas. Il y a quelques années encore, c'était plutôt, comme on dit, le broyage des cerveaux en série, et on éliminait tout ce qui est relatif à la sensibilité comme facteur tout à fait négligeable. Krishnamurti insiste beaucoup sur cet équilibre. Mais il y a un point essentiel sur lequel il faut insister, c'est que la qualité de l'éducateur est beaucoup plus importante que les méthodes utilisées. Nous avons fait des enquêtes dans les Écoles Nouvelles du monde entier, avec notre collaboratrice la doctoresse Anne Guisen de l'université de Louvain, et nous avons vu que dans des écoles où les enseignants étaient forcés d'utiliser des méthodes complètement dépassées, lorsque l'éducateur ou l'éducatrice avait en elle une certaine qualité d'amour, malgré le caractère dépassé des méthodes utilisées, elle arrivait à des résultats. Et, très souvent, les personnes qui ont suivi des cours avec ces éducateurs, 10 ans, 20 ans, 30 ans après avoir quitté l'école, se souviennent encore de l'enthousiasme avec lequel elles suivaient tel ou tel cours de littérature. Et réciproquement, dans des Écoles Nouvelles qui utilisent des méthodes beaucoup plus perfectionnées et en accord avec ce que nous sentons, ces personnes qui n'avaient pas cette flamme et cette qualité d'amour n'arrivaient qu'à de très piètres résultats. Donc, la qualité de l'éducateur est fondamentale. Alors, les objectifs de l'éducation nouvelle, ce que Krishnamurti nous suggère de réaliser, c'est de faire des êtres qui ont en eux une faculté de création, des êtres heureux, qui s'épanouissent dans une plénitude, des êtres qui sont libérés de la peur, des êtres qui ont dans la vie une capacité relationnelle avec les êtres et les choses, une tendance à la bienveillance, etc. Si un éducateur a encore en lui certaines peurs, comment voulez-vous qu'il aide l'enfant à se délivrer de la peur? Si vous avez des éducateurs qui sont encore conditionnés par les différentes limitations qui résultent du climat prédominant de notre époque, comment voulez-vous qu'ils puissent suggérer à l'enfant une vision vraiment ouverte, une vision créatrice? Donc, le problème essentiel est de trouver des éducateurs qui sont dans une atmosphère de créativité et qui ont tout de même un minimum d'amour. Ces éducateurs sont très rares, et le problème est très vaste.

Je vais vous en citer un exemple tout à fait extraordinaire qui eut lieu, en Inde, dans une des écoles de Krishnamurti. Le matin, on réunit les enfants au soleil levant; il faut savoir que les aurores, en Inde, sont d'une beauté extraordinaire, avec une richesse de coloris, avec le chant des oiseaux qui est une véritable symphonie. Face à ce spectacle, la directrice de l'école avait composé des hymnes à la gloire du soleil levant. Il y avait là toute une atmosphère! Nous chantions tous en cœur ces hymnes dans un cadre extraordinaire, et cela laisse vraiment aux enfants une empreinte de beauté, une qualité d'écoute. Inversement, le soir, au soleil couchant, tous les élèves se réunissent au sommet d'une colline, face au soleil couchant. Quel spectacle! Vous savez que les couchers de soleil, dans les pays tropicaux, nous donnent un spectacle vraiment très émouvant, simplement par les coloris du soleil couchant, le coloris des nuages, le parfum d'une végétation très généreuse, et le chant des oiseaux dans la nature indienne. Une symphonie extraordinaire! Nous sommes là, tous, et nous n'avons pas dit aux enfants : «Vous allez vous taire. Vous allez méditer sur la beauté du soleil couchant.» Nous n'avons rien dit. Mais je vous assure qu'au bout de quelques minutes, la beauté du soleil couchant, le chant des oiseaux, tout l'ensemble s'efface devant la plénitude d'un silence extraordinairement vivant. Il y a différentes circonstances dans cette école qui sont vraiment remarquables. Le lendemain, Krishnamurti a posé des questions aux enfants et à un groupe d'éducateurs. Il leur a demandé ce qu'ils entendent par l'intelligence véritable. Il y a un de ces enfants, âgé de seize ans, qui a répondu : «L'intelligence véritable est l'état de la plus haute sensibilité.» J'ai revu ces enfants, trente ans plus tard. Ils se sont orientés vers des activités professionnelles intéressantes, les médecines douces, par exemple; d'autres enseignent dans les écoles Krishnamurti; ils sont mariés et ont des enfants. Ce sont des êtres harmonieux.

Pour terminer, je voulais vous signaler ceci : on avait annoncé que Krishnamurti voulait enseigner aux enfants et leur poser des questions. On a dit aux enfants : «Vous avez la possibilité de poser des questions.» Silence total. Une minute passe, cinq minutes passent, dix minutes passent. Pas une seule question. Krishnamurti insiste encore : «Mais posez des questions.» Et alors, un élève se lève très timidement et dit : «Mais nous avons peur de poser des questions.» «Mais pourquoi avez-vous peur?» L'élève répond : «Nous avons peur de poser une question idiote, une question bête.» «Et pourquoi avez-vous peur de poser une question bête?» «Parce qu'on n'a pas envie que l'ami, que le copain se moque de nous.» «Vous avez peur parce que vous avez une image de vous-même que vous protégez.» Ce que je viens de vous dire a mis une heure. Par une leçon de paix, sans aucune théorie, en toute simplicité, on a fait saisir, d'une façon réelle et vécue, que nous avons une image de nous-mêmes. Voilà un exemple.

La technique employée dans les écoles Krishnamurti est triple. D'abord, équilibre du cerveau, du cœur et des mains; une place très importante est accordée à l'expression corporelle, à la sensibilité et à la beauté, la communion avec la nature, la sensibilité à la beauté en musique, mais aussi cette qualité de vigilance de plus en plus permanente. Il y aurait encore beaucoup de choses à dire.

À l'école Krishnamurti, fondée en Suisse, dans le canton de Neuchâtel, j'ai donné un cours sur la constitution de la matière, les molécules, les électrons, etc.; un sujet qui était particulièrement difficile à rendre accessible à des enfants de huit à douze ans. Lorsque je parle des constituants ultimes de la matière, je le vis véritablement. C'est très curieux, lorsque j'en parle aux enfants, ils sentent que la matière vit. Comme le dit d'ailleurs David Bohm : «La matière vit.» Quand les enfants apprécient un exposé, ils ont l'habitude, dans les Écoles Nouvelles, d'apporter un petit dessin à la séance suivante. Or, j'ai eu l'agréable surprise d'en recevoir un dans lequel il était écrit : «Le petit Bruno qui a des molécules qui vivent.» Il n'a pas dit simplement qu'il a des molécules. Et un autre enfant m'a donné un joli petit dessin et a dit : «Pierre a compris qu'il est des molécules.» Parce que véritablement, nous sommes cela!

Quand je donne des causeries aux ingénieurs à Lucerne, à Genève, sur la constitution de la matière, de quoi croyez-vous que je parle? Des atomes, des molécules? Mais c'est d'eux que je parle, de leurs pensées, de leur sensibilité, afin de réaliser un retour vers les choses.

Mon objectif est de tenter de faire en sorte que les enfants, en prenant pleinement conscience d'eux-mêmes, commencent un jour à voir les choses de l'intérieur. C'est là une nécessité fondamentale.

Q. — *Les rituels sont-ils toujours superflus sur le chemin de la reconnaissance du tout?*

R.L. — Mon ami René Fouéré a écrit un livre magnifique qui s'intitule *Discipline, Ritualisme et Spiritualité*. Les rituels, bien entendu, ont une action. Ils ont une action considérable sur notre psychisme. Le chamanisme, par exemple, qui est essentiellement basé sur des rituels, montre d'une façon évidente qu'il y a une action, qu'il y a des énergies qui opèrent des transformations. Mais le grand danger des rituels, c'est notre dépendance à leur égard. Nous savons très bien que lorsque nous assistons à un service religieux dans certaines cathédrales, dans de vieilles cathédrales, il y a là un ensemble de circonstances qui nous émeuvent parce qu'il y a le côté esthétique, le côté de la beauté du rituel, les chants liturgiques, etc. Mais il y a finalement une dépendance, à l'égard de ces circonstances, qui fait que nous croyons recevoir une grâce intérieure seulement à ces moments-là. Dans l'esprit, en tout cas, les sages avec lesquels j'ai vécu, aucun d'eux ne pratiquait les rituels. Le rituel n'est rien d'autre que notre faculté d'attention vigilante à exercer d'instant en instant une attention décontractée. On insiste trop sur le caractère continu de l'exercice d'une attention. On pourrait croire qu'on est là, complètement dans un état de concentration artificielle en attendant quelque chose. C'est d'ailleurs extrêmement subtil. Donc, les rituels ont une action. On peut, par l'exercice de rituels, guérir des personnes. On peut même réaliser des guérisons soi-disant miraculeuses, qui ne sont pas miraculeuses, mais qui sont simplement la matérialisation de fond qui opère des transformations absolument naturelles, mais dont nous ignorons en général le processus.

Q. — *M. Linssen, j'aimerais connaître vos commentaires au sujet du livre qui révèle les relations intimes que Krishnamurti a entretenues avec Rosalind. Quel effet ces révélations ont-elles eu sur vous et sur les gens qui ont vécu près de Krishnamurti?*

R.L. — Comme dans toute action, il faut voir quelle est la motivation exacte qui a présidé à la rédaction de ce livre. D'abord, une chose est évidente : dans ce livre, il y a le désir de détruire et une agressivité à peine contenue. Lorsqu'on connaît, dans le détail, la vie de Krishnamurti et les différents conflits qu'il a eus avec Rajagopal, il est normal qu'il y ait eu des réactions, surtout de la part de Mme Rajagopal et des réactions aussi, et surtout, de la part de Rajagopal. Ce sont là des détails qui disparaissent par rapport à l'immensité de l'œuvre de Krishnamurti. Le fait que Krishnamurti ait eu une vie sentimentale, que beaucoup de personnes qui vivaient près de lui ignoraient complètement, est absolument excellent parce que ça le rapproche de nous. Plusieurs personnes prétendaient que Krishnamurti étaient trop loin de l'humain, qu'il planait dans des sphères tout à fait inaccessibles, alors que la lecture attentive de ses ouvrages ne donnent pas du tout cette impression. Pour ces gens-là, ces révélations soi-disant sensationnelles ne les affectent pas. Mon opinion, celle du professeur Krishna, recteur de l'université de Bénarès, et d'autres, est que, face à l'ampleur de l'enseignement de Krishnamurti, dans une époque particulièrement troublée, cette capacité qu'il a eue de se dégager de la pesanteur énorme de tous les conditionnements qui nous limitent est déjà énorme.

Il est évident que les personnes qui ont déifié la personne de Krishnamurti ont eu un choc quand elles ont su que Krishnamurti avait eu une vie sentimentale. Pour ces personnes, il s'agit là d'un enseignement, ou comme on l'appelle dans le zen, un «koan», qui les oblige à prendre conscience de leur dépendance à certaines images qu'elles ont créées dans leur esprit, et à voir les choses dans une juste mesure.

Q. — *M. Linssen, pourquoi avons-nous si peur d'aimer?*

R.L. — C'est toujours le même principe. Nous avons peur de l'inconnu, nous avons peur de souffrir. Nous avons créé en nous toute une série de boucliers autoprotecteurs afin de trouver la sécurité, afin de ne pas souffrir. C'est encore un aspect, parmi d'autres, de cet instinct de conservation, de notre désir de durer, de notre désir de s'affirmer. Et nous évitons toute situation conflictuelle, nous évitons de souffrir. Voilà, c'est tout. C'est une sorte de lâcheté. La peur d'aimer est, au fond, une lâcheté. C'est un instinct protecteur tout à fait négatif.

SANTÉ ET CROYANCES

Dr Luc Bessette

> ... le véritable défi de l'homme n'est peut-
> être pas tant de vivre sa spiritualité en dé-
> pit du monde, mais bien de l'intégrer et de
> l'incarner dans le monde. Ainsi, l'œuvre de
> création pourrait se compléter, et enfin
> apparaîtrait l'Homme.

Introduction

À l'occasion de ce colloque SCIENCE ET CONSCIENCE, on m'a demandé de vous entretenir du sens de ma démarche lors de l'organisation des deux derniers congrès relatifs au processus de guérison. Des porte-parole de premier plan de l'Orient et de l'Occident ont pu s'y réunir et échanger sur les thèmes universels de la santé, de la souffrance, de la croyance, de la mort et de la guérison.

Les organisateurs semblent croire qu'il s'agit là d'événements significatifs et voudraient que je témoigne du pourquoi et du comment de tout cela et de ce que j'ai pu en retirer.

Puisque ma rencontre avec l'œuvre de Jiddhu Krishnamurti est au cœur même de ce processus, vous comprendrez le plaisir que j'ai de partager avec vous la célébration du centième anniversaire de sa naissance.

Le besoin de croire

La vie de Krishnamurti est et demeure, pour moi, une illustration marquante et extrêmement inspirante du courage de vivre et d'assumer sa liberté. Et quel courage que celui d'un homme qui eut la force de s'arracher au destin de Messie pour accéder à une véritable humanité!

En cette ère de nouveaux paradigmes, en ce Nouvel Âge de croyances où les intégrismes de toutes sortes referment les consciences, isolent et fanatisent, l'exigence d'une pensée ouverte s'impose comme éminemment actuelle. Il n'est pas besoin de rappeler tous les drames récents imputables aux sectes pour nous démontrer la nécessité de la remise en question des fondements de nos croyances, de façon à éviter d'être piégé dans la démence fonctionnelle.

C'est d'ailleurs là tout le mérite du cheminement et de la pensée de Krishnamurti que de nous faire prendre conscience qu'il n'y a pas de Messie ou de salut hors de nous-mêmes et qu'au cœur même de notre recherche ou de notre quête de sens l'important n'est pas tant de savoir en quoi l'on croit, mais de bien connaître pourquoi on a tant besoin d'y croire.

Théosophes et Messie

Il existe un lien étroit entre la santé et ce processus par lequel on construit son identité et génère affectivement sa croyance. Toutefois, avant d'élaborer plus avant, permettez-moi de rappeler quelques faits de l'histoire de Krishnamurti qui me semblent éloquents dans le cadre de cet exposé. En effet, il est souvent pertinent de connaître certains événements clé de la vie d'un homme pour mieux en comprendre le message.

Krishnamurti, huitième enfant d'une famille brahmane du sud de l'Inde, vint au monde dans un milieu déjà très conditionné par l'aventure religieuse. Son père, malgré son métier de percepteur d'impôt pour la couronne britannique, adhéra au théosophisme bien avant la naissance de son fils, tout en maintenant ses pratiques brahmaniques. La mère de Krishnamurti, tout aussi profondément religieuse, entrevoyait déjà un avenir remarquable pour son fils. Enfreignant les règles brahmaniques orthodoxes, elle le mit au monde dans la chambre de *pûjâ,* habituellement réservée à la prière et à la méditation.

Ce conditionnement familial et culturel était déjà, en soi, tout un contrat. Mais c'était sans compter sur nos amis théosophes!...

La superstition étant ce qu'elle est, les fins de siècle semblent créer des convulsions psychiques chez nos semblables. Du moins, semble-t-il qu'il en fut ainsi à la fin du siècle dernier.

La Société Théosophique professait des enseignements orientalistes hétéroclites basés sur une interprétation très large du bouddhisme, de l'hindouisme, ainsi qu'un fatras de théories occultes uniques à leurs fondateurs.

Parmi celles-ci, les théosophes avaient formulé la croyance que, en cet âge obscur de la spiritualité, un nouveau Messie, le bouddha Maitreya, devait naître pour guider l'humanité vers son salut. Et c'est ainsi que Charles Webster Leadbeater, haut dirigeant de la secte et clairvoyant de son état, se mit en quête d'un véhicule, ainsi qu'on dénommait sous sa forme brute celui que l'on pourrait transformer, grâce aux enseignements, en Messie!...

Le hasard voulut que le père de Krishnamurti, à sa retraite, se fasse engager au siège social des théosophes à Adyar, en 1907. C'est ainsi que Leadbeater, lors d'une de ses visites, reconnut, en la pureté de l'aura de Krishnamurti qui se baignait à la plage, le futur Messie!... Après discussion avec son père, il est décidé que le jeune garçon de douze ans quittera famille et pays pour gagner l'Angleterre où débuteront les enseignements nécessaires à sa transformation.

La renonciation au pouvoir

Je vous passe les intrigues de palais, les messies-substituts au cas où il faille remplacer Krishnamurti, etc. Toujours est-il que la parade débute, qu'on lui attribue bientôt un ouvrage-guide intitulé *Aux Pieds du Maître* et inspiré de voyages astraux en compagnie d'un maître spirituel désincarné dénommé Kuthumi. Ernest Wood, un théosophe contemporain de Leadbeater et qui fut précepteur de Krishnamurti, devait d'ailleurs s'étonner que ce livre anglais, écrit selon le style de Leadbeater, incluait des phrases qu'il retrouva textuellement dans les livres de Leadbeater en voie d'impression, le tout alors que Krishnamurti possédait encore mal la langue anglaise.

Peu importe. On créa bientôt, à l'intérieur de la Société Théosophique, un regroupement particulier affecté à la préparation des membres et du monde pour la venue du Messie. L'Ordre de l'Étoile devait compter bientôt 15 000 membres à travers le monde. Un journal était publié, des écoles construites, et les dons affluaient. Une religion universelle, une université universelle et même un cercle d'apôtres avaient été constitués. De nombreux membres de la secte consacraient leur vie à la promotion de cet idéal, et, parmi eux, Nitya, le frère cadet de Krishnamurti, le seul lien qui lui restait vraiment avec sa famille.

Nitya, affligé par la tuberculose et de santé précaire, était le premier confident de Krishnamurti et l'accompagnait toujours depuis qu'ils avaient tous deux quitté l'Inde sous l'impulsion de Leadbeater et des théosophes. En novembre 1925, suite à une rechute de tuberculose, Nitya, gravement malade, ne put accompagner Krishnamurti qui devait prendre le bateau pour un voyage en Inde.

Krishnamurti avait réticence à quitter son frère ainsi pour un aussi long voyage. Aussi, demanda-t-il conseil auprès de ses guides spirituels et auprès des grands maîtres de la Société Théosophique. Tous devaient confirmer que la condition de Nitya n'était pas désespérée et qu'il se rétablirait sous peu, car son soutien était essentiel à l'œuvre de Krishnamurti. Cette assurance devait lui être encore réaffirmée la veille de la réception d'un télégramme lui annonçant la mort de son frère.

Dès lors, Krishnamurti devait commencer à douter très sérieusement des enseignements théosophiques et de toutes leurs pseudo-révélations occultes. Déjà, en juillet 26, lors d'un congrès de plus de 2 000 théosophes à Ommen, en Hollande, Krishnamurti devait affirmer que chacun devait trouver sa propre voie et suivre son propre chemin. Cela devait provoquer une telle convulsion parmi la hiérarchie ésotérique que certains dignitaires affirmaient avoir vu par clairvoyance, à ce moment, un grand magicien noir parler à travers Krishnamurti!...

Évidemment, les mises en garde et les ajustements nécessaires devaient se mettre en place pour sauver les apparences. Malgré tout, le processus de divorce était enclenché et, à l'été 1929, après avoir assuré sa transition, Krishnamurti devait dissoudre l'Ordre de l'Étoile et affirmer qu'il n'y avait pas de Messie et que la vérité est un processus sans voie définie qu'il appartient à chacun de découvrir par lui-même.

Là où «je» existe, il n'y a pas d'amour; là ou il y a l'amour, «je» n'existe pas.

Quelle que soit la façon dont on peut bien vouloir percevoir cette histoire, elle n'en demeure pas moins exceptionnelle et empreinte d'un très grand courage moral. En effet, il est très difficile de renoncer au pouvoir, et cela est d'autant plus vrai pour le pouvoir spirituel. Contrairement au pouvoir matériel qui contraint les corps par la peur, le pouvoir spirituel est d'autant plus séduisant qu'il lie les âmes et les cœurs par l'illusion, au point où ses victimes se sacrifient de plein gré et avec gratitude.

C'est d'ailleurs ce renoncement au pouvoir spirituel et cette célébration du caractère sacré de la liberté et de la créativité individuelle qui sont au cœur de la beauté du message de ce grand homme. Krishnamurti est d'autant plus grand qu'il a refusé de se prêter à la mascarade de continuer à prétendre être un Messie. Ce faisant, symboliquement au moins dans l'esprit de ses fidèles, il se dépossédait des clés du paradis pour les offrir à qui voulait bien se les donner, au risque de découvrir aussi que ce paradis n'existe peut-être pas en dehors du monde.

C'est d'ailleurs ce symbole qui devait provoquer chez moi une réflexion en regard du sens de la vie, de l'attachement à l'individualité, de ma peur de la mort et de l'extinction.

Au début, je ne compris rien à cet enseignement paradoxal. L'histoire de sa vie me parut fascinante; aussi, je persistai malgré tout. Il me faudra plusieurs années avant d'en saisir un tant soit peu les bases. Aveuglé par le besoin d'une réponse formelle au sens de la vie et sa finalité, je ne pouvais concevoir que cela était une fausse question.

Enfin, de guerre lasse avec mon intellect, m'apparut une réponse tangentielle. Et si la vraie question était : pourquoi ai-je besoin de donner un sens à la vie? D'ailleurs, pourquoi la vie devrait-elle avoir un sens en dehors d'elle-même? Sur quelle base affective cet être séparé qui vit hors du monde, par lequel je définis et conçois mon individualité, a-t-il besoin d'assurer sa permanence? Ne serait-ce pas d'ailleurs

cet attachement à cette séparation compulsivement entrete-
nue qui donne cette faim insatiable d'amour, de relation au
tout et de finalité?

À peu près au même moment, je fais la connaissance d'un
lama tibétain en visite à Montréal. La force sereine qui se
dégageait du personnage me fascina. Je commençai à m'intéresser au bouddhisme. En dépit de traditions et de rites
qui m'apparaissaient rébarbatifs et auxquels je n'ai pas vraiment voulu souscrire, j'ai trouvé des notions fondamentales.
Cela me permit de mieux percevoir les liens existant entre
la souffrance et la structuration de la perception de son
individualité. Plus simplement, je pourrais paraphraser
Krishnamurti qui disait à peu près ceci : «Là où *je* existe, il
n'y a pas d'amour. Là où il y a l'amour, *je* n'existe plus.»

Psychologie bouddhiste

Tout cela devait m'amener à me rendre à New York, en
octobre 91, pour assister à l'année internationale du Tibet. Au
retour, je formulai l'idée d'un échange entre la psychologie
bouddhiste et la psychiatrie occidentale, échange qui m'apparaissait fascinant. Je soumis l'idée au directeur du département de psychiatrie à l'Université de Montréal et l'idée lui
plut. Il n'en fallait pas plus pour que je me rende en Inde, en
février 92, et sollicite un entretien avec le Dalaï Lama.

L'expérience devait prendre le pas sur la théorie. Je m'explique. Lors de mon entretien avec le Dalaï Lama, il me
demanda quelle était ma motivation à vouloir organiser un
tel événement. Il est vrai qu'auparavant j'avais cru vivre
certaines expériences que j'aimais percevoir comme extraordinaires. Aussi, je m'évertuai à lui en faire part. Je me
rappelle son attention soutenue et la profondeur de son
regard alors qu'il m'écoutait. Sa réponse est tout aussi mémo-
rable : «Personnellement, je n'ai jamais vécu d'expériences
extraordinaires, mais si cela vous permet de développer

certaines motivations positives, alors c'est probablement bon.» Le sol ne m'apparut jamais aussi lointain et je ne me rappelle pas l'avoir vu revenir aussi vite avec fracas, pas même lors de mon expérience du parachutisme.

Remis du choc, je rencontrais quelques jours plus tard un docteur en philosophie bouddhiste qui se prêtait à des échanges avec les Occidentaux. Lors de notre entretien, puisque j'étais toujours sous l'emprise de mes multiples pourquoi, je me mis à lui confier l'histoire de mon passé. Je lui ai parlé particulièrement de mon adolescence où il ne se passait pas deux jours sans que je contemple l'idée du suicide. Je me rappelle aussi lui avoir témoigné la fascination qu'exerçait sur moi l'idée de la noyade et la compulsion que je pouvais ressentir.

Comme je lui avais demandé ses commentaires, en référant à cette période de mon adolescence, il me répondit : «Il est vrai que cela puisse être difficile à comprendre, mais il est très douloureux de trop se chérir!» Ça y est! Je me suis senti à nouveau déculotté : on m'arrachait mon noir manteau de tragédie que j'avais trouvé si beau par les soirs de tempête sur les bords de l'abîme!... D'un destin grandiose où la vie s'acharnait sur moi, j'étais projeté dans l'anonymat du commun. Hamlet relégué au prix de Michel Tremblay!...

J'avoue m'être demandé, par moments, pourquoi j'avais fait 12 000 kilomètres en avion, quinze heures de route en automobile, dont cinq en montagne, avec un chauffeur de taxi un peu fou qui risquait notre vie tous les trente kilomètres dans les cols escarpés.

Il m'arrive d'être un peu lent à vouloir comprendre. Aussi, puisque les lamas et docteurs en philosophie ne semblaient pas trop me réussir, je ne sollicitai pas d'autres entrevues pour un petit moment et me consacrai à rencontrer des médecins tibétains.

Médecine tibétaine et karma

Tout d'abord, j'aimerais vous décrire brièvement la médecine tibétaine avant de vous faire part d'une autre anecdote significative.

La médecine tibétaine est basée sur le concept de la totale unité entre le corps et l'esprit. De plus, elle intègre aussi la notion de karma ou de réaction aux influences passées dans cette vie ou dans les vies antérieures. Par son caractère de refuge, le Tibet sut intégrer et préserver plusieurs éléments des médecines traditionnelles ayurvédique, chinoise, grecque et perse. C'est d'ailleurs pour cette raison qu'en Asie on référait souvent au Tibet comme au pays de la Médecine.

La médecine tibétaine comporte trois volets : la médecine somatique qui traite du corps physique, la médecine tantrique qui s'occupe principalement des maladies de ce que les Tibétains décrivent comme les canaux énergétiques, et la médecine karmique qui se penche sur les afflictions graves que l'on croit consécutives aux empreintes négatives passées. De fait, en pratique, les trois volets se recoupent.

La médecine somatique utilise des traitements de type naturopathique, des bains minéraux, le massage, des diètes adaptées à la maladie et à l'environnement du malade, une pharmacologie basée sur les plantes, la moxibustion et une version modifiée de l'acupuncture. Tout comme la médecine chinoise, la prise des pouls est au centre du processus diagnostique. La chirurgie, bien qu'auparavant pratiquée avec certains succès en médecine ayurvédique, a été abandonnée par les Tibétains, au IXe siècle, suite à la mort de la mère d'un roi tibétain chez qui on avait tenté une opération cardiaque.

La médecine tantrique, elle, consiste en certaines pratiques yogiques incluant des exercices respiratoires et une bonne utilisation de l'énergie sexuelle. Quant à la médecine karmique, elle comporte des rituels religieux, la prière, la pratique de la méditation et autres moyens nécessaires pour libérer la conscience des attitudes et des émotions négatives.

Les médecins tibétains devaient confirmer la difficulté rencontrée à traiter, avec leur médecine, certaines afflictions physiques congénitales ou certaines maladies mentales graves. Selon leur compréhension, il s'agit là de maladies karmiques difficilement traitables autrement que par la prière et la pratique religieuse, et encore avec des résultats mitigés.

Le karma vaincu?

Entre temps, comme je mangeais à l'hôtel, je rencontrai un ami personnel du Dalaï Lama, invité par ce dernier à l'occasion du Nouvel An tibétain. Suisse allemand, il était en charge d'un des plus importants monastères tibétains dans son pays. À ce titre, il lui arrivait souvent de recevoir des dignitaires tibétains. Ainsi il en fut du médecin personnel du Dalaï Lama qui devait venir en Suisse quelque temps, à l'occasion d'un échange sur la médecine tibétaine. L'anecdote est intéressante.

Comme il le recevait chez lui, il lui demanda d'examiner sa fille qui devait avoir à peu près dix ans à l'époque. Le médecin tibétain lui prit le pouls pendant quelques minutes et parut médusé. Mon interlocuteur, qui n'avait pas manqué de voir son expression trouble, s'enquit de ce qui n'allait pas.

Le médecin lui retourna la question et demanda si sa fille était gravement malade. À cela, le père rétorqua qu'elle paraissait en excellente santé tout comme il pouvait le constater, car elle jouait énergiquement comme une jeune fille de son âge. Toujours aussi perplexe, le médecin lui demanda si elle était sous une forte médication, ce que le père nia aussitôt, exigeant certaines explications. Le médecin tibétain devait alors lui répondre qu'il n'avait jamais perçu un pouls pareil et qu'il ne concevait pas que cela puisse être compatible avec la vie. Son père, interloqué, lui expliqua que sa fille souffrait d'une importante malformation congénitale cardiaque à la naissance, qu'elle avait été opérée, et que, depuis l'opération, sa santé était excellente.

Cette anecdote parle d'elle-même :

— Une culture, pour des raisons historiques, ne développe pas d'expertise chirurgicale et, par considérations religieuses, refuse l'expérimentation animale. Pour elle, certaines maladies congénitales sont de nature karmique, entraînent la mort à brève échéance, à moins d'une intervention du caractère d'un miracle amené par la pratique religieuse et spirituelle.

— Une autre culture, scientifique, technique, agnostique opère et guérit.

Mais qu'est-ce donc que le karma? Est-ce que c'est la somme des impuissances héritées d'un passé auquel on souscrit? Est-ce un sous-produit culturel, une filiation à des formes culturelles à travers lesquelles on s'identifie? Le potentiel de guérison ne passe-t-il pas par l'affranchissement de ces conditionnements et de ces croyances? La question se pose et se maintient toujours plus présente.

Fidélités inconscientes

De retour à Montréal, au hasard de «bouquinages», une amie m'achète un livre dont le titre m'inspire peu : *Médecines nouvelles et psychologie transpersonnelle*, livre édité chez Albin Michel, en 1986. Un chapitre m'étonne et m'interpelle. Il est écrit par Anne Ancelin Schützenberger, une psychanalyste française des premières heures et s'intitule *Stress, cancer, liens transgénérationnels* et sous-titré *La maladie et les raisons de l'inconscient individuel et familial.* Elle y traite du cadre de référence personnel et du contexte familial, sur plusieurs générations, dans lequel survient la maladie.

Selon elle, la maladie s'inscrit dans une trajectoire de vie conditionnée par des rôles, des fidélités ou des programmations inconscientes auxquelles l'individu souscrit parce qu'il s'est défini à travers elles. Elle note aussi que l'on emprunte ces rôles auprès d'êtres chers ou d'individus dont l'empreinte significative conditionne la manière dont on se perçoit et la façon par laquelle on conforme sa relation au monde, consciemment ou inconsciemment. Ainsi, certains anniversaires, même s'ils rappellent le rôle inconsciemment, réactualisent une dynamique émotionnelle et psychologique associée. Donc, si le rôle réactivé est morbide, son enclenchement pourrait contribuer au processus d'émergence de la maladie.

Serait-ce à dire que *je* est distinct parce que *je* est construit d'associations cognitives, émotionnelles ou réactionnelles particulières? Cette hypothèse est frappante, car elle évoque un concept propre à la psychologie bouddhiste, à savoir que l'individualité n'a pas d'existence propre, autre que celle des agrégats qui la composent et qui conditionnent sa santé et son avenir.

Cela nous amène donc à une intéressante définition du karma. Les vies antérieures qui nous conditionnent ne sont peut-être pas tant celles de ce processus individuel à travers lequel on se définit, mais bien plutôt celles des histoires individuelle, familiale et culturelle qui structurent ce moi. Ainsi, seule la Vie serait vie antérieure à notre vie.

Toutefois, pour que ce concept soit plus qu'une simple notion philosophique, il faut qu'il donne des résultats tangibles, notamment en ce qui concerne le bien-être et la santé des individus.

À cet effet, Schützenberger décrit certaines améliorations spectaculaires, voire certaines rémissions prolongées de patients préalablement condamnés qui ont survécu pour avoir pris conscience de leurs programmations inconscientes et avoir eu le courage de s'en affranchir. Si je mentionne le mot courage, c'est qu'il apparaît que cette transformation est un processus de deuil à soi, c'est-à-dire que l'on accepte de mourir à une forme habituelle et habitée de soi pour reformer, dans l'inconnu, un nouveau moi, insaisissable, inappréhendé. On se met à nu sans savoir de quoi la vie nous revêtira.

Rémissions spontanées

On peut donc penser, si tout cela est valable, que l'étude des rémissions spontanées et des changements psychodynamiques associés devrait nous apporter les confirmations qui nous manquent.

Cela n'est malheureusement pas vraiment le cas, car les phénomènes ne sont à peu près pas étudiés. Quand ils le sont, c'est trop souvent de façon anecdotique et après coup, de sorte que l'on ne connaît pas vraiment la condition psychologique des patients avant la rémission. Pourtant, les rémissions, bien que rares, sont beaucoup plus fréquentes qu'on le croit habituellement. Un livre, édité en 1993 par l'Institut des sciences noétiques de Californie, a retrouvé plus de 3 500 références, publiées à l'intérieur de 800 journaux médicaux de langues et de nationalités différentes. Bien qu'universel, le phénomène est sous-rapporté et mal expliqué, à la mesure de notre ignorance des mécanismes naturels d'autoguérison.

Johannes Hans Schilder, médecin hollandais présent au congrès de 1993, a étudié ce phénomène des rémissions spontanées. Après avoir pris connaissance de six cas bien documentés, il a postulé un changement psychodynamique catastrophique comme base de cette transformation. D'une attitude d'apitoiement et de résignation, certains patients étudiés étaient passés à une extériorisation de la colère et de la frustration avant de revenir à un état émotionnel plus serein où opéraient les mécanismes d'autoguérison.

Ainsi, il relate l'histoire de Fe, une femme décrite comme de bonne éducation, mais trop docile et résignée, qui devait développer un cancer du sein, en 1960, après une période de multiples contrariétés. Elle subit alors une ablation complète du sein, suivie de traitements de radiothérapie. Neuf ans plus tard, à l'âge de quarante-neuf ans, elle développe des métastases hépatiques. Traitée seulement avec des analgésiques qui la plongent dans un état semi-comateux, elle est amenée à l'hospice contre sa volonté. À ce moment, elle est très amaigrie, pèse moins de trente-huit kilogrammes et est considérée comme mourante.

Comme son traitement a cessé, elle revient à elle, réalise qu'elle est dans un hospice, un endroit où on attend qu'elle meure. Outrée, elle revendique son congé, devient insupportable. Pendant trois semaines, elle manifestera une agressivité qu'on ne lui avait jamais connue, blasphémera et chantera même des chansons obscènes!... Évidemment, on a tôt fait de lui donner son congé. À la maison, il devient bientôt évident que sa condition s'améliore grandement au point où son foie se rétablit, et la patiente entre en rémission.

Loin de moi l'idée de suggérer la chanson obscène comme thérapie. Je conviens toutefois que cela puisse donner occasionnellement une bouffée d'air frais dans un monde trop «politiquement correct». Non, ce qui est intéressant dans cette anecdote est l'énorme changement psychodynamique qui s'est opéré avant l'activation du processus d'autoguérison. Se pourrait-il que la confrontation à la mort imminente ait fait exploser la structure psychodynamique de Fe, drainé et purgé des états émotionnels qui, auparavant, même s'ils étaient maintenus sous le seuil de la conscience, inhibaient son immunité et sa capacité de s'autoguérir ?

Psycho-neuro-immunologie

Tout cela ne serait que pure spéculation si de récents progrès en psycho-neuro-immunologie ne nous permettaient de formuler certaines hypothèses purement physiologiques pouvant possiblement expliquer ces phénomènes.

De façon un peu simpliste, on peut schématiquement diviser le cerveau humain en trois grandes zones : le paléocortex ou cerveau instinctif, aussi décrit comme le cerveau reptilien; le mésocortex ou cerveau associatif, voire émotif, développé au maximum chez les mammifères; et finalement, le néocortex ou cerveau cognitif qui donne à l'homme ses grandes capacités d'abstraction, mais aussi de dissociation comportementale.

On sait, de plus, que dans le développement de ses capacités relationnelles, le cerveau associe, plutôt librement et d'une manière individuelle, certaines fonctions tantôt instinctives, émotionnelles ou cognitives. Ces associations de groupe de neurones sont multiples, pas toujours intégrées entre elles, et évidemment pas toujours conscientes. On peut donc parler d'agrégats neuronaux portant des mémoires tantôt instinctives, tantôt émotives, tantôt cognitives ou n'importe quelle association entre celles-ci.

On sait encore qu'il y a des liens étroits entre le cerveau instinctif et la production de substances chimiques actives dans la régulation de l'immunité. Il devient de plus en plus évident que certains états émotionnels ou instinctifs peuvent modifier, voire même inhiber, l'immunité. De plus, le tissu nerveux jouit de propriétés de facilitation, c'est-à-dire qu'un signal électrique aura tendance à préférer emprunter une voie connue par rapport à une voie nouvelle.

L'image commence donc à se préciser. Certaines associations complexes d'états émotionnels ou instinctifs inhibant la réponse immunitaire pourraient s'auto-entretenir même sans être perçus au niveau de la conscience. Cette condition pourrait aussi être amplifiée ou modulée par d'autres associations, dont les «syndromes anniversaires».

En contrepoint, la mise à jour consciente de ces automatismes permettrait à l'individu de déprogrammer le cercle vicieux de cette répétition inconsciente facilitée et ainsi de lever l'hypothèque immunitaire, engageant, de ce fait, une meilleure capacité d'autoguérison. Encore une fois, se libérer de fidélités inconscientes et refuser de se croire simple produit du passé permettrait au pouvoir créateur de la vie de mieux s'exprimer.

Expériences de proximité de mort

S'il est une expérience parmi toutes qui a le potentiel de modifier de façon fondamentale la relation au monde, c'est bien l'expérience de proximité de mort. Nul doute qu'elle devrait être étudiée en fonction de son pouvoir de transformation psychodynamique. Or, très peu d'études sérieuses ont été faites à ce sujet. Malheureusement, la majorité des recherches veulent prouver l'existence de l'au-delà en oubliant qu'on vit encore ici-bas.

En effet, on en a fait une nouvelle église, avec ses apôtres, son credo et son paradis. Les «expérienceurs», ainsi qu'on veut bien les appeler, seraient des êtres mutants investis de pouvoirs nouveaux qui leur permettent, par champs morphogénétiques interposés, de rapprocher l'humanité de son point oméga!...

Tout cela est bien joli mais un peu loin de la réalité. Que les phénomènes de perception extrasensorielle rapportés soient vrais ou non, ça aussi c'est accessoire. Ce qui importe, c'est de savoir si l'expérience permet à ceux qui l'ont vécue d'être mieux intégrés à la vie et d'être plus créatifs dans le monde. Contrairement à l'opinion habituellement véhiculée, il apparaît que c'est loin d'être toujours le cas. En effet, les deux tiers des gens n'en ont aucun souvenir et l'autre tiers se divise en personnes qui ont eu des expériences agréables, neutres ou négatives.

Même chez ceux qui ont vécu une expérience agréable (d'ailleurs, un de mes patients m'a rendu terriblement jaloux quand il m'a décrit son expérience comme une sensation d'orgasme atomique!...), trop souvent, l'adaptation au quotidien est difficile et la nostalgie de l'expérience vécue trop présente. Remarquez que je le comprends mieux maintenant, après avoir entendu ce patient!...

On fait d'ailleurs trop de cas de la forme de l'expérience en oubliant ses substrats physiologiques. En effet, certaines stimulations électriques du cerveau peuvent provoquer des expériences subjectives de décorporation ayant certaines similarités avec les phénomènes décrits. Par ailleurs, le contenu symbolique de l'expérience est souvent en rapport avec les représentations culturelles investies par le sujet. Je m'explique : un chrétien verra souvent des anges le recevoir ou l'entretenir; un hindou sera reçu par des divinités hindoues. Il semble donc que l'expérience se construise avec des matériaux psychiques qui sont culturellement dépendants.

Culture et formes symboliques

Ce lien entre culture et formes symboliques me rappelle la présentation du docteur Todorov, lors du congrès de 1994. Le docteur Todorov est un psychiatre hongrois ayant migré à Montréal un peu avant la chute du rideau de fer. Il nous a fait part de sa grande surprise de noter que la forme du délire paranoïde était tout à fait différente en Hongrie communiste par rapport aux pays de l'Occident.

En effet, en Hongrie communiste, le délire paranoïde s'articulait autour de la persécution politique. Par exemple, des patients croyaient que des agents de répression politique profitaient de leur sommeil pour leur implanter dans le corps des mouchards électroniques afin de mieux les espionner. De façon tout aussi intéressante, cette formulation du délire s'est estompée après la chute du communisme. Maintenant que la Hongrie a évolué, les délires ont gagné les meilleurs standards occidentaux. On y vit le contrôle par des extraterrestres ou des entités occultes. Autre culture, autres formes symboliques.

Tout cela nous amène à réfléchir au sens à donner à tous ces symboles collectifs. La conscience individuelle n'aurait-elle pas besoin de formuler des représentations symboliques accessibles et signifiantes pour réprimer l'angoisse de la séparation? Ou, de façon plus imagée, la gouttelette d'eau dans la mer a-t-elle besoin de se créer une frontière pour maintenir l'illusion de sa séparation et la permanence de son individualité? Ce serait donc dans cette croyance illusoire en sa séparation que se créerait sa forme et se conditionneraient son espace, son devenir, et même les causalités de son univers.

C'est probablement d'ailleurs cet attachement pervers à ce petit monde, par angoisse de la mort et terreur de l'extinction, qui fanatise les croyances. Ainsi, par insécurité, je veux que l'autre croie ce en quoi je crois pour apaiser mon angoisse. On s'enferme donc dans sa petite muraille conditionnée par sa propre souffrance dans une incantation hypnotique où l'on préfère nier l'immensité de la vie. Cette vie est d'autant plus redoutable et menaçante qu'elle outrepasse largement nos frontières, est imprévisible et tue les formes passées de manière incessante pour créer un éternel présent.

Que la croyance isole, limite, conditionne et entrave la liberté de création et d'émergence des forces vives de la vie en soi est un mal. Toutefois, ce mal de la croyance serait tout au plus un luxe individuel s'il n'avait malheureusement pas la fâcheuse compulsion à vouloir convaincre de son bien-fondé et sauver les âmes. En effet, trop de gens veulent le bien du monde, et surtout notre bien. Gardons-nous-en de peur qu'ils l'obtiennent!...

Croyances et dictatures du «bien»

La santé est aussi tributaire de l'environnement social et collectif. Aussi, en ce 50e anniversaire de la fin de la dernière Guerre mondiale, je ne peux passer sous silence la dictature de ce que certains ont voulu croire bien et qui a projeté le monde en enfer. J'ai nommé l'Holocauste.

En effet, ce qui est particulier à l'Holocauste, ce n'est ni la nature de ses victimes, ni le nombre, ni que cela soit principalement le fait d'un peuple considéré civilisé, ni même que les élites intellectuelles, financières ou industrielles y aient participé, car, de tout temps, des peuples dominants se sont approprié les biens et les territoires d'autres peuples qu'ils détruisaient ou soumettaient par recherche du pouvoir, envie ou esprit de vengeance. Non, ce qui est si troublant et singulier dans cette histoire récente, c'est qu'elle origine et a été conditionnée par un idéal d'amélioration de la race et une foi mystique dans le besoin de refaire un monde meilleur.

En vertu de cet idéal de purification d'une race que l'on voulait forte, saine et heureuse, et sur la base de croyances ou justifications médicales et anthropologiques, on organisa un génocide à froid où l'autre n'a même pas le mérite d'être considéré comme ennemi, mais plutôt comme nuisance ou pollution génétique.

On aspire au ciel et on organise l'enfer avec méthode. Si cela manquait, c'est une autre preuve saisissante du danger de la croyance qui aliène la réalité de la vie au point de précipiter tout un peuple dans un délire et une psychose collective.

À des degrés différents, il en est de même de tous les génocides et de toutes les guerres. Ce ne serait que leçon d'histoire si ces drames humains n'agissaient pas encore chez les descendants. Toutefois, l'héritage de ces tragédies perdure et demeure une entrave à la liberté et à l'aptitude éventuelle au bonheur.

Cette dimension de la mémoire est aussi au cœur de toute démarche d'affranchissement. On doit agir, fort de l'expérience de la mémoire, mais en étant libéré de ses programmations affectives. C'est cela savoir être responsable, sans être affligé ou prisonnier du passé.

... enfin apparaîtrait l'Homme

Le défi du prochain millénaire est aussi d'assainir les relations entre nations, réduire les souffrances collectives et endiguer la violence. Cela demande un travail de deuil collectif : le deuil de la recherche exclusive d'un pouvoir replié sur sa différence et de la croyance en la supériorité de ses particularismes. C'est là faire preuve de courage. Plutôt que de se fermer sur sa croyance et vouloir l'imposer, on gagne à vouloir connaître celle des autres et à comprendre la peur qui trop souvent la justifie.

La boucle se referme : au-delà du deuil et de la souffrance qui nous distinguent et nous séparent s'amorcent peut-être la communication et l'échange qui nous relient. Le mur de silence doit crever pour que la parole prenne place, car peut-être que le véritable péché originel est d'avoir oublié qu'«Au commencement était le Verbe». Et puisque «Le Verbe s'est fait chair», j'ajouterais, comme le disait Aurobindo, que le véritable défi de l'homme n'est peut-être pas tant de vivre sa spiritualité en dépit du monde, mais bien de l'intégrer et de l'incarner dans le monde. Ainsi, l'œuvre de création pourrait se compléter, et enfin apparaîtrait l'Homme.

* * *

Q. — *En tant que médecin, pourquoi, d'après vous, Krishnamurti serait mort d'un cancer du pancréas? Est-ce qu'on développe certaines maladies à cause de certaines angoisses?*

L.B. — Je trouve la question intéressante parce qu'elle ramène au système des croyances. La mort est inévitable. Bouddha est mort d'un problème rénal, Aurobindo aussi, malgré ses états de conscience. Personne n'a maîtrisé la mort. Je pense que le côté psychologique est extrêmement important dans la maladie, mais ce n'est pas la seule cause. Que la personne à qui on tire une balle dans la tête ait été sereine auparavant ou non ne change rien à l'issue qui est souvent fatale. D'après le modèle biopsychosocial, il y a des prédispositions biologiques, des considérations sociales et psychologiques qui interviennent. Ce ne sont jamais purement les émotions qui vont créer la maladie. Penser ça, à mes yeux, n'est pas réaliste. Quel que soit l'équilibre émotionnel et psychologique d'un individu, si on lui donne du cyanure, il risque de mal le tolérer.

Q. — *Il semble que, pendant près de quarante ans, Krishnamurti aurait souffert de troubles affreux de la colonne vertébrale, de maux de tête violents. J'entends des gens dire : «Ah! ma kundalini est en train de monter!» Il y a des séminaires pour forcer la kundalini à s'éveiller. Y a-t-il des connaissances médicales sur le phénomène tant à la mode de la kundalini?*

L.B. — La kundalini a bon dos! On prétend expliquer plusieurs choses à travers la kundalini. Je ne sais pas ce qu'est la kundalini et je n'en ai aucune expérience personnelle. Tout ce que je peux en dire provient d'informations de deuxième ordre, de ce que j'en ai lu dans les livres ou de ce que les gens en ont dit. Pour en revenir à l'expérience du «processus» chez Krishnamurti, les explications ne sont pas les mêmes selon les biographes. Il ne faut pas oublier que quand ce «processus» est arrivé, les 15 000 membres de l'Ordre de l'Étoile attendaient un Messie. Alors, ma question est : qu'est-ce qui est fiction et qu'est-ce qui est réalité dans le processus?

Q. — *Êtes-vous au courant de la relation affective qui a existé entre le père de Krishnamurti et ses autres frères, dont on parle très rarement, mis à part son jeune frère Nitya?*

L.B. — Non. Je ne suis vraiment pas un spécialiste de Krishnamurti. Ce qui m'a énormément intéressé dans le personnage est cette capacité, à un moment donné, de dire : «Écoutez, je me suis senti floué. Je fais le deuil de tout ce que l'on m'a dit auparavant et je recommence la vie dans un environnement vierge.» Je trouve que c'est quelque chose d'extraordinaire. Peu importe qu'il y ait eu un «processus», que la kundalini soit passée ou non, l'important pour moi est de voir que quelqu'un a eu cet énorme courage de dire : « Finie la mascarade. On commence à regarder la réalité en face, même si c'est extrêmement difficile.»

Q. — *Vous avez parlé d'expériences extraordinaires que vous avez faites. Dans ces expériences, y a-t-il eu quelque chose d'intimement convaincant au-delà de toute rationalité? Et avez-vous réalisé quelque chose dans ces expériences?*

L.B. — La première expérience convaincante que j'ai eue est très anodine. Souvent, les choses les plus importantes dans la vie sont loin d'être enrobées de beaucoup de théâtre ou de drame. J'ai parlé, précédemment, d'un lama tibétain qui m'avait séduit par sa force sereine. Je ne m'expliquais pas ce que je ressentais vis-à-vis de lui, parce qu'en général les gens que l'on voit forts sont des gens qui veulent imposer leur force, et, chez lui, il n'y avait pas de volonté d'imposer sa force. Intrigué, je suis allé à une présentation où il parlait de la médecine et de la psychiatrie tibétaines qui étaient intéressantes au niveau culturel et anthropologique, mais qui n'avaient pas une grande résonance pour moi. J'ai également participé à un atelier d'une fin de semaine où les participants avaient la possibilité de s'entretenir en tête à tête avec le lama tibétain et de lui poser une question. Quelqu'un lui a même demandé d'ouvrir son troisième œil! Mon tour venu, je ne savais pas quoi lui demander. Depuis quelques années, je ressentais une très forte agressivité que je ne m'expliquais pas. J'avais souvent très peur de perdre le contrôle, ce qui créait une dynamique psychologique plutôt destructive pour moi et pour les gens dans mon entourage. Alors, je lui ai posé cette question : «Je ne sais pas ce qui se passe en moi et ça me fait peur. J'ai l'impression qu'il y a une force négative considérable qui agit en moi.» Il a regardé ses osselets, avec lesquels les Tibétains font supposément la voyance, une première fois, une deuxième fois, et la réponse est arrivée en tibétain. Le traducteur a dit : «J'ai beau regarder comme il faut, je ne trouve rien de négatif dans tout ça. Au contraire, ça m'apparaît être quelque chose de très constructif et de très positif, une force que vous ne savez pas encore utiliser.» Je n'avais aucune idée de ce qu'il voulait dire. Quelques heures plus tard, au moment de se quitter, il m'a pris dans ses bras d'une façon purement gratuite pendant environ quarante-cinq secondes. C'était la première fois de ma vie que j'avais l'impression d'être aimé sans qu'on me demande rien en échange. Mais ça a été le facteur psychodynamique qui m'a permis de mieux utiliser cette pulsion de mort que j'avais en moi pour transformer des choses. Y a-t-il quelque chose de spirituel ou de magique dans ça? C'est aussi magique que le rire d'un enfant, que le ciel ou que le soleil qui brille par une belle journée d'été. Il y a des moments de grâce qui peuvent complètement transformer une vie. Si vous me demandez si j'ai vu des choses, des gens léviter ou me raconter des histoires, des voyances, des voyages astraux, etc., absolument pas. La seule chose importante dans la vie est d'arriver à pouvoir intégrer ces différentes facettes qui nous composent, devenir créatif et serein et utiliser sa créativité d'une façon gratuite. Je pense que la véritable spiritualité, c'est uniquement cela. D'ailleurs, même s'il semble être plutôt ésotérique, le bouddhisme tibétain se rapproche énormément du message de Krishnamurti qui dit que ni la réincarnation, ni la séparation, ni le temps n'existent. Seuls existent un éternel présent et les gens qui sont en véritable relation avec la vie, un état de bien-être et d'amour réel. Mais à partir du moment où les gens ne sont pas en relation avec la vie et se ferment sur un processus, se crée la séparation. Avec la séparation se crée l'espace, et avec l'espace se créent le temps, l'évolution, la causalité. En conséquence, toutes ces croyances n'existent qu'en fonction de l'*a priori* cognitif qui croit en une séparation qui n'existe pas vraiment. Ce corps de connaissances se situe dans un monde relatif que les Tibétains nomment *samsâra*, le monde de l'illusion, ou le nirvâna. Ces choses, qui extérieurement sont relativement labiles, ont eu une très grande importance dans la suite des événements de ma vie.

DAVID BOHM, LE DIALOGUE ET LA VIE

Mario Cayer

> Il faut être capable de développer une forme
> d'intelligence supérieure à la pensée, et cette
> forme d'intelligence serait l'attention.

Si vous voulez embêter un participant à Dialogue, demandez-lui de vous définir ce qu'est Dialogue. Habituellement, vous avez un long silence, les gens sont un peu embarrassés et finissent par vous répondre : «C'est difficile de mettre des mots sur Dialogue. C'est une expérience qui se vit.»

Je vais vous raconter une anecdote. David Bohm avait l'habitude de se rendre à Ojai, en Californie, deux fois par an, pour s'entretenir avec Krishnamurti. Même après le décès de Krishnamurti, il a continué à y donner des séminaires. Au cours des ans, il a développé des amitiés profondes avec des gens là-bas. Une de ces personnes m'a raconté que, lorsque David Bohm avait commencé à parler de cette notion de dialogue dans ses conférences, elle s'est demandé pourquoi il parlait de dialogue. Elle ne comprenait pas pourquoi un scientifique comme Bohm s'intéressait à une telle activité. Cette personne m'a dit : «Compte tenu de mon amitié pour David Bohm, je ne pouvais faire autrement que de m'intéresser à Dialogue, car il en parlait souvent. Ne pas m'intéresser à Dialogue risquait d'affecter éventuellement tout un pan de notre amitié.» Elle ajouta : «C'est lors d'un séminaire que j'ai compris toute la profondeur et toute la subtilité de Dialogue.» Depuis ce temps-là, cette personne s'est beaucoup engagée dans Dialogue et a même démarré des groupes aux États-Unis. J'ai parfois l'impression que plus j'explore Dialogue, moins je le comprends. Comme s'il y avait, au cœur de Dialogue, quelque chose qui ne se laisse pas saisir facilement. Comme si Dialogue voulait nous enseigner à vivre avec l'insaisissable.

Ma présentation va se faire en deux temps. Dans un premier temps, je vais vous expliquer de façon assez rationnelle, assez intellectuelle, le quoi, le pourquoi et le comment de Dialogue. Ensuite, je vais citer quelques auteurs que j'ai lus dans ma recherche sur Dialogue. Même si certains textes n'ont pas été écrits en rapport avec Dialogue, j'avais l'impression qu'ils en avaient saisi le sens. Je vais me servir de ces citations pour mieux faire ressortir certains aspects de Dialogue.

Je vais tout de suite tenter de répondre à la fameuse question : c'est quoi Dialogue? Je pourrais débuter en vous disant ce que ce n'est pas. Au cours d'une conférence que je donnais, certaines personnes croyaient que le dialogue, pour David Bohm, se résumait en un échange entre deux personnes. Lorsque je leur ai dit que ce n'était pas ça, elles ont quitté la salle.

Bohm remonte à la racine grecque·du mot dialogue : *dia* est pris dans le sens de *à travers*, et *logos*, dans le sens du *verbe* ou du *sens des mots*. Pour lui, la notion de dialogue consiste en un flot, un flux de sens, de significations qui circule à travers les gens. Bohm propose donc un dialogue qui regroupe de 20 à 40 personnes, assises en cercle, qui n'ont pas de sujet prédéterminé, ni de *leader*, pas plus que d'objectif prédéterminé. Pourquoi 20 à 40 personnes? Il est important, selon Bohm, de retrouver dans ces groupes une forme de microcosme de la société afin que les différents points de vue soient représentés. Évidemment, si on a vingt-cinq personnes avec le même système de valeurs, le même système de croyances, la même expérience, il risque d'y avoir beaucoup moins d'enrichissement. La diversité est importante dans les groupes.

Dans un groupe de Dialogue, les gens sont assis en cercle, ceci pour démontrer qu'il n'y a pas de gourou, pas de personnage central autour duquel se polarise l'action. Il n'y a personne dont la voix est plus importante que celle de l'autre. Les gens qui sont présents ont tous leur raison d'être là. Les gens qui ont connu David Bohm reconnaissent bien sa simplicité. Il voulait faire en sorte que tous soient égaux à l'intérieur d'un groupe de dialogue. Imaginez, alors, vingt à vingt-cinq personnes en train d'échanger sur un sujet qui a émergé du groupe. Il n'y a pas de sujet prédéterminé parce que si nous arrivons avec des objectifs précis, si nous voulons résoudre des problèmes, souvent nous arrivons avec des présuppositions. En l'absence de sujets prédéterminés, Bohm voulait voir ce qui allait émerger du groupe.

Pourquoi Dialogue? C'est la première question qu'on peut se poser. Pourquoi un scientifique comme David Bohm s'est-il préoccupé de Dialogue? Pourquoi a-t-il proposé cette forme?

David Bohm était très affecté par les phénomènes de violence, de détérioration de l'environnement, d'injustice sociale et de pauvreté. Vers la fin de sa vie, il se souciait encore plus des conditions dans lesquelles l'humanité vivait, et surtout ce vers quoi elle s'en allait. À la lumière de sa connaissance de l'univers et sous l'inspiration sans doute aussi de ses échanges avec Krishnamurti, avec qui il a eu des entretiens extrêmement profonds et transformateurs, il a proposé Dialogue pour essayer de fournir à l'humanité un moyen de faire face à cette crise qui nous confronte. Quand on connaît la nature habituellement très réservée de David Bohm dans ses affirmations, il est surprenant de lire, dans ses écrits, que Dialogue est une alternative extrêmement importante, sinon la seule, pour faire face aux problèmes de la société. Cela m'a surpris et touché. Dans un texte, il va même jusqu'à employer le mot «nécessité». Pour lui, le dialogue est une nécessité.

Comment le dialogue peut-il nous aider à faire face à cette crise, à cette fragmentation?

Il commence souvent ses textes en disant : «Lorsque nous sommes en groupe, nous pouvons facilement danser ensemble. Nous pouvons facilement jouer ensemble, mais il est extrêmement difficile de communiquer ensemble. Il devient extrêmement difficile de parler de sujets qui nous touchent, de parler de nos croyances, de nos présuppositions, sans que ça tourne à la violence, sans que ça tourne à la confrontation.» Il était donc important, pour lui, qu'en tant qu'humanité nous apprenions à mieux communiquer. La communication peut régler beaucoup de choses. D'ailleurs, dans les médias, on entend de plus en plus cet appel au dialogue. On y dit souvent : «Il faut que les gens s'assoient. Il faut que les gens dialoguent.» Ce n'était pas tout à fait le genre de dialogue auquel pensait David Bohm. Je crois toutefois que c'est déjà un pas. Il est important d'apprendre à mieux communiquer. David Bohm se demandait : «Pourquoi avons-nous tant de difficulté à communiquer?» C'est bien beau de dire qu'il faut apprendre à communiquer, mais pourquoi ne le fait-on pas?

Pour David Bohm – les gens qui connaissent bien l'œuvre de Krishnamurti vont reconnaître son influence –, un des problèmes est que la communication implique la pensée. Nous communiquons nos pensées, nous communiquons nos émotions, nous communiquons aussi notre ressenti corporel. Selon lui, l'origine de la plupart de nos problèmes réside justement dans le fonctionnement de la pensée. Il disait souvent que nous sommes habitués à fonctionner avec le contenu de la pensée et que nous nous préoccupons très rarement du processus de la pensée. C'est vers le processus de la pensée qu'il faut porter notre attention, croyait David Bohm. D'ailleurs, il n'est pas le seul à avoir tenu ce discours. Si nous regardons tous les problèmes auxquels nous sommes confrontés actuellement, qu'il s'agisse de pollution, de violence, d'injustices sociales, tous ces problèmes proviennent de la pensée humaine. Lors de mes conférences, je demande aux gens : «Êtes-vous capables de me trouver des problèmes qui ne proviennent pas de la pensée? Qui n'ont pas été créés par la pensée humaine?» Les exemples apportés sont très rares. Ça ne veut pas dire de rejeter la pensée humaine. La pensée humaine a fait des choses extraordinaires. Si nous sommes ensemble aujourd'hui, dans cet hôtel, si des gens ont pu venir d'Europe et d'autres provinces du Canada, c'est évidemment grâce à des réalisations de la pensée humaine. Bohm ne suggère pas de rejeter cette dimension de la nature humaine, mais d'apprendre à l'observer et, notamment, à voir ses effets secondaires. Nous avons la pensée en si haute estime que nous oublions de voir qu'elle peut aussi créer des problèmes. Voilà pourquoi je vais vous présenter sommairement les caractéristiques de la pensée, et comment, selon Bohm, ces caractéristiques causent des problèmes dans nos communications.

La première caractéristique : la pensée fragmente. Jusqu'à un certain point, la pensée crée des modèles. Le mot «modèle» englobe nos opinions, nos croyances, nos présuppositions. La réalité étant très complexe, nous créons des modèles afin de la simplifier et de nous permettre d'intervenir, de poser des actions, de prendre des décisions. À ce niveau, il est essentiel de créer des modèles même si cette activité peut causer des problèmes. Premièrement, nos modèles ne sont pas toujours adéquats, c'est-à-dire que la fragmentation que nous faisons des choses, leurs divisions, ne sont pas toujours adéquates. L'exemple le plus classique est lorsqu'on a commencé à séparer le corps, l'esprit et les émotions. Nous en avons fait trois choses séparées, trois univers différents. Il y a donc certains modèles qui ne sont pas adéquats. Nous oublions, deuxièmement, de mettre nos modèles à jour. Nos modèles ont été créés par rapport à une situation particulière, mais comme la réalité est en constant changement, il faudrait aussi changer nos modèles, chose que nous négligeons souvent de faire. Troisièmement, nous oublions que nous fonctionnons avec des modèles et nous confondons nos modèles avec la réalité. Garder cela présent à l'esprit éviterait beaucoup de problèmes.

Une des choses que nous essayons de faire, dans Dialogue, est de prendre conscience de ces modèles, modèles qui sont évidemment individuels, mais aussi collectifs. À cause des médias, de nos jours, un grand nombre de nos croyances, de nos pensées, de nos modèles sont collectifs, et, pour Bohm, cela est important. L'être humain, l'individu, éprouve de la difficulté à se remettre à jour, à changer ses modèles. Nous retrouvons aussi ce problème, au niveau collectif, dans nos structures sociales. Il n'est pas facile de changer un système en place! Voyez la résistance et la peur que l'on a, en tant qu'individu, à changer nos modèles. Or, imaginez la difficulté lorsque la résistance se fait à l'échelle d'une société!

Lors d'un dialogue, nous essayons de prendre conscience de ces modèles et de la façon dont nous fonctionnons avec ceux-ci aussi bien individuellement que collectivement. Évidemment, l'exploration de ces modèles est rendue difficile à cause d'autres caractéristiques de la pensée. S'il était facile d'explorer ces modèles ou d'en prendre conscience, je pense que nous l'aurions déjà fait et ça irait probablement mieux. Pour prendre conscience de nos modèles, il nous faut les voir dans un contexte plus grand ou les mettre en perspective. En d'autres mots, il faut être capable de voir autre chose que nos simples modèles : un exercice difficile parce que la pensée filtre nos perceptions. La pensée filtre, sélectionne, à partir de nos connaissances, à partir de nos valeurs, à partir de notre mémoire. Nous pouvons donc dire que, jusqu'à un certain point, notre pensée ne nous permet pas de voir ce qui est. Nous fonctionnons toujours avec une version mémoire des choses qui privilégie celles en accord avec nos modèles et avec nos croyances. «Je vais le croire quand je vais le voir», dit-on, mais il y a un physicien, Jeremy Hayward, qui a écrit : «L'inverse est aussi vrai, c'est-à-dire que je vais le voir quand je vais le croire.»

Il s'avère parfois difficile de mettre nos modèles à jour. Nous nous attachons à eux. Pourquoi est-ce si difficile de les mettre à jour? Parce que nous nous identifions à nos modèles, à nos croyances, à nos valeurs. Lors d'une discussion, nous nous sentons parfois attaqués personnellement lorsque les gens s'en prennent à nos idées. Un jour, une participante à Dialogue a dit : «Mais si je ne m'identifie pas à mes modèles, si je ne m'identifie pas à mes croyances, que va-t-il rester de moi?» Voilà pour moi un questionnement profond. Si j'enlève ce contenu de la pensée, que reste-t-il? Je pense que nous avons une peur viscérale d'entrer en contact avec ce vide, et, pour cette raison, nous érigeons des mécanismes de protection pour éviter de mettre à jour nos modèles. David Bohm disait souvent : «La pensée ne veut pas arrêter de fonctionner. La pensée crée des choses et accorde beaucoup d'importance à ses créations. Elle va souvent nier des évidences pour garder ce qu'elle a créé.» À cause de la peur, de la confusion, de la recherche de sécurité, la pensée réussit à nous attacher à ses créations. La recherche de cette sécurité nous amène souvent à chérir la certitude plutôt que d'envisager le doute ou encore d'être à la recherche de la vérité. Je pense que nous préférons la sécurité à la vérité.

Nous nous retrouvons donc dans une bizarre de situation. Nous participons à un groupe de dialogue, notamment pour explorer et reconnaître nos modèles, tant individuels que collectifs. Cette exploration utilise la pensée, mais la pensée, à cause des mécanismes de protection qui l'accompagnent, nous empêche d'aller au fond de l'exploration. Nous sommes un peu coincés et c'est là une des subtilités apportées par David Bohm. Il faut être capable, selon Bohm, de développer une forme d'intelligence supérieure à la pensée, et cette forme d'intelligence serait l'attention. L'attention, cette forme d'intelligence plus subtile, devrait nous permettre de saisir la pensée au moment même où elle fonctionne, au moment même où elle entre en action. Ce qu'on essaie de faire dans le dialogue, en plus de la reconnaissance et du questionnement de nos modèles, c'est d'être attentif au processus de la pensée, d'être attentif au processus de la création. Pouvons-nous être en contact avec ce qui est en train de se passer à l'intérieur de nous? Pouvons-nous reconnaître cette levée de boucliers, ou encore cette recherche de sécurité qui prend position, etc.? À cet égard, Dialogue est un espace, un endroit où l'on essaie de développer cette attention. En plus d'explorer nos modèles, nous essayons de développer l'attention et de la porter sur le processus de la pensée.

Qu'arrive-t-il si nous réussissons à faire cela? J'ai participé à plusieurs groupes de Dialogue et je vous avoue que ce n'est pas arrivé souvent. Si nous parvenons à développer une telle forme d'intelligence ou d'attention, nous devenons capables de reconnaître et de suspendre notre jugement. Ce sont les jugements qui nous empêchent d'être à l'écoute des autres. L'absence de jugement nous permet de recevoir leurs points de vue et de voir la multiplicité de la réalité. En d'autres mots, l'individu a habituellement accès à une facette de la réalité à cause de ses croyances et de ses valeurs. Dans Dialogue, il ne voit plus le point de vue des autres comme une menace à sa réalité, ce qui lui permet d'accéder à d'autres facettes de la réalité. Imaginez vingt personnes vraiment capables d'écouter, de mettre de côté, de suspendre pendant quelques instants leur jugement, et de voir la réalité à travers les autres! Imaginez l'enrichissement de chacune! Au lieu d'avoir un point de vue sur un événement, chacune en possède maintenant vingt. David Bohm considère que c'est à ce niveau que peut se faire la transformation de la conscience. Chaque individu peut ainsi accéder à un plus grand contenu et à un plus grand processus de transformation de la conscience à travers les autres. David Bohm a d'ailleurs dit, dans une entrevue, que Dialogue était une forme de méditation collective; méditation collective non pas parce que nous sommes vingt personnes à méditer en même temps, chacune dans notre univers, mais parce que nous sommes vingt personnes à méditer en même temps sur la même chose, à concentrer notre attention sur ce qui est ici, présent, dans le groupe et en nous. Il s'agit de quelque chose d'extrêmement concret. Si nous sommes capables de réussir l'exercice, c'est à ce niveau que va arriver ce que Bohm appelait «la création d'un sens nouveau» ou «la création d'un sens partagé». Le défi, en tant qu'individu et en tant que collectivité, se pose ainsi : pouvons-nous développer cette capacité de créer et de recréer un sens aux choses? Sommes-nous capables de prendre conscience que nous possédons ce pouvoir de création? Le problème est que nous nous attachons tellement à nos créations, à nos pensées, que cela nous empêche de recréer autre chose. En laissant aller nos créations, nous nous rendons disponibles pour créer à nouveau. Cette dimension de création collective, de création d'un sens nouveau et partagé, demeure pour Bohm un aspect extrêmement important de Dialogue. C'est dans cet espace de création que peut arriver «the holistic ground», le pouvoir d'être en contact avec «the holistic ground, the experience of wholeness». C'est à travers ce processus de créativité que nous pouvons accéder à quelque chose de beaucoup plus grand que nous-mêmes.

Le dialogue se présente sous cinq aspects tous interreliés : apprendre à mieux communiquer; explorer nos modèles, nos croyances individuelles et collectives; développer et porter notre attention sur le processus de la pensée; créer et recréer un sens nouveau; et accéder à cette créativité. C'est cependant un peu plus complexe que cela. Lorsque nous songeons à la pensée, nous nous limitons souvent à la raison. Pour David Bohm, toutefois, la pensée englobe tout le mouvement : raison-émotion-corps. Quand je parle de Dialogue dans une conférence, les gens me disent souvent : «Oui, mais ça doit être pour une bande d'intellos. Ça doit être du monde qui aime s'asseoir ensemble puis jaser.» Évidemment, il faut éprouver un certain attrait pour les échanges, mais Dialogue est aussi très émotionnel et très corporel. Je pense qu'un dialogue n'est possible que si l'ensemble de l'être y est entièrement impliqué. Un groupe de dialogue suscite parfois des émotions : phénomène normal, selon David Bohm, parce que rien n'est séparé. Est-ce que l'émotion vient avant la pensée ou est-ce le processus corporel qui vient en premier? Pour Bohm, ces questions sont non pertinentes puisqu'il s'agit d'un processus entier. Dans Dialogue, l'objet de l'attention ne se limite pas au processus intellectuel, au processus rationnel, mais englobe aussi les émotions et le corps. Lorsqu'une personne s'exprime, est-ce que j'aime ce que ses paroles éveillent en moi? Elles peuvent éveiller des émotions assez fortes ou se manifester corporellement. Alors, puis-je être en contact avec ces choses-là? Compte tenu que Dialogue se déroule en groupe, il nous faut demeurer conscients de ce qui se passe en nous autant que chez les autres et dans l'ensemble du groupe. D'où la complexité de Dialogue. Voilà pourquoi il est si difficile de parler de Dialogue.

Dans plusieurs de ses textes, David Bohm a employé une approche utilisée par les Orientaux : la forme négative qui, plutôt que de définir un concept, explique ce que ce n'est pas. David Bohm parle donc souvent de ce que n'est pas Dialogue au lieu de l'emprisonner dans un concept. Pour lui, Dialogue n'est pas une thérapie de groupe, même s'il peut parfois avoir un effet thérapeutique. Dialogue n'a pas non plus pour but de résoudre des problèmes, même si des solutions peuvent émerger des échanges. Mais ce qui cause la plus grande confusion tient au fait que les gens confondent les groupes de Dialogue avec des lieux de rencontre où il est question du dernier livre à la mode ou de certains articles de journaux. À la suite d'un article publié dans *Guide Ressources*, une personne avait téléphoné pour dire : «Enfin, à Québec, on va avoir un groupe d'intellectuels comme à Montréal. On va pouvoir se rencontrer et discuter des dernières parutions, des choses comme ça.» J'ai eu peine à lui dire qu'elle risquait d'être déçue.

Il ne faut pas prendre les groupes de Dialogue pour des groupes de partage, ou pour des groupes de support où des gens viennent et, à cause de certains événements de leur vie, cherchent le réconfort d'autres personnes. Dans un groupe de Dialogue, il peut y avoir cette ambiance de support, mais ce n'est pas le but recherché.

David Peat, dans un article publié dans la revue *3e Millénaire,* disait que, vers la fin de sa vie, David Bohm était un peu découragé de voir si peu de personnes assez courageuses pour entreprendre une démarche comme le dialogue. Je comprends pourquoi, parce qu'il faut effectivement beaucoup de courage. Dialogue, à certains égards, est très contre-culturel. On vit dans une société où les gens aspirent à l'illumination en une fin de semaine. Et même ça, c'est encore trop long! Dialogue n'est pas une expérience que l'on fait une, deux ou trois fois. C'est une expérience qui doit être soutenue sur une longue période. Ici, on parle d'années et on peut établir un parallèle avec la méditation. Or, de nos jours, il n'est pas très populaire de parler en terme d'années pour obtenir un résultat.

Il n'y a pas de meneur de jeu dans Dialogue. Souvent, dans notre société, lorsqu'un problème se présente, nous nous tournons vers quelqu'un pour régler nos affaires. Dans Dialogue, il n'y a personne vers qui se tourner lorsque ça va plus ou moins bien, lorsque les gens s'ennuient ou ne savent plus quoi faire. Le dialogue demande un acte de responsabilité énorme. Comme il n'existe pas de *leaders*, il n'y a pas d'experts pour dire : «Ah! rendu à ce niveau-ci, ce qu'il faut faire, c'est ça.» Il appartient au groupe de trouver lui-même sa voie.

L'absence de sujet est extrêmement angoissante, et souvent, au début, après trois minutes de silence – ils sont incapables de supporter le silence –, certains sortent une petite feuille sur laquelle ils ont préparé un sujet, la veille. Je ne dis pas cela avec méchanceté. Je pense qu'il s'agit là d'une stratégie de sécurité que l'on doit accueillir dans Dialogue. Nous n'avons pas tous la même capacité à soutenir l'insécurité, à soutenir l'ambiguïté. Certaines gens réagissent de cette façon et c'est tout à fait légitime.

Je me souviens d'un participant, à Québec, qui disait : «Moi, j'aime Dialogue parce que ça ne sert à rien.» Pour lui, Dialogue devient une pratique tout à fait gratuite. Il ne faut pas attendre des résultats de Dialogue. Il faut simplement y participer. Lorsque c'est fini, on s'en va chez soi en essayant de perpétuer l'esprit de Dialogue dans la vie quotidienne. Il existe une intention derrière Dialogue. J'ai mentionné l'intention de David Bohm qui consiste à nous donner une approche pour faire face à la violence, à la fragmentation. Mais il ne doit pas y avoir d'objectif précis lorsqu'on sort d'une soirée de Dialogue dans le sens de : «Oui, j'ai réussi à le convaincre de mon point de vue», ou «Je suis fier parce que j'ai réussi à faire telle ou telle chose.» Toutefois, je ne vous dis pas que ça n'arrive pas.

Il y a aussi plusieurs tensions ou plusieurs paradoxes, au cœur même de Dialogue, qui le rendent difficile. Une de ces tensions est le risque versus la sécurité. Dans Dialogue, il faut prendre des risques : le risque de s'ouvrir, le risque de dire son point de vue, d'oser choquer s'il le faut, mais, en même temps, il faut le faire dans un climat de sécurité. Il est difficile de demander à quelqu'un de s'ouvrir sans un certain climat de sécurité. Par contre, si nous attendons trop ce climat de sécurité, personne ne va prendre de risques. Alors, comment concilier ces paradoxes?

Il y a aussi le personnel versus ce que David Bohm appelait souvent «l'impersonnel». Dans Dialogue, les participants ne sont pas nécessairement là pour parler de leurs problèmes à eux, mais, d'un autre côté, il faut partir de soi. Comment concilier ce personnel et cet impersonnel? Comment concilier ce but et ce non-but? Quand vous lisez David Bohm, vous retrouvez toujours ce genre de paradoxe : Dialogue, ça n'a pas de but en même temps qu'il en a un. Alors je m'y rends, sans intention, mais aussi avec des intentions. C'est un autre paradoxe.

Un autre paradoxe : l'individu et le groupe. Dans Dialogue, on ne demande pas aux participants de renier leur individualité, mais ils font en même temps partie d'un groupe. Avec vingt ou vingt-cinq participants, à un moment ou un autre, les besoins d'un individu entrent en conflit avec les besoins du groupe. Dialogue, selon moi, est une façon extraordinaire d'apprendre à vivre en société, parce qu'à chaque instant on est confronté à ses propres besoins, en tant qu'individu, et aux besoins du groupe. Si un participant parle pendant une heure, il aura sans doute satisfait ses besoins, mais il laissera d'autres personnes insatisfaites. Comment, dans cette activité très concrète, concilier l'individu et le multiple, l'individu et le groupe?

David Bohm faisait souvent référence aux tribus de chasseurs qui se rencontraient sans but apparent pour tout simplement échanger. À cet égard, on peut dire que Dialogue a une longue histoire. Mais, d'un autre côté, on a perdu depuis si longtemps cette capacité d'entrer dans un authentique dialogue qu'il faut la réapprendre. Je dis souvent aux gens : «Je pense que sous certains aspects nous sommes au tout début de l'expérience de Dialogue telle que proposée par David Bohm, ce qui rend l'aventure insécurisante. Mais pour ça, il faut commencer maintenant.»

Je me permets de terminer avec quelques réflexions personnelles. Beaucoup de démarches de transformation de la conscience, venues autant de l'Orient que de l'Occident, mettent l'accent sur l'individu. Ces approches sont individuelles, qu'on pense à la méditation, qu'on pense à la psychothérapie. Même dans les psychothérapies de groupe, on se sert souvent du groupe pour traiter l'individu. Ce que je trouve intéressant dans l'approche de Bohm, c'est cette dimension collective. «Jusqu'à un certain point, répétait Bohm, on a besoin de l'éveil individuel, mais on a aussi grandement besoin d'un éveil collectif.» Dialogue est le moyen qu'il proposait.

Dialogue reconnaît aussi que l'être humain est un être de relation. Au cours de ma recherche, les gens qui participaient depuis longtemps à Dialogue m'ont tous mentionné que c'était l'autre ou le groupe qui leur avait apporté le plus. Leur croissance personnelle est venue à travers le contact avec les points de vue des autres. Au cœur même de Dialogue, on reconnaît cette image de l'univers de David Bohm où tout est interrelié. Je pense que l'être humain est un être de relation et ceci se manifeste beaucoup au cœur de Dialogue.

Voici maintenant quelques citations, quelques poèmes de différents auteurs, et je vais faire le pont entre ces poèmes et ma compréhension du Dialogue. Le poète Rûmî a dit :

Au-delà des conceptions du bien et du mal,
il y a un champ.
Je vous attendrai là
Quand l'âme repose dans cette herbe,
l'univers est trop plein pour en parler.

Je pense qu'au cœur même de Dialogue, il existe cet aspect de non-jugement du bien et du mal, l'acceptation de l'autre tel qu'il est, l'acceptation de ce qui est là, dans le moment présent, sans le juger. Je pense que le jugement empêche l'individu d'accéder à l'expérience de l'autre et l'empêche d'être transformé par l'autre lorsque le jugement intervient entre lui et l'autre personne.

Paolo Freire, qui a aussi beaucoup écrit sur le dialogue, a mentionné : «Le dialogue ne peut toutefois pas exister en l'absence d'un amour profond de l'univers et des gens. Nommer l'univers, acte de création et de re-création, est impossible si cet acte n'est pas inspiré par l'amour.» J'ai été surpris, lorsque j'ai rencontré les gens qui pratiquaient le dialogue depuis plusieurs années, de voir chez eux cette forme d'altruisme. Ils pratiquaient Dialogue avec la croyance – ils étaient conscients que c'était une croyance – que le dialogue peut transformer la société. Je ne dirais pas que c'est une condition nécessaire, mais une des hypothèses que j'entretiens est que les gens qui ont été en contact avec Dialogue et qui ont abandonné manquaient peut-être de cette dimension d'amour de l'autre ou d'altruisme. Le participant qui se centre uniquement sur les bénéfices personnels qu'il peut tirer de Dialogue risque d'être déçu, car les frustrations peuvent dépasser ces bénéfices.

Jack Kornfield disait : «L'attention est sensibilité. L'attention est liaison. L'attention que nous portons au moment présent nous révèle aussi bien les joies que les tristesses de notre monde. La sagesse nous conseille non pas de nous retirer de cette souffrance, mais plutôt de nous demander comment nous pouvons participer à la guérison de notre terre, de nos communautés, de notre univers.» Je pense que l'un des gros pièges dans Dialogue est de fuir la souffrance. C'est fascinant de voir comment nous avons tous nos stratégies pour fuir la souffrance, et, dans un groupe de Dialogue, cela n'est pas différent. Lorsqu'un sujet devient plus douloureux, plus souffrant, le groupe, en tant que groupe, utilise des stratégies pour éviter de rester présent à cette souffrance. Une des grosses stratégies est notamment l'intellect. Il est facile de tomber dans l'intellect, dans les concepts, pour éviter de composer avec les émotions, avec les souffrances. David Bohm a dit : «Est-ce qu'on peut rester avec ce qui est là?» Un de ses amis, qui a travaillé longtemps avec lui sur le dialogue, explique ainsi la vision de Bohm : «Le dialogue était pour lui une exploration dans ce qui est, et si ce qui est, c'est la souffrance, explorons cette souffrance-là.»

Je vais terminer avec un poème du moine vietnamien Thich Nhat Hanh. Ce poème me touche profondément et s'intitule :

Appelle-moi par mes vrais noms.

Ne dites pas que je pars demain,
Car je continue d'arriver aujourd'hui.

Regardez bien : j'arrive à chaque seconde,
Je suis un bourgeon sur la branche au printemps,
Je suis un petit oiseau aux ailes encore fragiles
Qui apprend à chanter dans un nouveau nid,
Je suis une chenille au cœur d'une fleur,
Je suis un joyau qui se cache dans la pierre.

J'arrive encore, pour rire et pleurer,
pour avoir peur et espérer,
Le rythme de mon cœur est la naissance
et la mort de tout ce qui vit.

Je suis l'éphémère qui se métamorphose à la surface de la rivière
Et je suis l'oiseau qui, lorsque vient le printemps, arrive à temps
pour gober l'éphémère.

Je suis une grenouille nageant gaiement dans l'eau claire de l'étang
Et je suis la couleuvre qui approche en silence pour se nourrir de la
grenouille.

Je suis l'enfant ougandais, tout en peau et en os,
Mes jambes aussi minces que des tiges de bambou,
Et je suis le marchand d'armes qui vend ses armes de mort à
l'Ouganda.

Je suis la fillette de douze ans réfugiée sur une frêle embarcation
Et qui se jette à la mer après avoir été violée par un pirate,
Et je suis ce pirate, mon cœur ne pouvant pas encore voir et aimer.

Je suis un membre du bureau politique et j'ai le pouvoir entre les
mains,
Et je suis l'homme qui doit payer sa «dette de sang» à son peuple,
Et qui se meurt lentement dans un camp de travaux forcés.

Ma joie est comme le printemps, si chaude qu'elle fait éclore
les fleurs dans tous les chemins de la vie.
Ma peine est comme un fleuve de larmes, si pleine
qu'elle emplit les quatre océans.

Appelez-moi par mes vrais noms, afin que je puisse entendre
tous mes rires et mes pleurs à la fois,
afin que je puisse voir que ma joie et ma peine sont une.

Appelez-moi par mes vrais noms, afin que je puisse m'éveiller
et que les portes de mon cœur s'ouvrent, les portes de la compassion.

Pour moi, la pratique du dialogue est une pratique de compassion. Se trouver avec vingt personnes n'est pas toujours facile. Si nous ne possédons pas cette compassion, cet amour de l'être humain, nous sommes souvent portés à laisser tomber. Les groupes de Dialogue représentaient, pour David Bohm, des microcosmes de la société. Le poème de Thich Nhat Hanh me fait aussi prendre conscience que chaque personne, dans le groupe de Dialogue, est également un microcosme du groupe. Je pense que la compassion à l'égard des autres doit aussi se retourner vers soi-même.

* * *

Q. — *Je ne sais pas si c'est arrivé dans vos groupes, mais, à un moment donné, parce qu'on est à l'écoute de la pensée, de tout ce qui peut surgir autour d'un sujet, on sent qu'il est impossible d'aller plus loin avec un groupe. Un silence qui s'installe et c'est comme un cul-de-sac intellectuel. On voit que partout où la pensée essaie de se sauver, par manque de sécurité, il y a comme un je ne sais quoi...*

M.C. — J'ai participé à des groupes de Dialogue où l'on prenait conscience qu'on était en train de fuir. Mais que cette fuite nous amène au silence, non! À moi, ce n'est pas arrivé. Par contre, pour les gens que j'ai interviewés pour ma recherche – en Californie, en Angleterre, en Norvège –, l'expérience la plus révélatrice qu'ils avaient faite dans Dialogue était le silence. De la façon dont ils en parlaient, c'était non pas que les gens étaient devenus silencieux, mais que le silence s'était emparé d'eux, le silence était descendu sur eux. Toutes les personnes qui ont vécu ce phénomène sont capables de reconnaître un faux silence d'un vrai silence.

Q. — *C'est ce que j'ai ressenti dans le dernier Dialogue. À un moment précis, il se passe quelque chose qu'on ne peut ni provoquer ni amener, même si on essaie. Robert Linssen parlait de la «douane spirituelle». À un moment donné, on est obligé de rendre les armes, parce que la pensée ne peut aller plus loin, elle est limitée. Même dans un groupe où il y a plusieurs individus qui ont beaucoup de connaissances, à un certain moment, on arrive à s'apercevoir qu'on joue toujours un jeu.*

M.C. — J'ai mentionné qu'un des gros pièges de Dialogue consiste à penser que ça se passe au niveau du savoir ou de la connaissance, au niveau de l'intellect. On peut arriver à ce silence au moment où on abandonne, où on laisse à la porte cette sécurité qu'est le savoir. Je pense que ça, c'est très important.

Q. — *Le passé revient souvent dans Dialogue. Les gens parlent à travers leur expérience : «Moi, j'ai vécu ceci. Moi, j'ai vécu telle peine. J'ai vécu telle chose.» Le passé est toujours présent. On n'est jamais dans le présent du Dialogue, mais toujours en train de ramener le passé.*

M.C. — Ça c'est vrai. Je ne sais pas comment répondre à cela, car souvent j'ai l'impression que le passé est aussi présent. Lorsqu'on est dans un groupe de Dialogue, j'ai parfois l'impression qu'on perd aussi la notion de temps et d'espace. Alors, des phénomènes qui se passent peut-être à des milliers de kilomètres peuvent venir influencer ce qui est en train de se passer dans l'ici-maintenant, tout comme des phénomènes qui ont pu se passer il y a dix, vingt ou trente ans peuvent aussi influencer ce qui se passe dans l'ici/maintenant. À ce niveau-là, j'ai un peu de difficulté avec la dimension temporelle et spatiale dans le dialogue.

Q. — *C'est-à-dire qu'ici, c'est partout, et maintenant, c'est tout le temps. Faire les dialogues le matin, le midi ou le soir peut-il influencer l'énergie ou la dynamique de groupe?*

M.C. — Ce n'est pas quelque chose que j'ai observé. J'ai participé, en Angleterre, à une expérience de dix jours où les Dialogues avaient lieu autant le matin que le soir. Certaines choses se produisaient dans chacun des cas, mais je n'ai pas noté si tel phénomène se produisait plus souvent le soir que le jour. Ici, au Québec, les Dialogues ont plus souvent lieu le soir. De temps à autre, nous faisons des intensives de fin de semaine où nous pouvons expérimenter les Dialogues le matin ou l'après-midi. Habituellement, nous les faisons le soir. Mon échantillon est limité à ce niveau-là.

Q. — *Prenez-vous des mesures particulières pour empêcher les groupes d'être détournés de leur fonction première, par exemple, par des gens qui auraient trop de* leadership?

M.C. — Non. Toutes les personnes qui s'intéressent à Dialogue actuellement se posent cette question. Il y a comme deux écoles de pensée par rapport à ça. Est-ce qu'on met des conditions à la participation à Dialogue? À mon avis, si on fait cela, on perd énormément de créativité, on perd énormément de potentiel, de richesse de points de vue différents. Dans ce sens, je trouverais extrêmement triste que Dialogue soit réservé à une classe d'intellectuels ou de personnes en quête spirituelle, et de laisser de côté toutes les autres personnes. D'un autre côté, je suis aussi conscient que des gens veulent transformer les groupes de Dialogue en quelque chose d'autre. Ils disent : «Pourquoi chacun ne parlerait-il pas pendant cinq minutes? Qu'il dise ce qu'il a à dire, et quand on aura tous parlé, on s'en ira.» Évidemment, il est impossible, à ce moment-là, d'explorer le contenu collectif de la pensée, car chacun parle de son expérience, de son propre univers. Quand je disais que Dialogue en est à ses débuts, c'est à ce genre de difficultés que je faisais allusion. Il y a un autre paradoxe : comment garder les groupes de Dialogue le plus ouvert possible? Comment, en même temps, préserver l'essence de Dialogue? Je n'ai pas de réponse. Et, malheureusement, David Bohm étant décédé, il ne peut nous aider à explorer ce paradoxe.

Q. — *Je pense qu'il doit être très difficile de former des groupes de Dialogue avec vingt ou quarante personnes. Ça doit prendre des personnes qui ont beaucoup de compassion et un niveau d'expériences communes assez intenses pour être capable de le faire. Pouvez-vous ajouter quelques commentaires sur ce sujet?*

M.C. — Peut-être pas des expériences communes, du moins des intentions communes. Oui, il y a une grande difficulté à former les groupes de Dialogue. Les gens qui étaient près de David Bohm et qui font des groupes de Dialogue, en Angleterre ou en Californie, me disaient souvent : «Comment se fait-il qu'au Québec vous ayez quatre groupes de Dialogue, tandis qu'en Californie on en a un ou deux, et qu'en Angleterre, où était David Bohm, il n'y a qu'un groupe de Dialogue?» J'ai participé à deux séances en Angleterre; nous étions 13 ou 14 à la première séance, et une quinzaine à la deuxième. C'est ce qui décourageait un peu David Bohm, comme David Peat le mentionnait. Souvent, ce n'est que lorsque la personne est décédée qu'on entrevoit les possibilités qu'elle proposait à l'humanité. D'un autre côté, il y a de plus en plus de gens qui s'intéressent à Dialogue. Actuellement, aux États-Unis, il y a plusieurs groupes de Dialogue qui se forment. Ils ne le font pas nécessairement avec la même intention que celle de David Bohm, mais je pense que ça répond au besoin qu'ont les gens de se regrouper et d'échanger ensemble. Ils n'ont peut-être pas le même niveau d'observation de la pensée, mais je pense qu'à ce niveau Dialogue ne peut faire autrement que de se répandre.

Q. — *Le silence est peut-être une des bonnes formes de Dialogue, mais, un jour ou l'autre, il faut se mettre à parler si on veut dialoguer. Krishnamurti disait : «Dialoguer, comme écouter, c'est l'art le plus difficile au monde. On écoute souvent à travers l'écran de ses préjugés et de ses résistances. On écoute toujours en pensant à ce que l'autre va dire et non pas en essayant de comprendre ce que l'autre veut nous faire comprendre.» Vous y avez déjà fait allusion lorsque vous avez dit qu'il fallait s'attacher au processus plutôt qu'aux idées. Ça rejoint la problématique du langage qui fait que les mots restent les mêmes tout au long de l'histoire. La compréhension et la connaissance qu'on a de la réalité, qui s'attache aux mots, changent avec le temps. Quand on est parent, on ressent ça très facilement avec nos enfants, le conflit des générations! On dit des mots, des phrases, on exprime des idées qui n'ont rien à voir avec leurs expériences communes.* Henri Laborit soulignait, dans Biologie et structure, *que le problème des conflits de générations est inévitable. Même entre adultes qui essaient de dialoguer, même entre deux personnes, et, à plus forte raison, dans un groupe de vingt ou quarante personnes, je pense que c'est un art extrêmement difficile. Avez-vous déjà ressenti cela dans vos groupes de Dialogue?*

M.C. – Oui, certainement! Je terminerai par un petit texte inédit de David Bohm qui montre bien la profondeur de sa vision du dialogue. «Il m'est apparu qu'on ne pouvait pas séparer le dialogue de l'essence même du processus de la pensée. Même davantage, j'ai perçu qu'on pouvait considérer le dialogue sous un angle plus grand : comme quelque chose qui se passe entre nous et la nature, entre chaque partie de l'univers et chaque autre partie. Ainsi, le dialogue n'a pas seulement une signification socioculturelle mais aussi une signification en philosophie naturelle et dans notre relation au cosmos. Conséquemment, le dialogue a aussi une signification spirituelle aussi bien qu'une signification psychologique individuelle.»

Références bibliographiques

Bohm, D., *David Bohm: On Dialogue*, David Bohm Seminars, Ojai, CA, 1990.

Bohm, D. & Edwards, M., *Changing Conciousness: Exploring the Hidden Source of the Social, Political and Environmental Crises Facing our World,* Harper-Collins, San Francisco, 1991.

Bohm, D., Factor, D. & Garrett, P., *Le Dialogue: Une proposition,* (traduction de *Dialogue-A Proposal,* version anglaise disponible auprès de Dialogue, Hawthorn Corrage, Broad Marston Lane, Mickleton, Glos. Gl55 6Sf, England), 1991.

Bohm, D., «Dialoguer», *Guide Ressources,* septembre 1993, vol. 9, n° 1, pp. 56-61.

Feldman, C. & Kornfield, J. (éds), *Stories of the Spirit, Stories of the Heart: Parables of the Spiritual Path from Around the World,* Harper-Collins, New York, 1991.

Freire, P., *Pedagogy of the Oppressed,* (New revised Edition), Continuum, New York, 1993.

Hayward, J., *Perceiving Ordinary Magic : Science & Intuitive Wisdom,* Shambhala, Boston, 1984.

Peat, D., «Hommage à David Bohm : Un pionnier du troisième millénaire», *3ᵉ Millénaire,* n° 26, pp. 72-75, 1993.

Thich Nhat Hanh, *La Paix, un art, une pratique,* (traduction de *Being Peace*), Libre Expression, Montréal, 1987.

Pour information sur les groupes de Dialogue :

À Québec :   Clément Sirois
386 rue Carole
Beauport (Québec)
G1C 4A9
Tél. : (418) 667-1262

À Montréal : tél. : (514) 990-6010 (boîte vocale)

ÉVOLUTION DE LA CONSCIENCE

Lucette Leclerc

> Ce qui est important, c'est la conscience.

INTRODUCTION

Je vais vous parler de la conscience cosmique telle qu'elle a été décrite par le docteur Richard M. Bucke et, plus récemment, par un psychologue contemporain du nom de Pierre Weil. Je vais parler de l'intérêt croissant pour l'expérience dite transpersonnelle et aussi du DSM-IV. Pour ceux qui sont psychologues, psychiatres ou médecins, vous connaissez déjà cette référence. Pour les autres, je dirai simplement que c'est le dictionnaire des maladies mentales. Je n'aborderai qu'une partie de ma démarche sur le thème de la conscience, démarche qui dure depuis près de vingt-cinq ans. Vous le comprendrez, ce n'est qu'un début de réponse provisoire et je suis bien consciente que c'est un «modèle». Comme le disait le docteur Luc Bessette dans sa présentation d'aujourd'hui, nous nous construisons des modèles et quand nous pensons que nos modèles sont la réalité, ils deviennent des croyances. J'ai entendu le docteur François Borgeat[1], dire, lors du deuxième

---

1. Directeur du département de psychiatrie à l'Université de Montréal.

congrès sur «les processus de guérison» tenu à Montréal, qu'il avait cherché ce mot dans le dictionnaire. Il expliquait que, selon le Petit Robert, les croyances ont un lien avec la philosophie et la religion. Il ajoutait : «Je me demande pourquoi on n'a pas inclus aussi la science parce que les théories scientifiques ont tendance à changer ou à disparaître quand meurent les personnes qui les ont élaborées.» J'ai alors pensé : «Ce qui compte, c'est de savoir ce en quoi je crois et ce en quoi les autres croient, tout en sachant que "la carte n'est pas le territoire", que ce ne sont que des représentations et que nous en avons tous.»

QUI S'INTÉRESSE À LA CONSCIENCE?

Je vais commencer par vous raconter un rêve que j'ai fait en 1970...

J'étais debout en présence d'un personnage que je désignerais par le mot de «sage», un personnage mature mais sans âge. Il était vêtu d'un vêtement plutôt blanc et avait une attitude semblable à celle de David Bohm lorsque j'étais assise près de lui au Congrès de psychologie transpersonnelle. Il était là et sa présence était très «pleine». J'ai dit à ce personnage : «Ce qui est important, c'est la conscience.» Il a répondu : «Ah! oui?» J'ai répété, en montant le ton légèrement : «Ce qui est important, c'est la conscience!» Il a dit : «Ah! oui!» Et j'ai affirmé avec conviction pour la troisième fois : «Oui! ce qui est important, c'est la conscience!»

Quand je me suis réveillée, j'avais le sentiment d'avoir rencontré quelqu'un dans mon sommeil. J'étais impressionnée par mon rêve et je l'ai raconté autour de moi. Bien des années plus tard, je m'en suis souvenue et j'ai constaté alors que c'est à cette période de ma vie que j'ai commencé à méditer et que j'ai entrepris des études en psychologie, ainsi que toutes les autres études qui ont suivi. Comme si ce rêve débutait pour moi ce que Paulo Coelho appelle la «Légende

Personnelle» dans son roman philosophique *L'Alchimiste*. Il me semble aujourd'hui qu'il y a eu un lien de cause à effet.

En 1973, je lisais *La Révolution du cerveau* de Marilyn Ferguson qui se demandait : «Notre espèce est-elle à un stade d'évolution accélérée?» C'est une question à l'ordre du jour. Un nombre surprenant de scientifiques se demandent, à haute voix, si l'homme ne serait pas au bord d'une innovation biologique, et s'il n'allait pas échapper au cataclysme par une mutation qui ferait apparaître une espèce possédant une conscience supérieure.

En Occident, nous avons beaucoup parlé de l'évolution du point de vue biologique, mais contrairement à l'Orient, nous avons beaucoup moins étudié l'évolution de la conscience. Pourtant, les philosophies orientales ont 10 000 ans d'avance sur les philosophies occidentales qui en découlent de toute façon. Sir John Ecclès, prix Nobel et neurophysiologiste, disait dans son livre *Évolution du cerveau et création de la conscience* : «Il est gênant que les évolutionnistes se soient si peu préoccupés de la formidable énigme qu'oppose à leur théorie matérialiste l'apparition du mental au cours de l'évolution des espèces (...). Parmi tous ceux qui parlent du cerveau et de l'esprit, je suis le seul à expliquer, en ayant recours à la physique quantique, comment les microstructures extrêmement fines et subtiles que l'on trouve dans le cerveau pourraient faire en sorte que l'esprit influence le cerveau.» Il ajoute : «Certains champs, tel le champ de probabilités en mécanique quantique, ne portent ni énergie ni matière (...). On peut considérer l'esprit comme un champ au sens que revêt ce mot en physique, mais en tant que champ non matériel. Ce avec quoi il présente l'analogie la plus proche est peut-être un champ de probabilités. L'existence de tels champs est un véritable sésame.» Il affirme aussi : «... qu'il est possible de mettre au point un modèle où le cerveau ne serait pas l'émetteur de la conscience mais le récepteur.»

Dernièrement, lors d'une conversation avec le docteur Richard Verreault[1], nous nous sommes posé la question : «De quel champ de la science l'étude de la conscience devrait-elle faire l'objet? La philosophie? La psychologie? La psychiatrie? La théologie?...»

Quand on pose une question, je ne sais pas si vous l'avez remarqué, la réponse vient souvent dans les jours qui suivent. J'ai donc reçu, peu de temps après, un document qui faisait état d'un sondage réalisé au printemps 1990 par *The Association for Transpersonal Psychology* auprès de ses 2200 membres. En voici un bref résumé :

Votre intérêt pour la psychologie transpersonnelle est-il?

Personnel	8 %
Professionnel	3 %
Les deux?	**89 %**

Quel est votre champ d'activité professionnelle?

Psychologie-psychothérapie	**60 %**
Enseignement d'une pratique spirituelle	18 %
Éducation	6 %
Autres	16 %

Quel est votre deuxième champ d'intérêt?

Enseignement d'une pratique spirituelle	**33 %**
Psychologie-psychothérapie	**19 %**
Éducation	13 %
Médecine, soins de la santé	11 %
Autres	**24 %**

Quelle est votre principale occupation?

Professionnelle	**71 %**
Étudiant	9 %
Autres	20 %

---

1. Médecin et psychiatre au Centre clinique de Médecine Pyschosomatique, Outrémont, Québec, Canada.

Appartenez-vous à une corporation professionnelle?

Oui 60 %   Non   40 %

Psychologie	**30 %**
Counseling	**22 %**
Autres	15 %
Travail social	12 %
Psychiatrie	5 %
Divers	16 %

Quel est votre niveau de formation?

Doctorat	**46 %**
Maîtrise	**39 %**
Bacc (*premier niveau universitaire aux USA et au Canada*)	12 %
Autres	3 %

Ces statistiques nous permettent de constater que :
89 % des membres de l'association ont à la fois un intérêt personnel et professionnel;
60 % des membres sont des psychologues et des psychothérapeutes;
71 % sont des professionnels;
60 % appartiennent à une corporation professionnelle;
97 % ont fait des études universitaires,
dont 46 % au niveau du troisième cycle et 39 % au niveau du deuxième cycle.

Ces chiffres désignent définitivement des professionnels psychologues et psychothérapeutes comme clientèle visée par le transpersonnel. Il est d'ailleurs utile de définir sommairement le mot transpersonnel. Le préfixe *trans* signifie à travers et au-delà. Ce serait donc tout ce qui, dans l'expérience personnelle, se trouve à travers et au-delà de la personne. Lorsque nous entendons «au-delà», nous songeons, entre autres, à la spiritualité, au mysticisme, aux états non ordinaires de la conscience et aux phénomènes psychiques, dits parapsychologiques.

Selon Roger Walsh et Frances Vaughan, ce type de recherche appartient aujourd'hui à une nouvelle branche de la psychologie : la psychologie transpersonnelle. Née en Californie en 1969, comme quatrième révolution de la psychologie, issue du mouvement de psychologie humaniste, on peut citer chez ses précurseurs des pionniers de la psychologie moderne comme William James, Carl Gustav Jung, qui forgea le terme transpersonnel, et Abraham Maslow. Le 25e anniversaire de ce mouvement fut célébré à Monterey, Californie, en août 1994, sous le thème de : *Sacred Union : Cultural Perspectives on Sex, Gender and Spirit*, en présence de 700 participants venus de quinze pays différents.

Un des pionniers de la psychologie transpersonnelle, Lawrence Le Shan, a lui aussi réalisé un jour une enquête. Il a mélangé des phrases prononcées par des physiciens de renom et des phrases tirées de témoignages d'expériences transpersonnelles, et il les a données à rassembler. Voici donc six de ces phrases et les six auteurs qui les auraient prononcées :

1. Niels Bohr
2. Einstein
3. Vivekananda
4. Max Planck
5. Saint Augustin
6. Article de doctrine soufie

1. ... nous réalisons de plus en plus que notre compréhension de la nature ne peut pas commencer par quelque cognition définie, qu'elle ne peut être construite sur une telle fondation rocheuse, mais que toute cognition se trouve, pour ainsi dire, suspendue au-dessus d'un abîme infini.
2. Toute tentative de résoudre les lois de la causalité, du temps et de l'espace sera futile, car cette tentative devrait être faite en supposant que l'existence de ces trois est garantie.
3. Quand vous essayez de comprendre le continuum quadridimensionnel, efforcez-vous d'éviter de conceptualiser en termes sensoriels ou corporels. Il *ne peut pas* être représenté de cette façon et des images de cette espèce sont fausses et trompeuses.

4. Si nous retirons le concept d'absolu de l'espace et du temps, ceci ne veut pas dire que l'absolu a été banni de l'existence, mais plutôt qu'il a été ramené à quelque chose de plus spécifique... cette chose fondamentale est (l'un sans un second) (multiple quadridimensionnel).

5. La réalité ultime est unifiée, impersonnelle et peut être saisie si nous cherchons de manière impersonnelle derrière les données fournies par nos sens.

6. Quand on cherche l'harmonie dans la vie, il ne faut jamais oublier que nos sommes nous-mêmes, en même temps, acteurs et spectateurs.

Il n'est donc pas étonnant que, de plus en plus, l'on assiste à des rencontres entre physiciens et mystiques. On peut citer en exemple :

- Einstein et Tagore
- Paoli et Jung
- David Bohm et Krishnamurti
- Fritjof Capra et David Steindl-Rast

Cet exercice désigne donc la physique et le mysticisme, en plus des champs de la psychologie et de la psychothérapie. (Vous trouverez en annexe les réponses à cet exercice.)

ÉVOLUTION DE LA CONSCIENCE

Dès sa parution en français, en 1989, j'ai lu un livre que mon ami Michel Mercier, philanthrope et éditeur de la maison d'édition du *3ᵉ Millénaire,* a fait traduire par Marie-Andrée Dionne. Il s'agit de *La Conscience Cosmique* du Dʳ Richard Maurice Bucke.

En 1901, le Dʳ Bucke, psychiatre canadien ayant étudié et enseigné à l'Université McGill, a publié ce qui peut être considéré comme la première analyse de témoignages qu'il a nommée *La Conscience Cosmique.* Depuis, ce livre est devenu un classique dans les milieux du transpersonnel. Un autre psychiatre de l'Université McGill, le Dʳ Raymond Prince, a dirigé la *Fondation Richard Maurice Bucke* pendant plus de vingt ans. Il m'a appris que *La Conscience Cosmique* était le livre le plus réédité au Canada et aux États-Unis : en cinquante ans (1901 à 1951), il a été réédité seize fois. Selon le Dr Prince, il a encore été réédité par la suite. Notons immédiatement que le Dr Bucke vivait au début du siècle et que, de différentes façons, son discours est coloré par les connaissances que l'on avait à cette époque et qu'il n'apporte pas de preuve scientifique à son hypothèse.

Le Dr Bucke a lui-même vécu une expérience de Conscience Cosmique. Il a même prédit que le nombre de ces expériences et témoignages irait en augmentant pendant le XXe siècle. Voici textuellement ce qu'il écrit :

... «Il doit y avoir eu un grand nombre de cas de Conscience Cosmique dans les derniers 2500 cents ans, dont la mémoire est complètement perdue. Mais il semble à peu près certain que ces personnes sont plus nombreuses dans le monde moderne qu'elles ne l'étaient dans l'ancien. Ce fait, mis en rapport avec la théorie générale de l'évolution psychique, tend à confirmer la conclusion suivant laquelle, il y a longtemps, la conscience de soi est apparue chez les meilleurs spécimens de notre race ancestrale à sa phase primordiale, et devint progressivement de plus en plus universelle tout en apparaissant dans l'individu de plus en plus tôt. Maintenant, elle apparaît en moyenne aux alentours de trois ans. La conscience cosmique deviendra de plus en plus universelle jusqu'à ce que la race entière possède cette faculté.»

Le Dr Bucke est né à Norfolk, en Angleterre, en 1837. Sa famille a immigré à London, en Ontario, lorsqu'il avait un an. À l'âge de seize ans, il quitta son foyer pour participer à la ruée vers l'or, en Californie. Après cinq années d'aventures de toutes sortes, pendant lesquelles il frôla la mort à quelques reprises, il revint au Canada. Une certaine somme d'argent héritée de sa mère lui permit d'étudier la médecine, à l'Université McGill, où il gradua, en 1862. Pendant ces années d'étude, sa vie fut un point d'interrogation passionné, une soif de savoir impossible à assouvir sur les questions fondamentales. En 1877, il fut nommé directeur de l'asile d'aliénés de London où il se distingua en humanisant le traitement des malades mentaux. En 1872, il vécut une expérience mystique profonde et passa ensuite sa vie à en rechercher le sens.

Le Dr Bucke a écrit *La Conscience Cosmique* en espérant que son travail serait utile de deux façons. Il espérait :

1. Étendre notre perspective de la vie humaine par l'intégration, dans notre vision mentale, de cette phase importante de la vie, et nous permettre ainsi de prendre conscience du véritable statut de certains hommes qui ont été, jusqu'à présent, soit élevés au rang de dieux, soit, à l'autre extrême, déclarés fous par l'individu moyen du plan de la conscience de soi;

2. Venir en aide à ses semblables d'une manière plus pratique et importante. De son point de vue, nos descendants atteindront à plus ou moins long terme, en tant que race, l'état de Conscience Cosmique. Il pensait que nous étions actuellement en train de franchir ce pas dans l'évolution de l'espèce humaine, tout comme nos ancêtres sont passés, il y a longtemps, de la Conscience Simple à la Conscience de Soi.

Il était clair, à ses yeux, qu'en tant que race nous nous approchions de plus en plus de cette région de la conscience de soi **à partir de laquelle s'effectue la transition à la Conscience Cosmique.** Il croyait qu'avec l'avènement de cette Conscience Cosmique, toutes LES religions disparaîtraient; il croyait que LA Religion dominerait absolument la race. Il affirmait que :

Le monde, peuplé d'hommes possédant la Conscience Cosmique, sera aussi différent du monde d'aujourd'hui que celui-ci peut l'être du monde qui existait avant l'avènement de la conscience de soi.

Nous pouvons dire que le Dr Bucke était, d'une certaine manière, un précurseur et un visionnaire puisqu'il annonçait déjà, au début du siècle, ce que plusieurs scientifiques déclarent aujourd'hui :

Le plan universel est tissé d'une pièce; il est entièrement, et dans tous les sens, perméable à la conscience ou (et spécialement) au subconscient. L'univers est une évolution vaste, grandiose, formidable, multiforme et néanmoins uniforme.

C'est également ce que déclarent Robert Linssen dans son ouvrage *L'Univers, corps d'un seul vivant,* le physicien Fritjof Capra dans *Le Tao de la physique,* ainsi que Régis Dutheil, éminent physicien de la fondation Louis de Broglie, lorsqu'il parle de cet «ailleurs superlumineux» dans *L'homme super-lumineux.*

La Conscience Cosmique ne doit pas être considérée comme étant surnaturelle ou supranormale, déclare le Dr Bucke, mais plutôt comme le résultat d'une croissance naturelle qui doit passer par l'évolution de l'intellect. Cette évolution comporte **quatre** étapes distinctes :

1. La conscience perceptuelle — conscience faite de percepts ou impressions sensorielles; il n'y a vraisemblablement aucune sorte de conscience comme telle;

Ceci s'est produit lorsque la sensation a remplacé la qualité primaire d'excitabilité, c'est-à-dire lorsque commencèrent l'acquisition et l'inscription plus ou moins parfaite des impressions des sens, c'est-à-dire des percepts. Un son est entendu, un objet est vu et l'impression faite est un percept. Si nous pouvions remonter assez loin dans le passé, nous devrions trouver, parmi nos ancêtres, une

créature dont l'intellect entier n'était formé que de ces percepts.
Mais cette créature portait en elle ce qui peut être appelé une
prédisposition à la croissance...

2. La conscience réceptuelle — conscience faite à la fois de percepts et de récepts, en d'autres mots, l'esprit possédant la conscience simple. On la retrouve chez l'animal. Celui-ci est conscient de ce qui l'entoure, mais il n'est pas conscient de lui-même en tant qu'entité distincte ou personnalité;

L'accumulation de percepts, dont la répétition constante exigeait
de plus en plus d'inscriptions, conduisit à une accumulation de
cellules dans les ganglions sensitifs centraux. À la fin, notre ancêtre
parvient à un état où il lui est possible de combiner des groupes de
ces percepts dans ce que nous appelons aujourd'hui un récept.

3. La conscience conceptuelle — conscience faite de percepts, de récepts et de concepts, autrement dit, l'esprit conscient de lui-même tel que vécu par l'être humain qui peut analyser et juger les opérations de son propre esprit;

Le travail d'accumulation se poursuivant sur un plan plus élevé :
les organes sensoriels travaillent sans relâche à fabriquer des per-
cepts; les centres réceptuels travaillent sans relâche à manufacturer
de plus en plus de récepts à partir des percepts... Les ganglions
travaillent sans relâche à produire des récepts de plus en plus
complexes... Enfin, après plusieurs milliers de générations, l'accu-
mulation de percepts et de récepts se poursuit jusqu'à ce qu'il soit
impossible d'emmagasiner d'autres impressions et de les développer
plus avant sur le plan de l'intelligence réceptuelle. Alors, une autre
étape est franchie et les récepts les plus élevés sont remplacés par
des concepts.

4. La conscience intuitive — conscience dont l'élément le plus élevé n'est pas un récept ni un concept, mais une intuition. C'est l'esprit où les trois niveaux de conscience précédents, soit la **sensation,** la **conscience simple** et la **conscience de soi,** sont complétés et couronnés par la **Conscience Cosmique.** C'est ce qu'on appelle en Orient la «Splendeur de Brahma» ou ce qui, dans les mots de Dante, est capable de «transhumaner» un homme en un dieu;

Mais, pour qu'un récept puisse être remplacé par un concept, il doit être nommé, c'est-à-dire marqué d'un signe qui le remplace. En d'autres mots, la race qui est en possession de concepts est aussi en possession du langage. De plus, la possession du langage implique la possession de la conscience de soi. Tout ceci signifie qu'il y a un moment dans l'évolution de la conscience où l'intellect réceptuel, capable de conscience simple seulement, devient, instantanément ou presque, un intellect conceptuel en possession du langage et de la conscience de soi. Cette étape fut franchie il y a plusieurs centaines de milliers d'années.

En acquérant cette forme de conscience nouvelle et plus élevée, nous avons conservé notre intelligence réceptuelle et notre conscience perceptuelle. En fait, nous ne pourrions pas vivre sans elles, pas plus qu'un animal qui n'a pas d'autre conscience qu'elles. Aujourd'hui, notre intellect est constitué d'un mélange très complexe de percepts, de récepts et de concepts. Ces différentes étapes de l'évolution de la conscience nous permettent de croire à l'existence nécessaire de la conscience supra-conceptuelle. Cette conscience, dont les éléments sont des intuitions plutôt que des concepts, est déjà un fait établi, et la forme de conscience propre à cet intellect peut être appelée : Conscience Cosmique.

En résumé, selon le Dr Bucke, nous avons quatre phases distinctes dans l'intellect, toutes abondamment illustrées dans les mondes animal et humain, toutes également illustrées dans la croissance individuelle de l'esprit du plan de la Conscience Cosmique, et toutes quatre coexistant dans cet esprit comme les trois premières coexistaient dans la conscience humaine ordinaire.

Cette conscience montrerait que :

1. Le Cosmos n'est pas constitué d'une matière inerte gouvernée par une loi inconsciente, rigide et sans but; elle le montre au contraire comme entièrement immatériel, entièrement spirituel et entièrement vivant;

2. La mort est une absurdité, que chacun et toute chose a la vie éternelle;

3. L'univers est Dieu et que Dieu est l'univers, et

4. Qu'aucun mal n'est jamais entré ni n'entrera jamais en lui. Une grande partie de ceci est absurde, bien sûr, du point de vue de la conscience de soi. C'est néanmoins indubitablement vrai.

Toujours selon le Dr Bucke, ce n'est pas parce que l'homme est devenu conscient du Cosmos qu'il connaît tout à son sujet. S'il a fallu à la race plusieurs centaines de milliers d'années pour acquérir quelques notions de la science de l'humanité depuis son acquisition de la conscience de soi, alors il lui faudra peut-être des millions d'années pour acquérir quelques notions de la science de Dieu, une fois acquise la Conscience Cosmique. Il déclare que :

Les plus hautes philosophies, et ce qui en découle, sont fondées sur la Conscience Cosmique, laquelle lorsqu'elle sera plus répandue jettera les bases d'un nouveau monde dont il serait futile d'essayer de parler aujourd'hui.

Cas de conscience cosmique

Le Dr Bucke, en 1901, avait répertorié à travers la littérature ou parmi ses contemporains une cinquantaine de cas de Conscience Cosmique. Il les a abondamment décrits et commentés dans son livre *La Conscience Cosmique*. En voici la liste :

Gautama le Bouddha, Jésus le Christ, Paul, Plotin, Mohammed, Dante, Bartolomé Las Casas, Juan de Yepes, Francis Bacon, Jacob Böhme, William Blake, Honoré de Balzac, Walt Whitman, Edward Carpenter.

Il cite d'autres cas supplémentaires, moins marqués, imparfaits ou douteux. En voici quelques exemples :

Moïse, Gédéon, surnommé Yerubbaal, Isaïe, Li R., Socrate, Roger Bacon, Blaise Pascal, Benedict de Spinoza,

Colonel James Gardner, Swedenborg, William Wordsworth, Charles G. Finney, Alexandre Pouchkine, Ralph Waldo Emerson, Alfred Tennyson, Henry David Thoreau, Remadrishna Paramahansa, Richard Jefferies, William Lloyd, Horace Traubel, Paul Tyner et son propre cas.

Les points communs du Sens Cosmique, selon le Dr Bucke, sont :

a) la lumière subjective;

b) l'élévation morale;

c) l'illumination intellectuelle;

d) le sentiment d'immortalité;

e) la perte de la peur de la mort;

f) la perte du sens du péché;

g) la soudaineté, l'instantanéité de l'éveil;

h) le caractère antérieur de l'homme : intellectuel, moral et physique;

i) l'âge de l'illumination (environ trente-cinq ans);

j) le charme accru de la personnalité, de sorte que les hommes et les femmes sont toujours fortement attirés par la personne (charisme);

k) la transfiguration du sujet du changement, vue par d'autres au moment où le Sens Cosmique est présent.

Exemples d'expérience de Conscience Cosmique

1. L'expérience du Dr Maurice Richard Bucke

«C'était au début du printemps, à l'aube de **sa trente-sixième année.** Il avait passé la soirée avec deux amis à lire Wordsworth, Shelley, Keats, Browing et spécialement Withman. Les trois hommes s'étaient séparés à minuit, et il avait fait un long parcours en *cab* (c'était dans une ville anglaise). Son esprit, profondément imprégné des idées, des images et des émotions éveillées par la lecture et la discussion de la soirée, était calme et paisible. Il était dans un état de quiétude presque passive. Tout à coup, sans avertissement aucun, il se trouva comme enveloppé d'un nuage couleur de feu. Pendant un instant, il pensa au feu, à quelque soudaine conflagration dans la grande ville; l'instant suivant, il savait que la lumière était au-dedans de lui. Immédiatement après, un sentiment d'exultation, d'immense allégresse l'envahit, accompagné ou immédiatement suivi d'une illumination intellectuelle tout à fait impossible à décrire. Dans son cerveau déferla un éclair fulgurant de la Splendeur de Brahma qui a toujours, depuis ce temps, illuminé sa vie; sur son cœur tomba une goutte de la Félicité de Brahma, y laissant, dès lors et pour toujours, un arrière-goût de paradis. Entre autres choses qu'il n'était pas parvenu à croire jusque-là, il vit et sut que :

— le cosmos n'est pas de la matière inerte mais une Présence vivante;

— que l'âme de l'homme est immortelle;

— que l'univers est ainsi bâti et ordonné;

— que, sans aucun hasard, **toutes choses** travaillent ensemble pour le bien de tous et de chacun;

— que le principe fondamental du monde est ce que nous appelons l'amour;

— et que le bonheur de chacun est, au bout du compte, absolument certain.»

(BUCKE, Richard M., La Conscience Cosmique, 3e Millénaire, 1989.)

Il prétend qu'il a plus appris pendant les quelques secondes que dura l'illumination qu'au cours de ses mois, voire même de ses années d'étude et que beaucoup de choses qu'aucune étude n'aurait pu lui enseigner lui furent alors révélées.

L'illumination elle-même ne dura pas plus de quelques instants, mais ses effets se sont avérés ineffaçables; il lui fut impossible de jamais oublier ce qu'il vit et sut à ce moment; non plus qu'il ne douta ni ne put jamais douter de la vérité de ce qui se présentait alors à son esprit. L'expérience ne s'est pas renouvelée cette nuit-là, ni à aucun autre moment. Il écrivit par la suite un livre (*Man's Morale Nature*) dans lequel il tenta d'incorporer l'enseignement de l'illumination.

Le Dr Bucke raconte que l'événement suprême de cette nuit-là fut sa véritable et seule initiation à un ordre d'idées nouveau et plus élevé. Mais ce n'était qu'une initiation. Il vit la lumière mais ne savait pas plus d'où elle venait et ce qu'elle signifiait que ne le savait la première créature qui vit la lumière du soleil. Plusieurs années après, il rencontra C.P. dont il avait souvent entendu parler comme ayant une extraordinaire perspicacité spirituelle. Il découvrit que C.P. était entré dans la vie supérieure dont lui-même avait eu un aperçu et que ces phénomènes lui étaient très familiers. Sa conversation avec C.P. jeta un flot de lumière sur la véritable signification de ce dont il avait fait l'expérience.

«Considérant ensuite le monde de l'homme, il comprit, dit-il, la signification de la lumière subjective dans le cas de Paul et dans celui de Mohammed. Bien du temps et du travail furent nécessaires avant qu'il puisse élaborer l'idée qu'il existe une famille issue de l'humanité ordinaire, vivant en son sein mais n'en constituant qu'une toute petite partie, dont les membres sont disséminés, parmi toutes les races avancées du genre humain, tout au long des quarante derniers siècles de l'histoire du monde. Ces hommes dominent les vingt-cinq derniers siècles, spécialement les cinq derniers, comme les étoiles de première magnitude dominent le ciel de minuit. Les membres de cette "famille" ont connu une nouvelle naissance et ont accédé à un plan spirituel plus élevé. La réalité de la nouvelle naissance est démontrée par la lumière subjective et par d'autres phénomènes.»

2. Expérience de Blaise Pascal (1623-1772)

«En novembre 1654, à l'âge de trente et un ans et demi, quelque chose se produisit qui modifia radicalement la vie de Pascal. Il abandonna pratiquement le monde et manifesta, jusqu'à sa mort, une religiosité et une charité exemplaires. De ce jour, cependant, il vécut en reclus et il semble que l'on n'ait que peu de détails sur sa vie.

»Environ un an après cette date, il commença les *Lettres provinciales* et, plus tard, écrivit ses *Pensées,* deux œuvres qui démontrent que leur auteur possédait d'extraordinaires qualités mentales.

Quelques jours après sa mort, un serviteur sentit par hasard quelque chose de dur et d'épais sous le tissu du pourpoint de Pascal. Déchirant la couture tout autour, il trouva un parchemin plié et, à l'intérieur, un papier plié. Les deux portaient une écriture de la main de Pascal, et leurs mots sont ceux que l'on donne ici. Le parchemin et le papier furent portés à la sœur de Pascal, Mme Périer, qui les montra à un ami. Ils virent tous, immédiatement, que ces mots, ainsi écrits en double par Pascal et préservés par lui avec tant de soin et de peine (en les transférant lui-même d'un vêtement à l'autre) devaient avoir à ses yeux une profonde signification.»

(BUCKE, Richard M., La Conscience Cosmique, 3e Millénaire, 1989.)

La copie sur papier existe toujours à la Bibliothèque Nationale de Paris. On lui a donné le nom de *Amulette mystique de Pascal* :

L'an de grâce 1654, 23 novembre, jour de St Clément, Pape et martyr.
Depuis environ dix heures et demi du soir jusqu'à environ minuit et demi,

_____FEU_____

Dieu d'Abraham. Dieu d'Isaac. Dieu de Jacob,
non des philosophes et des savants.
Certitude, joie, certitude, sentiment, joie, paix.
DIEU DE JÉSUS CHRIST
Mon Dieu et ton Dieu.
Ton Dieu sera mon Dieu.
Oublié du monde et de tous hormis DIEU.
Il ne se trouve que par les voies enseignées dans l'Évangile.
GRANDEUR DE L'ÂME HUMAINE.
Père juste, le monde ne t'a pas connu mais je t'ai connu.
Joie, joie, joie, pleurs de joie.
Je ne me sépare pas de toi.
Ils m'ont abandonné, moi, une fontaine d'eau vivante.
Mon Dieu, ne me quitte pas.
Que je ne sois pas séparé de toi éternellement.
Ceci est la vie éternelle qu'ils te connaissent seul vrai Dieu et celui que tu as envoyé. JÉSUS CHRIST–JÉSUS CHRIST.
Je m'en suis séparé; je l'ai fui, renoncé, crucifié.
Que je n'en sois pas séparé à jamais.
On n'est sauvé que par les enseignements de l'Évangile.
RÉCONCILIATION TOTALE ET DOUCE.
Joie éternelle pour les jours de ma vie sur terre.
Je n'oublierai pas ce que tu m'as enseigné. Amen.

(BUCKE, Richard M., La Conscience Cosmique, 3e *Millénaire*, 1989.)

La lumière subjective était évidemment fortement marquée. Immédiatement après, vient le sentiment de libération, de salut, de joie, de satisfaction, d'intense reconnaissance.

Ensuite, la réalisation de la grandeur de l'âme humaine, immédiatement suivie de l'extase de la réalisation de Dieu. Il jette un regard en arrière et voit combien futiles furent sa vie et ses ambitions jusque-là. Il réalise, ensuite, sa présente réconciliation avec le Cosmos et le fait qu'une joie éternelle baignera le reste de sa vie.

ÉTATS SUPÉRIEURS DE LA CONSCIENCE

D'autres ont également répertorié des cas similaires. Voici ceux publiés par Pierre Weil dans *Anthologie de l'extase* en 1989.

Témoignages occidentaux contemporains

Pierre Weil lui-même, Aimé André témoignages anonymes, Anonyme cité par Lilian Silburn, Richard M. Bucke[1], Fritjof Capra, Jaspers, Romain Rolland, Cerf Noir (Sioux), Arnaud Desjardins, Denise Desjardins, Karlfried Graf Dürckheim, Albert Einstein, Père José Inacio Farah, André Frossard, Jeanne Guesné, Max Jacob, William James, Carl Gustav Jung, Mrs D.K., Krishnamurti, Geneviève Lafranchi, Lamartine, Samuel Lambert, cinq rapports obtenus par Timothy Leary, John Lilly, J. S. Médecin, Satprem, Jacques Maritain, Mère (d'Auroville), Milosz, Anagarika Munindra, Rambrant, Jean-Paul Sartre (par son personnage Rocquentin), Henri Le Saux, Lanza Del Vasto.

L'expérience de «La voie de Bouddha»

Bassui, Khempo Janyang Dorje, Longchenpa, Marpa, Témoignages de quatorze disciples de Bouddha.

---

1. Les astérisques indiquent les cas qui ont également été décrits par Maurice R. Bucke, en 1901.

L'expérience vécue du «Royaume des Cieux» dans le christianisme

Frère Jean de l'Alverne, saint François d'Assise, sainte Thérèse d'Avila, saint Benoît, William Blake*, Jésus-Christ*, le père Jean-Chrysostome, saint Augustin, Jacob Boehme*, saint Jean de la Croix, Maître Eckhart, saint Jean l'Évangéliste, saint Paul*, Blaise Pascal*, sainte Thérèse de l'Enfant Jésus, l'ermite Julienne de Norwich, Valentin.

L'Hindouisme. Yoga et Tantra

Ramana Maharishi, Gopi Krishna, Tukaram Maharaj, Muktananda, Sri Nisargadatta Maharaj, Rabrindranath Tagore, Paramahansa Yogananda

La Tradition juive

Baal-Shem Tov, disciple d'Aboulafia (anonyme), Ezechiel, Maguid, Moïse*, Rabbi Haya, Rabbi Siméon Ben Yochai.

Soufisme : Une voie mystique de l'Islam

Bahauddin, Omar Ibn-Ul-Fâridh, Rûmî, Sheik Ahmad de Sarhand, Bâbâkuhî de Shirâz, Yunus Emre.

Il faudrait ajouter à cette liste les noms des 8 000 000 de personnes ayant vécu une EMI (expérience de mort imminente) ou NDE (near death experience) répertoriés aux États-Unis ces dernières années, ainsi que les noms de : David Bohm, Robert Linssen, Jean Klein, Éric Barret, et plusieurs autres qui ont été portés à mon attention depuis que j'ai commencé à préparer cette conférence.

3. Expérience de Fritjof Capra, physicien

«Il y a cinq ans, j'ai eu une belle expérience qui m'a mis sur le chemin qui m'a amené à écrire ce livre. J'étais assis au bord de l'océan, pendant une soirée d'automne, observant le mouvement des vagues et sentant le rythme de ma respiration quand, soudain, je pris conscience que tout l'environnement était comme engagé dans une danse cosmique gigantesque. Comme physicien, je pris connaissance du fait que le sable, les rochers, l'eau et l'air autour de moi étaient faits de molécules et d'atomes, et que ceux-ci étaient constitués de particules qui interagissaient les unes avec les autres, créant et détruisant d'autres particules. Je sus également que l'atmosphère de la terre était continuellement bombardée par des pluies de "rayons cosmiques", particules d'énergie élevée sujettes à de multiples collisions dès leur pénétration dans l'air. Tout ceci m'était familier, en relation avec mes recherches sur la physique de haute énergie mais, jusqu'à ce moment, je ne l'avais expérimenté que par des graphes, des diagrammes et des théories mathématiques. Dès que je m'assis sur cette plage, mes expériences passées devinrent vivantes. Je "vis" des cascades d'énergie descendant de l'espace extérieur, dans lequel les particules étaient créées et détruites en pulsions rythmiques. Je "vis" les atomes des éléments et ceux de mon corps, participant de cette danse cosmique de l'énergie; je sentis son rythme et en "entendis" le son, et à ce moment-là, je *sus* que c'était la danse de Shiva, le Seigneur des danseurs, vénéré par les Hindous.

»... Ceci fut suivi par de nombreuses expériences similaires qui m'ont aidé à réaliser graduellement qu'un point de vue consistant commence à émerger de la physique moderne, et que celui-ci est en harmonie avec l'ancienne sagesse orientale.»

(Capra, F., *The Tao of Physics,* Bantam Books, Shamballa, Boulder, 1977, éd. Sand.)

4. Expérience de Robert Linssen

«Tout a commencé vers 1925. J'avais encore quinze ans lorsque à la fin d'une promenade au soleil couchant, parmi les champs de bruyère du Limbourg belge, j'entendis soudain, provenant de la forêt voisine encore solitaire à cette époque, le son particulièrement mélodieux d'une flûte jouée par un musicien aussi invisible qu'inconnu. Il devait être profondément inspiré, car son chant s'intégrait à tel point à la nature encore sauvage de cette époque qu'il semblait être le langage le plus pur de la forêt elle-même.

»Je fus envahi par un éblouissement de lumière qui me semblait surgir autant des profondeurs du spectacle que de ma propre intimité et me transporta dans une joie inconnue. Son intensité était telle que je me mis à courir droit devant moi. En raison de mon ignorance, grande était ma surprise mais j'en gardais soigneusement le secret. Il m'apparut cependant que l'étrange "lumière-amour" de cet éblouissement ne provenait pas seulement du musicien inconnu mais émanait de l'intériorité du spectacle. Tout en était imprégné : la forêt, les nuages enflammés par le disque rouge du soleil couchant, les bruyères, le sentier, l'air parfumé.

»Peu à peu, ce souvenir s'estompa. Mais deux ou trois ans plus tard, mon père ramena un vieux meuble de bibliothèque acheté lors d'une vente publique. Coïncidence étrange : ce meuble avait appartenu à un écrivain belge, Émile Cigone, récemment décédé. Celui-ci était un érudit s'intéressant à l'ésotérisme. Il fut le précepteur du futur Roi Albert qui, plus tard, initia son épouse, la reine Élisabeth, aux enseignements ésotériques. Ceci eut ensuite comme conséquence le fait qu'en 1958 la souveraine assista aux conférences de Krishnamurti que j'organisais au Palais des Beaux Arts de Bruxelles.

»Le fond de la bibliothèque précédemment évoquée contenait quelques déchets de livres destinés à la poubelle et une force irrésistible me poussa vers ce vieux meuble afin d'en examiner le contenu, de prime abord sans intérêt. Mon regard fut attiré par quelques pages encore entières contenant un texte ancien relatant l'expérience de lumière réalisée par les mystiques anciens de l'Inde. À peine en avais-je lu quelques lignes que je fondis en larmes, envahi par une joie sans bornes d'un éblouissement de lumière dont la trace de façon inégale ne m'a jamais quitté puis s'est intensifiée au cours des récentes années.

»C'est alors que s'éveilla une intense passion recherchant la nature de l'intériorité du monde matériel par l'étude de la chimie, de la physique. Lors d'une nuit étoilée, mon père évoqua le mystère des insondables immensités de l'infiniment grand et je me passionnai pour l'astronomie. Celle-ci m'a conduit à Camille Flammarion, non seulement à son *Astronomie populaire,* mais surtout à ses œuvres sur la "pluralité des mondes habités", les phénomènes psychiques et ceux de l'au-delà.

»Sur la couverture déchirée d'un livre de l'ancienne bibliothèque, je découvris l'adresse de la Société Théosophique dont je devins membre dès 1928. Je lus avec enthousiasme les œuvres d'Annie Besant et m'émerveillai à la lecture des six volumes de la *Doctrine secrète* d'Hélène P. Blavatsky. Les circonstances me conduisirent à me lier d'amitié avec son plus éminent biographe, le savant français Dr Jean-Louis Simons, docteur es Sciences, ingénieur, professeur de biochimie à l'Institut supérieur d'agronomie de Paris qui honora mon livre *L'univers, corps d'un seul vivant* d'une préface en 1992.»

(Linssen, R., *La spiritualité quantique,* De Mortagne, Montréal, 1995.)

Caractéristiques principales des états supérieurs de la conscience (selon Pierre Weil)

Après avoir analysé 153 témoignages écrits, Pierre Weil se permet, dit-il, de brosser un tableau général de ce que l'on pense être l'expérience transpersonnelle. Il ajoute que cette recherche n'a qu'une valeur de sondage préliminaire et devrait être reprise avec un nombre plus grand de cas et un échantillonnage systématique.

— le vécu de l'espace comme ouverture de l'Être;

— le vécu d'une lumière intense[1];

— le caractère ineffable : il n'y a pas de mots dans notre langage pour en traduire la beauté, la puissance et la nature[1];

— le caractère immédiat et soudain : l'expérience «arrive» au moment où l'on s'y attend le moins;

— la dissolution de toute espèce de dualité : sujet-objet, intérieur-extérieur, bien-mal, vrai-faux, sacré-profane, relatif-absolu, etc.[1];

— la dissolution des trois dimensions du temps et la prise de conscience de leur valeur relative liée au caractère discriminatif de la pensée et de la mémoire[1];

— l'inexistence d'un moi, *self* ou ego;

— des manifestations d'ordre parapsychologique accompagnent le vécu ou se manifestent postérieurement à celui-ci : phénomènes de clairvoyance, télépathie, psychokinésie, rencontre d'êtres dans d'autres dimensions, expérience de sortie du corps physique[2];

— vécus régressifs, vision «comme dans un film» des phases de la vie passée, de la naissance, de la vie intra-utérine, de mémoires ancestrales, réincarnatoires, animales, végétales,

---

1. Ces points sont également reconnus par R. Bucke dans *La Conscience Cosmique*.

2. R. Walsh et F. Vaughan nous mettent en garde contre ces phénomènes. Selon eux, «Il convient de faire quelques observations au sujet des manifestations parapsychologiques. Bien qu'elles apparaissent souvent pendant ou après les états transpersonnels et constituent l'apanage de nombreux, sinon de tous les mystiques, il ne convient pas de les considérer comme des caractéristiques transpersonnelles. D'une part, parce qu'elles impliquent toutes un sujet et un objet, ce qui veut dire qu'elles sont de nature dualiste. D'autre part, parce que les phénomènes parapsychologiques apparaissent souvent chez des personnes qui n'ont aucune manifestation d'ordre transpersonnel, et parfois ont une éthique peu recommandable. Les grands maîtres n'y prêtent d'ailleurs aucune valeur et recommandent à leurs disciples de passer outre. Nous insistons sur ce point car il y a dans le public une grande confusion à ce sujet; on confond le parapsychologique et le transpersonnel.»

minérales, cellulaires, moléculaires, atomiques et sous-ato-
miques;
— la conviction du vécu de la «réalité» telle qu'elle est;
— des changements de système de valeurs et de comportement postérieur;
— la perte de la peur de la mort*.

Je crois que Richard Bucke et Pierre Weil ont interprété
les choses selon leur contexte scientifique respectif et aussi
selon le contact qu'ils ont pu avoir ou non avec les philosophies orientales.

FACTEURS DE L'INTÉRÊT CROISSANT
POUR L'EXPÉRIENCE TRANSPERSONNELLE
(selon Pierre Weil)

«Au cours de ces dernières décades qui précèdent la fin
de notre XXe siècle, on a pu noter un intérêt croissant aussi
bien de la part de scientifiques, plus particulièrement de
physiciens, de psychologues et anthropologues de renom,
que du public en général, pour un type d'expérience humaine à laquelle on a donné de nombreux noms différents,
par exemple : extase mystique, illumination, nirvâna, *samadhi, satori,* royaume des cieux, règne du Père, septième ciel,
devekut, expérience transcendantale, *métanoïa,* Conscience
Cosmique.

»Chaque culture, chaque civilisation, ancienne ou actuelle, la signale. Il est évident que l'on assiste actuellement
à une recrudescence de sa manifestation, spécialement en
Amérique et, plus récemment, en Europe. Tout indique
qu'elle n'est pas seulement l'apanage de saints ou de mystiques, comme Bouddha, Krishna, Moïse, Élie, Christ ou
Siméon Ben Yochai, mais qu'elle "arrive" ou se manifeste
chez des personnes contemporaines qui n'ont rien de spécialement religieux; les témoignages réunis ici le montrent
avec évidence.

»Plusieurs facteurs peuvent être signalés comme causes aussi bien de l'augmentation de ces cas que de l'intérêt croissant du public à ce sujet.

»Mentionnons en premier lieu le malaise de l'humanité devant la perspective de sa propre destruction. Devant cette angoisse, de plus en plus nombreuses sont les personnes qui se posent les questions fondamentales sur le sens de notre existence et la place de l'homme dans le cosmos. Et si la question devient capitale et envahit toute l'existence d'un individu, elle peut déclencher chez celui-ci, par un processus qui nous échappe, l'entrée dans cet état de conscience cosmique. Un autre facteur, évident celui-ci, c'est la diminution des distances géographiques entre l'Occident et l'Orient; la facilitation des communications a mis les maîtres et sages de l'Inde, du Tibet, de la Chine et du Japon à notre portée. Il n'est même plus nécessaire de voyager à cet effet. Ils viennent à Paris, Londres, New York, Montréal ou San Francisco, créent des écoles[1] s'entourent de disciples et leur communiquent un savoir presque perdu ici; ils réveillent en ceux qui pratiquent leurs enseignements cette sagesse primordiale enfouie en chacun de nous. Des êtres humains, désespérés et aigris, retrouvent en eux-mêmes le sens de la vie, au-delà de l'intellect et du langage.»

J'ajouterai ici l'opinion du docteur Jean-Charles Crombez qui écrit : «Les philosophies orientales se décrivent plutôt comme des psychologies. Elles ont pour racine le bouddhisme et plus particulièrement sa branche orientale, le zen. De ces philosophies provient la notion de *Self.* Elle est la dénomination d'une existence essentielle, en deçà de toutes

---

1. Mentionnons celles créées en Angleterre et en Californie par Krishnamurti. «Mais on pourrait penser que cette conscience cosmique, que cette expérience transcendantale n'est qu'une manifestation chimérique, une espèce de phantasme hallucinatoire, ou même, comme l'affirmaient certains psychiatres, un épisode ou crise psychotique.»

les formes mouvantes perçues quotidiennement, et signifie aussi le lieu de rencontre d'une identité personnelle et d'une réalité transpersonnelle. Les événements de la vie, tant corporelle que mentale, sont interprétés comme temporaires, aléatoires et, en fin de compte, illusoires; ces événements sont paradoxalement dénommés "ego", afin de rappeler comment les individus ont tendance à s'y attacher puis à s'y disperser, à s'y perdre et, finalement, à s'y anéantir, tout ceci à l'encontre d'une position centrée et sereine» (Trungpa, 1976, cité par Jean-Charles Crombez, 1988).

Toujours selon Pierre Weil : «Lentement mais sûrement s'installe une authentique thérapie des maux de notre civilisation et de l'humanité, de ce que nous avons appelé la "névrose du paradis perdu".

»C'est là qu'intervient le troisième facteur : la recherche scientifique; celle-ci démontre de façon que l'on peut considérer aujourd'hui irréversible :

— qu'il s'agit bien d'une phénoménologie authentique, susceptible de contrôles expérimentaux rigoureux, physiologiques et psychologiques;

— que les personnes actuellement vivantes et qui en sont l'objet sont non seulement normales, mais encore, surtout dans le cas de grands maîtres, présentent une intelligence, une attention, une mémoire, un équilibre émotionnel et un sens pratique tout simplement exceptionnels;

— que l'on en connaît maintenant les points communs chez les différentes traditions; ce vécu présente un caractère transculturel;

— on commence à décrire et tester les variables qui permettent l'élaboration de conditions favorables à son éclosion.»

Pierre Weil cite la recherche de Thérèse Brosse et la sienne propre dans *L'Homme sans Frontières*. Les travaux de Thérèse Brosse, dit-il, suivis de ceux de nombreux physiologistes américains démontrent que ces états sont accompagnés de modifications des rythmes respiratoire, cardiaque, électrocutané et électroencéphalographique, à tel point que l'on peut lire sur les graphiques le début et la fin du changement d'état de conscience. Ceci montre, ajoute-t-il, qu'il s'agit bien d'un phénomène réel.

Par ailleurs, après avoir entendu Rupert Sheldrake, à Prague en 1992 et à Killarny en Irlande en 1994, parler des champs morphologiques et des expériences faites avec des rats de laboratoire, j'aimerais ajouter un cinquième point. S'il est vrai que les rats des deuxième et troisième générations apprennent beaucoup plus vite à s'orienter dans un labyrinthe, ne serait-il pas possible que de génération en génération, comme par osmose ou par «résonance», les humains eux aussi soient plus aptes à développer de nouvelles facultés par exemple : expérimenter des états de Conscience Cosmique?

Nous connaissons tous la théorie dite du «centième singe». C'est une situation de recherche, faite par des anthropologues, auprès d'une colonie de singes d'un côté de l'océan, au Costa Rica, pendant qu'un deuxième groupe d'anthropologues étudiaient une autre colonie de singes, au Japon. Un jour, un anthropologue du Costa Rica enseigna à un jeune singe comment laver ses pommes de terre avant de les manger. Après un certain temps, les anthropologues du Japon, avec qui ils correspondaient parfois, leur décrivaient l'apparition d'un nouveau comportement dans la communauté de singes : soudainement, quelques-uns avaient commencé à laver leurs pommes de terre avant de les manger… On suppose que lorsqu'un certain nombre d'individus ont acquis une connaissance ou une aptitude, il est beaucoup plus facile aux autres de l'acquérir.

ÉVOLUTION DES FACULTÉS HUMAINES

Dans son ouvrage *La Conscience Cosmique,* le Dr Bucke décrit l'atavisme tel qu'on le concevait en 1901, ainsi que l'évolution des facultés humaines, jusqu'à la Conscience Cosmique.

L'atavisme

Il déclare que : «Plus longtemps une race a été en possession d'une faculté, plus cette faculté sera universellement présente dans la race. Chaque nouvelle faculté doit premièrement se manifester chez un individu, et à mesure que d'autres individus atteignent le même état, ils acquièrent cette faculté, jusqu'à ce qu'après peut-être plusieurs milliers d'années, toute la race ayant atteint cet état, la faculté soit devenue universelle. Plus longtemps une race a été en possession d'une faculté, plus fermement cette faculté est implantée dans chaque individu de la race qui la possède. En d'autres mots, plus une faculté est récente, plus facilement elle est perdue.

»Prenons à titre d'exemple la conscience simple, la honte, la conscience de soi, le sens de la couleur, la nature morale humaine, le sens musical et la Conscience Cosmique.»

R. Bucke s'explique de la façon suivante : «La conscience simple fait son apparition chez le bébé humain dans les quelques jours suivant la naissance; elle est absolument universelle dans la race humaine; elle est de beaucoup antérieure aux plus anciens mammifères; elle n'est perdue qu'au cours du sommeil profond et du coma; elle est présente dans tous les rêves.

»On dit que la honte, le remords et le sens du ridicule naissent chez le bébé humain aux environs de l'âge de quinze mois; ce sont toutes des facultés pré-humaines qu'on trouve chez le chien et le singe; elles existaient indubitablement chez nos ancêtres pré-humains; elles sont presque universelles dans la race, car elles sont absentes seulement chez les idiots les plus profonds; elles sont toutes trois très communes dans les rêves.

»La conscience de soi fait son apparition chez l'enfant à l'âge moyen de trois ans; elle n'est présente que dans l'espèce humaine et dans aucune autre; c'est, en fait, la faculté dont la possession par un individu fait de lui un homme. Elle n'est pas universelle dans notre race, étant absente chez tous les idiots véritables.

»Le sens de la couleur apparaît graduellement chez l'individu; à l'âge de trois ou quatre ans, il peut y en avoir une trace. 20 à 30 % des écoliers sont dits daltoniens alors que seulement 4 % des hommes adultes le sont. Le sens de la couleur est absent chez un être humain sur quarante-sept. Il est rarement présent dans les rêves.

»La nature morale humaine inclut plusieurs facultés, tels que la conscience, le sens abstrait du bien et du mal, l'amour sexuel par opposition au désir ou à l'instinct sexuel, l'amour filial ou parental par opposition aux instincts correspondants, l'amour des autres hommes comme tel, l'amour du beau, la crainte, la vénération, le sens du devoir ou de la responsabilité, la sympathie, la compassion et la foi. Aucune nature humaine n'est complète sans ces facultés et d'autres encore.

»Dans quelle proportion, parmi les hommes et les femmes des régions civilisées, la nature morale humaine fait-elle défaut? Combien de races d'hommes vivent encore sur la terre dont seuls quelques membres, sinon aucun, possèdent ce qu'on peut appeler, du point de vue de notre civilisation, un sens moral humain?

»Alors que la conscience de soi est fréquemment perdue dans l'aliénation et la fièvre, la nature morale est, nous devons l'admettre, sujette à des défaillances beaucoup plus fréquentes et pour des causes beaucoup moindres.

»Finalement, le sens musical n'apparaît pas chez l'individu avant l'adolescence. Il n'existe pas chez plus de la moitié des membres de notre race. Il existe depuis moins de 5 000 ans.»

L'involution

Le Dr Bucke explique également dans son ouvrage les raisons des défaillances d'une faculté nouvellement acquise.

«Dans toute race, la stabilité d'une faculté est proportionnelle à l'âge de la faculté dans la race. Cela signifie qu'une faculté relativement nouvelle est plus sujette à la défaillance, à l'absence, à l'aberration, à ce qu'on appelle la maladie, et qu'elle est plus susceptible d'être perdue qu'une faculté plus ancienne.

»On dit que les animaux domestiques sont plus susceptibles de tomber malades et de mourir prématurément que les animaux sauvages; pensons aux chiens, aux chats ou aux chevaux de race. Nous avons observé que plus la race d'un animal est pure – c'est-à-dire plus l'animal a été différencié d'un type précédent au cours des dernières générations – plus l'animal sera sujet aux maladies et à la mort prématurée.

»L'observation clinique montre jour après jour des défaillances de tous les degrés et d'une infinie variété; défaillances des fonctions des sens, tels que le daltonisme et la surdité musicale (music deafness); défaillances totales ou partielles de la nature morale, de l'intellect, d'une ou de plusieurs facultés; ou défaillances plus ou moins totales de l'intellect. Il est facile de voir que si une fonction ou une faculté propre à une espèce donnée risque, pour une cause générale, d'être perdue par une certaine proportion des individus de cette espèce, elle risque aussi de devenir malade, c'est-à-dire de s'effondrer, lorsqu'elle n'est pas perdue.

»Dans tout ce processus de destruction, les facultés les plus anciennes, tels que la perception et la mémoire, le désir de nourriture et de boisson, la fuite de la blessure et les fonctions des sens les plus fondamentales, durent le plus longtemps; alors que les fonctions évoluées le plus récemment s'écroulent les premières, ensuite les précédentes, et ainsi de suite.»

Le daltonisme : exemple de défaillance d'une faculté

Le Dr Bucke prend en exemple le daltonisme pour démontrer ce qu'on appelle l'atavisme ou rechute dans un état qui était normal chez les ancêtres de l'individu mais qui n'est pas normal pour l'espèce à l'époque où il vit.

«La fréquence de cette rechute indique que le sens de la couleur est relativement moderne, car la fréquence de l'atavisme est inversement proportionnelle au laps de temps écoulé depuis que la fonction ou l'organe perdu ou acquis indûment a (dans le premier cas) existé normalement dans la race ou (dans l'autre cas) été éliminé au cours du processus de l'évolution.

»Le raisonnement qui sous-tend cette loi est évident : plus longtemps un organe ou une fonction a existé dans une race, plus sûrement il sera transmis. L'existence du daltonisme dans un si grand pourcentage de la population montre donc que le sens de la couleur est une faculté moderne.

»Beaucoup plus moderne que la naissance de l'intellect fut celle du sens de la couleur. Max Mueller, qui fait autorité, nous dit : "Il est bien connu que la distinction des couleurs est récente, que Xénophane ne connaissait que trois des couleurs de l'arc-en-ciel : violet, rouge et jaune; que même Aristote parlait de l'arc-en-ciel à trois couleurs; et que Démocrite ne connaissait pas plus de quatre couleurs : noir, blanc, rouge et jaune."

»Pictet ne trouve aucun nom de couleur dans les langages indo-européens primitifs. Et Max Mueller ne trouve aucune racine sanskrite dont la signification fasse référence à la couleur. Tout au long des poèmes homériques et de la Bible, la couleur du ciel n'est pas mentionnée une seule fois; on peut en conclure qu'elle n'était sans doute pas reconnue.

Cette omission peut difficilement être attribuée à un accident. Dans la Bible, le ciel et le firmament sont mentionnés plus de 430 fois mais aucune mention n'est faite de la couleur du ciel.

»La modernité relative du sens de la couleur est de plus attestée par le nombre important de personnes, dans tous les pays, qui sont daltoniennes, c'est-à-dire entièrement ou partiellement dépourvues du sens de la couleur. Des tests selon la méthode de Hohngren ont été faits sur des milliers de personnes. Sur la base d'au moins 200 000 examens, le résultat montre que un quart de un pour cent des femmes et 4 % des hommes sont daltoniens à un degré plus ou moins grand.»

Défaillance dans l'évolution de la conscience

Évolution et croissance seraient-elles synonyme de souffrance? Nous savons tous que mettre un enfant au monde n'est pas une maladie. Pourtant, l'accouchement se vit dans les hôpitaux... Grandir n'est pas une maladie non plus. Cependant, ceux et celles qui ont connu une croissance très rapide ont parfois ressenti des douleurs intenses aux jambes ou autres parties du corps. L'apparition des seins en a fait souffrir plus d'une... Et que dire de l'adolescence pour certains?

LE DSM-IV

Situation actuelle

Lukoff déclarait, en 1992, qu'on devrait créer, dans le DSM, une catégorie intitulée «problèmes psycho-religieux ou psycho-spirituels», afin de départager ce qui relève de la détresse chez les personnes qui font des expériences de nature religieuse ou spirituelle, traitées effectivement par la psychiatrie, mais qui ne relèvent pas d'un désordre mental, de ce qui appartient effectivement à la psychopathologie. Ce vœu fut partiellement réalisé en 1994 lorsque le DSM-IV a inclus une cote qui se lit de la façon suivante :

V62.89 Religious or spiritual Problem

This category can be used when the focus of clinical attention is a religious or spiritual problem. Exemples include distressing experiences that involve loss or questioning of faith, problems associated with conversion to a new faith, or questioning of spiritual values that may not necessarily be related to an organized church or religious institution.

Traduction libre

Cette catégorie doit être utilisée lorsque l'attention clinique relève de la religion ou de la spiritualité. Par exemple, une détresse qui implique la perte ou la remise en question de la foi, des problèmes associés à un changement de foi religieuse, un questionnement qui peut être relié ou non à une église ou à une institution religieuse.

Voici un résumé de l'article qu'ils ont publié dans *The Journal of Nervous and Mental Disease* (traduction libre).

«Jusqu'au printemps 1994, dans le DSM (*Diagnostic and Statistical Manual of Mental Disorders*, 1987), la religion est toujours décrite négativement. Dans le *Glossary of Technical Terms*, les douze références à la religion sont utilisées pour illustrer la psychopathologie.

»De la même manière, depuis les écrits de Freud jusqu'au rapport du GAP (Group for the Advancement of Psychiatry) en 1976, il y a toujours eu une tendance à associer les expériences spirituelles à la pathologie. Une certaine littérature a même décrit l'expérience mystique comme un symptôme de régression de l'ego (Freud, 1959), une psychose *borderline* (GAP, 1976), un épisode psychotique (Horton, 1974), ou un mauvais fonctionnement du lobe temporal (Mandel, 1980).

»Bien qu'il n'y ait pas de consensus au sujet de la frontière entre religiosité et spiritualité, la distinction la plus fréquente veut que la religiosité réfère à "l'adhésion à des croyances et à des pratiques organisées par une église ou une institution". Par contre, spiritualité décrit plutôt "la relation d'une personne avec une force transcendante ou la force d'un être supérieur"; c'est une qualité qui est au-delà d'une affiliation religieuse.»

Historique

«À ses tout débuts, la théorie psychanalytique établissait un lien de cause à effet entre la religion d'une part, puis la névrose et la psychose d'autre part. Freud (1966) voyait la religion comme une "névrose obsessionnelle universelle". Il fait valoir sa pensée dans son livre : *Civilization and Its Discontents* (1959) dans lequel il définit "l'expérience océanique" comme une régression au stade narcissique.»

«Albert Ellis, le père de l'approche cognitive, aimait dire : "... le moins religieux (les patients) ils sont, le plus ils vont tendre vers la santé mentale." (The elegant therapeutic solution to emotional problems is quite unreligious... The less religious they (patients) are, the more emotionally healthy they will tend to be) (Ellis, 1980, p. 637).»

«En 1976, le rapport du GAP (Group for the Advancement of Psychiatry on *Mysticism : Spiritual Quest or Psychic Disturbance)* abonde dans le même sens que Freud.»

Littérature scientifique

«Une étude des articles publiés dans quatre revues de psychiatrie entre 1987 et 1992 démontre que seulement 2,5 % (59 sur 2 348) incluaient des variables religieuses, et celles-ci concernaient principalement l'usage psychopathologique de la religion par les patients. La majorité de la littérature clinique récente a, ou bien négligé de mentionner l'incidence des expériences spirituelles, ou bien ignoré les études qui démontrent leur impact positif sur la santé mentale.

»Pourtant, une méta-analyse démontre que les individus affiliés à une église témoignent d'un plus grand bonheur et d'une plus grande satisfaction dans leur mariage, à leur travail ou dans leur vie en général (Bergin, 1983).»

«Contrairement à Freud et aux auteurs du GAP, d'autres théoriciens considèrent l'expérience mystique comme un signe de santé et un agent de transformation puissant (Hood, 1974; James, 1961; Jung, 1973; Maslow, 1962, 1971; Stace, 1960; Underhill, 1955). Allman and al. (sous presse) ont découvert que la plupart des *cliniciens* ne voient pas l'expérience mystique comme pathologique. De plus, les personnes ayant connu une EMI (expérience de mort éminente) rapportent qu'ils ressentent :

a) une plus grande appréciation de la vie, une meilleure acceptation de soi-même, un plus grand souci pour les autres et le sens d'un but dans la vie;

b) moins de soucis pour le statut social personnel et les possessions matérielles;

c) un changement d'opinion envers les valeurs spirituelles universelles, indépendamment de leurs affiliations religieuses antérieures ou leur manque d'affiliation.»

Fossé religieux

«Aux États-Unis, le public en général ainsi que les patients en psychiatrie se définissent comme plus religieux et plus pratiquants que les professionnels de la santé mentale en général.

»Un sondage effectué, en 1975, par un comité de réflexion de la APA (American Psychiatric Association) sur la religion et la psychiatrie, démontre que la moitié des psychiatres se décrivent comme agnostiques ou athées. Une étude au sujet des psychologues trouve que seulement 43 % déclarent une croyance en un dieu transcendant (Ragan and al., 1980). C'est une grande marge par rapport à la population en général où 1 % à 5 % se disent athées ou agnostiques (Gallup, 1985).

»La moitié des psychiatres déclarent qu'ils ne vont jamais, ou très rarement, à l'église (APA, 1975) et seulement 18 % des psychologues disent que leur religion est leur principale source de spiritualité (Shafranske et Malony, 1990). Par contre, le tiers de la population considère la religion comme étant la dimension la plus importante de leur vie, pendant qu'un autre tiers la considère comme très importante.»

Formation

«En dépit de l'importance de la religion et de la spiritualité dans la vie de la majorité des patients, ni les psychiatres ni les psychologues ne reçoivent une formation adéquate pour les préparer à composer avec cette problématique.»

«Lors d'un sondage de l'APA, 83 % déclarent que, lors de leur formation, les discussions concernant la religion sont rarement abordées sinon jamais (Shafranske et Malony, 1990).»

«Une autre étude, menée auprès des directeurs de l'*Association of Psychology Internship Centers* au sujet de leur formation, démontre que 100 % déclarent n'avoir reçu aucune éducation ou formation sur les sujets religieux ou spirituels pendant leur internat. Pourtant, 72 % disent qu'ils se font poser des questions à ce sujet au cours de leur pratique clinique.»

(Lukoff, D. Ph.D., Lu, F., m.d., Turner, R., m.d., The Journal of Nervous and Mental Disease, *Toward a More Culturally Sensitive DSM-IV; Psychoreligious and Psychospiritual Problems*, vol. 180, n° 11, nov. 1992.)

Actuellement...

Il se crée, depuis quelques années, tout un mouvement autour de ce phénomène dit «urgence spirituelle» (ou expérience psychoreligieuse ou psychomystique).

Marilyn Ferguson déclarait en 1973 : «Trop souvent, nos spécialistes n'ont pas communiqué au public leurs stupéfiantes découvertes. On dirait qu'un raz de marée entraîne des scientifiques vers des expériences qui, il y a vingt ans passaient pour manœuvres de charlatans : états modifiés de conscience, guérisons non orthodoxes et parapsychologie. Et le nombre de théories improbables qui se sont imposées comme vraies est tel qu'un scientifique de grande réputation a dit, devant une conclusion proposée par un de ses pairs : "Ce n'est pas assez délirant pour être vrai".»

Dans les années 80, Christina et Stanislav Grof créaient, à San Francisco, *The Spiritual Emergency Network* qui a maintenant ses représentants partout à travers le monde. En 1993, ils ont ouvert un Centre pour recevoir et accompagner les personnes traversant ce type d'expérience.

Depuis 1990, un groupe de médecins, psychologues, chercheurs, thérapeutes, et autres personnes intéressées à collaborer, ont créé le *Kundalini Research Network*. Ils ont entrepris une vaste enquête sur ce qu'ils ont appelé «les états spirituels de la conscience» et leur relation avec le phénomène connu sous le nom de Kundalini dans la tradition yogique. Un premier volume a été publié, en 1994, par le docteur Yvonne Kason, canadienne et présidente fondatrice de ce groupe, suite aux premiers résultats de leur recherche.

L'objectif actuel est de recueillir 500 témoignages à travers le monde afin de cerner encore de plus près cette expérience. Le quatrième congrès international de cette association se tiendra à Philadelphie, en octobre 1995, sous le thème de *Understanding and managing Spiritually Transformative Experiences*. Le congrès de 1996 devrait se tenir en France.

Plusieurs psychiatres s'inspirent actuellement des synthèses de Ken Wilber. Voici deux exemples : le psychiatre suisse Ferdinand Wullimier propose une formation (aux psychiatres, psychologues et psychothérapeutes) qui tient compte des différents niveaux d'interprétation des problèmes de santé. John E. Nelson, psychiatre américain, a publié, en 1994, un ouvrage dans lequel il suggère d'intégrer «l'esprit» dans notre compréhension de la maladie mentale.

CONCLUSION

Supposons un moment que les projections de Richard Bucke et de Pierre Weil ainsi que les hypothèses avancées par Marilyn Ferguson et sir John Ecclès soient justifiées. Peut-on envisager que ce changement dans l'humanité se fasse sans douleurs et sans «dérapage»? Cette «évolution», si elle est en cours, peut-elle être provoquée ou stimulée par quelque attitude ou quelque exercice? Par exemple, l'introduction en Occident de toutes ces philosophies et techniques orientales qui visent justement, prétendent-elles, l'atteinte d'états de conscience supérieure, n'entraînerait-elle pas chez certains sujets, si c'est le cas, des phénomènes mentaux et psychologiques qui, jusqu'à tout récemment, auraient été confondus avec des problèmes de santé mentale? Quand s'agirait-il d'une authentique évolution de la conscience? Quand s'agirait-il d'une maladie mentale qu'il faut soigner pour ce qu'elle est? L'expérience peut-elle être mixte, c'est-à-dire à la fois une maladie mentale mêlée à une évolution de la conscience? Comment cette expérience peut-elle être associée à la religion, au mysticisme ou à la spiritualité?

Autant de questions auxquelles seules la recherche et l'observation permettront des «débuts de réponses provisoires». C'est pourquoi j'ai entrepris une recherche de niveau doctoral afin de tenter de faire la différence, s'il y en a une, entre, d'une part, l'expérience dite évolution de la conscience et, d'autre part, la maladie mentale.

Supposons maintenant qu'ils se trompent. Il reste qu'un nombre de plus en plus grand de personnes adhèrent à ce mouvement. En avril 1995, lors du congrès de l'*Association internationale de psychiatrie spirituelle* qui se tenait à Paris, Douglas Harding affirmait devant 200 personnes que ce mouvement était irréversible...

Quand je doute que cette façon de voir la maladie mentale soit justifiée, je pense à quelques paradigmes : *anciens paradigmes :* l'autorité divine des rois; la négation du droit de vote aux femmes; la seule lumière du ciel dans la nuit est les étoiles; le temps est immuable et absolu; le mur de Berlin, le communisme en URSS... ; *nouveaux paradigmes :* le matériel super conducteur; les autoroutes électroniques; le point zéro de croissance de la population; le capitalisme dans les pays communistes; la communauté économique européenne...

J'aimerais ajouter que je suis tout à fait consciente qu'il est irréaliste de croire qu'une simple causerie puisse rendre ce sujet clair et acceptable; irréaliste aussi de croire remplacer la vision profondément et culturellement enracinée du monde, créée par la science matérialiste de l'Occident, spécialement pour les gens qui entendent traiter ce sujet pour la première fois. Personnellement, il m'a fallu des années pour absorber l'impact d'un tel bouleversement cognitif et je n'en suis toujours qu'au stade de questionnement.

Pour terminer, je veux citer un bouddhiste tibétain du XIVe siècle, Longchenpa, qui écrivait :

Puisque toute chose n'est qu'une apparition parfaite
En ce qu'elle est
Sans rien à voir avec le bien ni le mal
L'acceptation ou le rejet
On peut fort bien éclater de rire.

Références bibliographiques

Brosse, Thérèse, *Études instrumentales des techniques du yoga*, Maisonneuve, Paris, 1963.

Bucke, Richard M., La Conscience Cosmique, 3e Millénaire, 1989.

Capra, F., *Le tao de la physique*, Sand, Paris, 1985.

Capra, F. et Steindl-Rast, D., *L'univers aux frontières de la science et de la spiritualité*, Sand, Paris, 1994.

Crombez, J.-C., m.d., Psychothérapies expériencielles, tiré de *Psychiatrie clinique; approche bio-psycho-sociale*, Lalonde, Grunberg et collaborateurs, Gaétan Morin, 1988.

Dutheil, R. et Brigitte, *L'homme superlumineux*, Sand, Paris, 1990.

Ecclès, sir J. C., *Évolution du cerveau et création de la conscience*, Fayard.

Ferguson, Marilyn, *La révolution du cerveau*, Calmann-Lévy, 1973.

Grof, S., m.d. et Grof, Christina (éd.), *Spiritual emergency; When Personal Transformation Becomes a Crisis*, Jeremy P. Tarcher, Inc., Los Angeles, 1986.

Kason, Yvonne, m.d., *A farther shore*, Harper-Collins, 1994.

Krishnamurti, *Se libérer du connu*, Stock, Paris, 1975.

Kuhn, T., *La structure des révolutions scientifiques*, Flammarion, Paris, 1983.

Le Shan, L., Physicists and mystics : Similarities in Worldview, *The Journal of Transpersonal Psychology*, vol. 1, n° 2, 1969.

Linssen, R., *L'univers corps d'un seul vivant*, Libre Expression, Montréal, 1990.

Linssen, R., *La spiritualité quantique*, De Mortagne, 1995.

Lukoff, D., Ph.D., Lu, F., m.d., Turner, R., m.d., Toward a more culturally sensitive DSM-IV; psychoreligious and psychospiritual problems, *The journal of nervous and mental disease*, vol. 180, n° 11, nov. 1992.

Nelson E. J., m.d., *Healing the split; integrating spirit into our understanding of the mentally ill*, 1994.

Newsletter, *Association for transpersonal psychology*, spring 1995, «survey».

Prince, R., m.d., Textes inédits.

Satprem, *Sri Aurobindo, ou l'aventure de la conscience*, Buchet-Chatel, Paris, 1964.

Sheldrake, R., *Conférences*, Prague, 1992, Killarny, 1994.

Walsh, R. et Vaughan, F., *Au-delà de l'ego*, La Table Ronde, Paris, 1980.

Weil, P., *Anthologie de l'extase*, Question de n° 77, Albin Michel, Paris, 1989.

Wilber, K., *Les trois yeux de la connaissance*, Rocher, Paris, 1983.

Wullimier, F., m.d., *Conférence*, Paris, 1995.

Annexe 1

Voici six phrases prononcées par des physiciens de renom mélangées à des phrases tirées de témoignages d'expériences transpersonnelles :

1. ... nous réalisons de plus en plus que notre compréhension de la nature ne peut pas commencer par quelque cognition définie, qu'elle ne peut être construite sur une telle fondation rocheuse, mais que toute cognition se trouve, pour ainsi dire, suspendue au-dessus d'un abîme infini.   (Einstein)

2. Toute tentative de résoudre les lois de la causalité, du temps et de l'espace sera futile, car cette tentative devrait être faite en supposant que l'existence de ces trois est garantie.
                                        (Vivekananda)

3. Quand vous essayez de comprendre le continuum quadridimensionnel, efforcez-vous d'éviter de conceptualiser en termes sensoriels ou corporels. Il *ne peut pas* être représenté de cette façon et des images de cette espèce sont fausses et trompeuses.   (Saint Augustin)

4. Si nous retirons le concept d'absolu de l'espace et du temps, ceci ne veut pas dire que l'absolu a été banni de l'existence, mais plutôt qu'il a été ramené à quelque chose de plus spécifique... cette chose fondamentale est (l'un sans un second) (multiple quadridimensionnel).   (Max Planck)

5. La réalité ultime est unifiée, impersonnelle et peut être saisie si nous cherchons de manière impersonnelle derrière les données fournies par nos sens.(Article de doctrine soufie)

6. Quand on cherche l'harmonie dans la vie, il ne faut jamais oublier que nos sommes nous-mêmes, en même temps, acteurs et spectateurs.   (Niels Bohr)

(Le Shan, L., Physicists and Mystics : Similarities in Worldview, *The Journal of Transpersonal Psychology*, 1969, vol. 1, n° 2.)

ÉVEILLER L'INTELLIGENCE

Placide Gaboury

> ... chaque société tente de se maintenir en
> détruisant l'Intelligence et la civilisation est
> fondée sur l'absence sinon la négation de
> cette Intelligence.

Je n'ai vécu rien de spécial et je n'ai aucune prétention à une expertise quelconque. Je ne suis pas un spécialiste de Bohm ni de Krishnamurti. Je suis simplement un amateur dans les deux sens, j'aime et je suis un débutant. Cependant, je voudrais repasser avec vous la substance d'un livre qui, pour moi, a été capital et qui devrait servir de base dans tous les cours de philosophie, s'il y en avait, ainsi que de psychologie. C'est le livre de David Bohm qui s'intitule *Changing consciousness* que l'on peut traduire par *La conscience qui change* ou *Changer la conscience*.

Dans ce livre qui, en fait, est un commentaire sur des photos de Mark Edwards, c'est surtout David Bohm qui parle, mais c'est merveilleux parce que c'est une analyse extrêmement rigoureuse des méfaits de la pensée. Comment la pensée nous crée-t-elle une prison de laquelle on ne peut pas sortir? Ou, pour prendre l'image ou l'allégorie de Platon, l'allégorie de la caverne, comment le prisonnier enchaîné par la pensée se convainc-t-il que les ombres sont la seule réalité? C'est ce qu'il analyse dans son livre. À la fin, je vais consacrer un peu de temps à certaines idées qui m'ont touché chez David Bohm. Je prends David Bohm parce qu'il est, pour moi, plus facile d'accès que Krishnamurti, qui est une mer immense. Peut-être que je m'illusionne? Peut-être est-ce le contraire, mais j'ai pensé que Bohm m'était plus accessible.

Je vais donc parler du processus de la pensée. D'autres en ont parlé avant moi, mais il est peut-être bon de faire ce travail, car c'est réellement un travail, une analyse rigoureuse.

Selon Bohm, le «je» est une pensée qui semble venue de la constatation que le corps est séparé des autres corps et que le visage est différent des autres. L'évidence physique est solide et le fait qu'elle résiste a été transposé subtilement au domaine psychologique, ce qui donne l'impression à la pensée que «ma colère» m'apparaît comme une réalité objective et qu'elle **résiste** tout comme le corps et la table.

La pensée «je suis un individu séparé», qui est burinée dans la conscience commune, produit le sentiment de la séparation et entretient celui-ci par la répétition. Cette pensée, devenue mémoire, apparaît comme une évidence partagée par tous, autant que la pesanteur des objets ou la rondeur de la terre. Penser que je suis quelqu'un, un centre et un contrôleur de la vie, cela prend automatiquement pour moi une importance émotive, une valeur suprême que je suis prêt à défendre par tous les moyens. Cette pensée est devenue non seulement une **évidence** irréfutable, mais une **nécessité** incontournable, en somme une **évidence nécessaire**, comme le dit Bohm. Toutes les pensées similaires, telles que «ma nation est supérieure», «ma religion est la meilleure», «l'homme est supérieur à la femme», ou «on peut tout avec l'effort», «les autres races sont inférieures», «le pouvoir seul compte», «le progrès est illimité», toutes ces pensées acquièrent également ce statut d'évidence nécessaire que l'on appelle, en religion, un dogme. Cela est nécessaire parce que la sécurité de tous les «je» en dépend. C'est pourquoi toutes ces pensées dogmatiques et fermées découlent de la pensée «que je suis quelqu'un, que je veux durer et imposer ma volonté à la vie».

Ces pensées émotives constituent le fond de notre culture, chaque groupe socio-économique se modèle sur l'ego individuel en se croyant séparé des autres groupes qu'il s'agira d'assimiler, de dominer ou de détruire. Finalement, les nations elles-mêmes entretiendront ces attitudes, de sorte que l'humanité vit sur un malentendu qu'il est de moins en moins possible de reconnaître ou de remettre en question, car aucun de ses présupposés ne sera mis à jour, examiné, analysé. On assiste ainsi à ce que Bohm appelle «the endarkment of the mind», l'obscurcissement ou l'occultation du mental.

Il est difficile de s'avouer vaincu ou même de reconnaître qu'on s'est trompé. On dira plutôt «la situation est impossible», «la société est corrompue» ou «quelqu'un a commis une grave erreur», peut-être enfin «il n'y a rien à faire, c'est ainsi que je suis». Le *feed-back* des excuses et des feintes va aveugler la pensée, contribuant ainsi à l'illusion qui ira se perpétuer de génération en génération. Ce *pattern* de pensée est saisi par l'enfant et reporté d'instant en instant. Chaque pensée reprend la précédente, ce qui permet de continuer le *pattern* qui devient un **feuilleté** opaque. – Ça, c'est mon expression à moi, bien sûr. – Chaque erreur en exige une autre afin de la justifier. C'est un peu comme les mensonges des amants infidèles, de sorte que la structure considérée comme ABSOLUMENT nécessaire pourra demeurer. Cette boucle d'occultation inconsciente et habituelle se retrouve dans tout : le langage, les relations sociales, la science, la technologie, même la religion. Pour maintenir la permanence du «je», qu'il soit individuel ou collectif, la pensée se convainc que les nations existent réellement comme des entités séparées, que la science et la technologie vont venir à bout de tous les problèmes, qu'il y a les bons d'un côté et les méchants de l'autre et qu'il faut à tout prix que les premiers l'emportent sur les seconds. Alors qu'un étudiant de Berkeley avait écrit sur un mur : «Je suis à la fois Hitler et les Juifs.»

L'identité. Cette construction s'appelle **l'identité,** qui peut être individuelle, ethnique, religieuse, familiale. – Chez Bohm, les mots sont souvent analysés par leur racine, il aime beaucoup faire ça. – Le mot identité vient du latin *idem,* qui comprend deux sens : «même», comme dans le fait que je suis moi-même, et le fait de demeurer le même. Donc, l'identité consiste à dire «je suis toujours ainsi et je dois l'être nécessairement». On s'identifie en tant que personne, mais on s'identifie également à cette personne. **Identité devient identification.**

Mais avec cette première identité vient une autre pensée qui me dit : «Ce moi que tu es contient des limites, des choses indésirables, de la violence, des laideurs.» Je me vois donc dans l'obligation soit de nier cette pensée insupportable, soit de me mettre à combattre le mal en moi, ce qui dans les deux cas entretient un conflit permanent. **Je ne veux pas reconnaître que toutes ces ombres qui m'habitent sont moi-même.** Et parce que je me trouve inacceptable, je m'oblige à progresser, à m'améliorer, à être quelqu'un d'autre. Je dois détruire cette violence, vaincre cette colère, maîtriser tout ce mal en moi, et même bien sûr à l'extérieur. Mais comme l'effort de nier ce que je suis n'affecte en rien le contenu, je ne fais qu'imposer un autre *pattern* sur la colère et la violence, tout comme la pensée positive qui, pour n'avoir pas à regarder le négatif, lui superpose une affirmation qui est sans lien avec le vécu profond.

Supposons de plus que quelqu'un me dise : «Espèce d'idiot, tu ne vaux rien», une pensée contraire surgit aussitôt : «Ce n'est pas vrai. Ce n'est pas vrai.» À cause du trouble qui s'installe, on ignore cette négation. Pourtant, c'est justement cette réaction négative qu'il s'agirait de reconnaître. Si on regardait la négation, on commencerait alors à voir le contenu de la pensée derrière qui dit : «Je refuse de me regarder.» Je me justifie ainsi en disant que je suis profondément blessé, que la vie est injuste à mon égard. Et comme ça m'est suprêmement important de croire en ma valeur, la peine m'apparaît d'autant plus grande. Tout cela bien sûr arrive dans un éclair.

Le pouvoir évocateur des mots

Bohm a insisté beaucoup sur l'importance des mots. Or, c'est ici que les mots se révèlent d'une grande influence. En effet, si nous ne pouvons regarder à l'instant même ce mécanisme, nous pourrons toujours y revenir plus tard en évoquant les mots que la pensée a déclenchés intérieurement, puisqu'il n'y a pas de pensée sans mots et pas de mots sans pensée. Si donc nous observons de près ce mécanisme, nous verrons que les mots qui nous ont fait mal nous feront mal à nouveau. Les mots ne font pas que rapporter la peine vécue, ils la **produisent.** Par exemple : «Je me fiais à lui et il m'a profondément déçu.» Lorsque la pensée est émotion, elle nous ébranle et le mot qui apparaît est gorgé de cette émotion. C'est le même mécanisme que l'on retrouve dans les passions romantiques où pullulent les «jamais», les «toujours» et les phrases telles que «mon cœur est blessé», «tu me fais de la peine», «j'en crèverai sûrement», ou le mot célèbre d'Elvis : «I get so lonely I could die.» Le mot produit l'émotion. Il suffit parfois de dire «mon immense peine» pour que les larmes apparaissent. Les mots permettent de garder en mémoire des émotions, ce qui est avantageux si l'on veut revivre la situation dans le but de la regarder et de l'accueillir. On n'a alors qu'à trouver les mots qui évoquent la situation pour voir ce qu'ils font, non pour en étudier le contenu, mais pour apercevoir le processus et ses effets.

Reconnaître les présupposés tacites

Il faut ici un sens aigu de l'exploration pour voir comment et combien on s'est programmé et la façon dont on maintient à tout prix ce programme. Cette exploration ouverte serait, selon Bohm, la première exigence de toute éducation. L'esprit doit être libre et prêt pour explorer sans conclusion attendue, sans condition préalable. La plupart des gens partent de leurs présupposés sans même savoir qu'ils les entretiennent. Même les éducateurs maintiennent le présupposé tacite qu'ils sont éveillés, même libérés et que par conséquent **ils savent**. J'ai déjà été éducateur et c'est exactement ce que je pensais.

La condition des croyances rigides est le premier obstacle à l'éducation et par conséquent à l'Intelligence, avec un grand «I», sur laquelle nous reviendrons plus loin. Rappelons seulement que selon Bohm, **«chaque société tente de se maintenir en détruisant l'Intelligence et que la civilisation est fondée sur l'absence sinon la négation de cette Intelligence»**.

L'amélioration continuelle

Ce que j'appelle, moi, le complexe Olympique. Il faut toujours obtenir une médaille d'or. La vie n'a pas de sens sans une médaille; mais ce questionnement, l'enquête, l'observation n'équivaut pas à un désir de s'améliorer, de progresser moralement ou de mieux performer, tout au contraire. Pourtant, parallèle à l'idée d'un progrès matériel absolu, nous vient l'idée d'un progrès spirituel ou psychologique indéfini, tout comme la solidité du corps avait suggéré la solidité d'un «je». Mettre ainsi l'accent sur une forme d'amélioration quelle qu'elle soit est un manque de perspective, une erreur d'orientation. La pensée ne peut s'améliorer, elle est fermée sur elle-même aussi longtemps justement qu'elle n'a pas reconnu ses limites. Se changer pour le mieux, vouloir atteindre un état supérieur dans un avenir prochain, empêche de se voir tel que l'on est et là où l'on se trouve. Programmer le devenir, c'est fuir ce qui est, c'est refuser ce qui est un fait, c'est vivre dans le rêve et la fabrication. C'est rester piégé par le temps. Regrettant le passé, on le projette dans une forme améliorée d'avenir. On court toujours après soi-même sans jamais s'attraper.

La pensée est fragmentaire

La pensée divise parce qu'elle est toujours limitée. Chaque action est également limitée parce qu'elle vient d'une pensée limitée. Ce n'est pas seulement que la pensée et l'action soient limitées, elles sont également limitantes. Elles fractionnent la vie et les relations. Tout est perçu séparément du reste. Si je dis que je suis un individu, c'est une pensée qui divise. Même si je m'identifie à une grande nation – comme le Québec –, cela n'en demeure pas moins diviseur. On ne voit jamais la totalité, on n'est jamais dans sa globalité.

C'est donc une fiction de dire que chaque nation est complètement distincte des autres. C'est pourtant devenu un dogme, une «évidence nécessaire», comme dit Bohm. Pourtant, les oiseaux qui traversent de mer en mer l'Amérique ne voient ni provinces, ni États, ni frontières, seulement des phénomènes **réels** : des lacs, des bois, des plaines, des animaux. Sans doute que les animaux ne vivent pas dans la pensée! C'est pourquoi ils doivent tous voir l'Amérique comme un seul tissu indéchirable, comme une seule unité, alors que les humains par la pensée pulvérisent le monde, divisant toutes choses et voyant de plus en plus ces fragments comme la seule réalité.

D'ailleurs, fait remarquer Bohm, le verbe penser indique une activité présente, engagée dans l'environnement et le vécu, alors que le substantif «la pensée» est tiré du participe passé : c'est ce qui a déjà été pensé. La pensée répète toujours, car elle est du passé et tâche constamment de nous y ramener par besoin de sécurité. Aussi, quand la mémoire dégorge une image, on n'en est pas conscient, c'est déjà un automatisme, on est soutenu par le passé. Cette mémoire qui nous permet de conduire une auto agit également lorsque nous sommes hostiles à quelqu'un de race ou de religion différentes.

Les croyances aveugles du monde moderne

Aujourd'hui, nous considérons comme une vérité de la plus haute évidence que les pays pauvres seront heureux et en paix lorsqu'ils auront atteint le niveau de vie des riches, et ce, même si les riches savent qu'ils ne sont ni plus heureux ni plus en paix que les pauvres. Il est tabou de remettre en question ce dogme. Or, si chaque pauvre en Chine, en Inde, en Amérique du Sud et en Afrique utilisait du papier de toilette, sans même qu'il soit de la meilleure qualité – Cotonnelle ou Royal! – **dans une seule année, tous les arbres de la terre auraient disparu.**

Le dogme du progrès illimité n'est bon ni pour nous-mêmes ni pour la planète. Du reste, c'est une impossibilité physique. Mais personne n'envisage un seul instant que le progrès illimité ait fait son temps, comme le déclarait déjà en 1960 le Club de Rome, et qu'on ne cesse de le répéter depuis. Les gens se sont programmés de sorte qu'ils préfèrent s'adapter à des conditions de plus en plus terribles plutôt que d'avoir à remettre en question les valeurs approuvées, tel que le besoin de produire le plus d'enfant possible, une idée qui est de la même inspiration que le progrès sans fin. Il faut toujours plus et à tout prix : plus d'armements, plus de produits inutiles, plus d'enfants impossibles à nourrir et à élever, et donc plus de violence, plus de déchets, plus de problèmes insolubles. Mais combien sont-ils les P.-D.G. qui accepteraient de réduire leur rendement pour être à l'instant même dévorés par leurs concurrents?

Comme la pensée est fragmentaire, en songeant uniquement au progrès à tout prix, nous avons négligé le problème de la spoliation des richesses naturelles, de l'appauvrissement des pauvres, le problème de l'oxyde de carbone, de la diminution de l'ozone, de la déforestation, des bombes chimiques. Nous traitons chacun de ces problèmes comme des fragments, des entités séparées : comme le «je». Puisqu'ils viennent tous d'une pensée enfermée dans un préjugé que le progrès va résoudre tous les problèmes. Du reste, l'idée du progrès illimité vient de l'idée que pour sécuriser le petit «je» des riches, il faut vivre dans une abondance croissante. C'est encore une question de besoin de sécurité, c'est-à-dire de peur.

Au début du siècle, la recherche scientifique qui, elle aussi, apparaissait déjà comme naturellement sans limites, poussait Marie Curie à découvrir la radioactivité, comme si c'était un bien en soi, détaché du reste. Ensuite, la nécessité absolue de la recherche inspira Einstein et Oppenheimer à créer la bombe atomique, toujours selon le dogme que, quoi que l'on découvre, le fait même de découvrir toujours plus est un bien absolu. Ce dogme ne semble pas pouvoir être remis en question par aucune équipe de chercheurs ni par aucun des gouvernements qui utilisent les découvertes scientifiques et technologiques pour dominer et exploiter les pays pauvres.

Technologie avancée, mentalité attardée

Aussi longtemps que la pensée ne comprend pas son fonctionnement, la technologie qui en est le produit va entraîner des effets dévastateurs. Du reste, cette haute technologie n'empêche pas de vivre avec une mentalité de l'âge de pierre. Exemple : il y a une **communication** quantitative croissante – télé, satellite, fax, internet – et de moins en moins de **communion** entre les humains. Autre exemple : dans l'Allemagne nazie, la technologie sophistiquée n'a pas empêché la population d'être envoûtée par des mythes collectifs très violents qui avaient la même base que les superstitions primitives. La technologie allemande servait ces mythes en produisant des postes de radio, des haut-parleurs et d'autres moyens de répandre et d'intensifier ses effets, de même que des chambres à gaz pour exécuter le mandat de leur mythe de supériorité raciale.

Même si la pensée sait qu'elle produit des effets négatifs, elle se sent incapable de les éviter. Ainsi, les artisans de la Révolution russe connaissaient les ravages de la Révolution française et s'étaient assurés que cela ne se reproduirait plus. Mais ils n'ont pu l'empêcher, car la pensée répète le passé sans pouvoir reconnaître le mécanisme qui l'a fait agir ainsi. Elle ne peut donc qu'être emportée dans un mouvement incontrôlable, d'autant plus que l'émotion lui fournit sa propulsion. Ainsi, les Russes, comme tous les peuples qui ont voulu révolutionner le monde, ne se sont pas vus agir. On n'apprend guère de l'histoire. La mémoire entretient ses mécanismes en les occultant. La pensée s'oublie.

Peut-on changer de cap?

La civilisation moderne pourrait-elle agir autrement? Est-il possible de rétablir dans l'Homme un minimum de sagesse, une rationalité stable, une vision plus juste? Bohm répond ainsi dans *La fin du temps* : «Le nouveau facteur qui est requis pour changer l'Homme, c'est la capacité d'observer profondément tous les blocages et les conditionnements.» En effet, comme on l'a vu, à moins de regarder le processus de la pensée, ses effets vont continuer de nous détruire. Il s'agit, bien entendu, d'un regard sans jugement, sans volonté d'amélioration, sans attente.

Il s'agit d'observer la pensée (émotion, sensation, image) et la laisser faire ce qu'elle doit, c'est-à-dire la laisser être dans la conscience sans la supprimer, sans la développer ou sans la projeter dans une action. Si devant un geste qui blesse on réplique : «C'est dégoûtant ce qu'on m'a fait», on ne peut alors observer la blessure reçue. Si on fuit la situation, c'est la même chose qui se produit. Il s'agit de suspendre ces deux réactions pour simplement laisser la pensée se révéler au regard. Ce regard, bien sûr, c'est l'Intelligence.

Si nous voyons l'urgence de la situation, nous maintiendrons ce regard, cette enquête, ce questionnement. Cela peut prendre une journée, une semaine et beaucoup plus encore. Du reste, cela peut être fort déplaisant à un certain niveau. Mais si nous continuons d'observer, nous reconnaîtrons que c'est nous qui produisons tout ce drame. Nous pensons sûrement que la cause est le comportement de l'autre, mais dès que nous commençons à observer notre action, nous abandonnons petit à petit la pensée que nous existons séparément. En effet, pour maintenir la croyance en une identité séparée, nous devons toujours croire qu'il y a quelqu'un d'autre qui s'oppose et qui est responsable de notre malheur. Si nous acceptons que c'est nous qui faisons tout cela, nous verrons que tout en nous, même les bons sentiments que nous avions, était également quelque chose que nous fabriquions afin de nous sécuriser.

Il s'agit simplement de commencer par «ce qui est», «ce que je vois». Apprendre sur soi constamment pour se reconnaître, c'est-à-dire **se connaître dans le moment même où les choses arrivent.** Je devine ainsi ce que je suis à travers ce que je ne suis pas, c'est-à-dire à travers mes réactions, mes refus, mes divisions. C'est cette justesse de regard qui situe la pensée devant sa source, qui lui fait reconnaître ses limites, son incapacité à se dépasser. La pensée ne peut connaître la non-pensée. C'est l'inverse qui arrive. Cela s'appelle l'Intelligence avec un grand «I».

Ce que nous avons vu jusqu'ici est l'aspect limité de l'esprit, l'aspect qui est coincé dans le temps et la mémoire. Mais il y a, selon Bohm, un autre espace dans l'esprit ou derrière lui dans ce qui le soutient, un quelque chose qui permet de se libérer du piège de la pensée. C'est un plan élevé, pur et libre qui, en réalité, n'a rien à voir avec le monde de la pensée. «Nous arrivons ainsi, écrit Bohm, à un esprit de plus en plus subtil, plus sensible, plus raffiné, plus délicat, plus indéfinissable et d'un mouvement plus libre. Un tel esprit pourrait bouger dans la profondeur du silence où il n'y a ni parole ni image. Les pensées peuvent être conçues comme des vagues sur un fond d'océan silencieux. Le silence ou la non-pensée nous est nécessaire pour être en contact avec ce fondement plus radical, où se meut la pensée. En ce sens, le silence c'est l'être ultime, c'est l'être véritable où toutes paroles et images sont maintenues dans une totalité englobante. Ce n'est qu'avec cette perception que l'Intelligence subtile peut opérer sans ambages.»

«Les plans impliqués qui sont plus élevés, dit ailleurs Bohm, sont impossibles à saisir. Nous disons que CELA est la source de la Lumière, de l'Intelligence : l'Ineffable. Je dirais que cette lumière est nécessaire pour voir la pensée dans sa justesse. C'est elle qui fait voir. Si elle n'y est pas, la pensée demeure un paquet d'ombres prises pour des réalités.» Comme dans l'allégorie de Platon.

L'Intelligence créatrice est le fondement de tout, mais nous ne pouvons la provoquer, pas plus que nous ne pouvons prouver qu'il n'en est pas ainsi. C'est le vécu qui nous apprend que cela peut mettre fin à la souffrance. C'est un *insight*, une percée lucide dans ce qui est. Cela n'a rien à voir avec la mémoire ou la connaissance rationnelle. Compassion et intelligence viennent ensemble, dit Krishnamurti. Cet *insight* est hors du temps, il n'est pas le résultat du désir, il n'est pas un espoir. La Compassion-Intelligence, ou simplement l'Attention, n'est là que lorsque la personne n'y est plus. L'Amour-Intelligence n'est pas personnel. Nous ne pouvons entrer en contact avec cela par la pensée. Nous ne pouvons entrer en contact qu'avec ce qui empêche l'Intelligence.

Quelques idées particulières de Bohm

Maintenant, je vais parler de quelques enseignements de Bohm qui m'ont touché au cours des années. Je connais les livres de Krishnamurti depuis à peu près vingt ans, et Bohm depuis à peu près quinze ans. Et au moment où je lisais pour la première fois Krishnamurti, je trouvais que son discours était un peu abstrait, sans doute parce que j'étais, à cette époque, enfermé dans les idées. Lorsqu'une certaine maturation s'est faite, je dis bien une certaine, lorsque le vécu a peu à peu gagné sur le connu et le pensé, j'ai beaucoup goûté cet auteur. C'est au même moment que la clarté rigoureuse et la discrète humanité de Bohm m'ont atteint. Plusieurs de ces intuitions de Bohm ont lentement fait leur chemin en moi au cours de ces années. Je n'en mentionne que quelques-unes.

Le processus et les ravages de la pensée

C'est ce que je viens de décrire en fait. J'ai découvert avec Bohm comment le petit «je», qui n'est qu'une pensée, s'arrange pour se maintenir par la mémoire et se faire durer par les projets, les désirs, les fuites et surtout l'obsession de devenir, se faisant croire que lorsqu'il sera autre ou amélioré, il sera établi dans une stabilité, une sécurité absolues. Le fait que le petit «je» est une chose fabriquée et la façon dont Bohm a décrit ce processus m'ont beaucoup rejoint.

L'illusion de savoir

J'ai longuement vécu sous l'égide de l'Église qui enseignait qu'elle avait toutes les réponses en plus d'un pouvoir divin pour le prouver. C'est très commode! En d'autres mots, elle **savait** et elle **pouvait**. Jamais elle n'avouait ses torts ou ses erreurs. J'ai donc moi aussi, en bon élève, fait la même chose. Non seulement j'y avais appris à ne pas admettre mon ignorance, mais je découvrais soudain que cette attitude était due à la peur de l'inconnu, au besoin d'une sécurité assurée par la mémoire. En langage théologique chrétien, c'était dû à la peur de Dieu, celui-là même que j'étais censé professer et enseigner. En effet, la tête se gonflait de choses apprises, de citations, de connaissances intellectuelles jamais vécues. Je vivais dans le passé, je fuyais le présent, les faits, le corps, la sexualité, le cœur, le senti **et tout ce qui résiste à la pensée.**

Il est facile de fuir dans les labyrinthes de l'idée. Cela ne coûte rien et vous gonfle d'illusions comme une montgolfière. Vous ne cessez de monter, jamais vous ne descendez au sol, dans le concret. Vous vous arrangez pour éviter l'obstacle qui fait tout sauter. Quel étonnement alors de voir un jour que la démarche spirituelle était simplement **un questionnement sans réponse,** contrairement à la religion dans laquelle j'étais qui professait **des réponses sans questionnement.**

La créativité

Comme depuis longtemps j'ai travaillé dans les arts, la peinture et la musique, j'étais naturellement très intéressé à ce que Krishnamurti et Bohm disaient de la créativité. À un moment dans mes lectures, je découvre que l'intelligence créatrice, qui est présente en toute matière, ne peut s'exprimer chez l'homme qu'à mesure que s'efface la prétention d'être quelqu'un. Que la créativité ne nous appartient pas.

Que c'est la spontanéité de la vie, son bouillonnement continuel. Elle nous dépasse et cependant elle nous habite. Les autorités et les pédagogies ne reconnaissent pas que l'enfant ou l'artiste crée spontanément par une poussée venue de l'intérieur, comme dans un puits artésien. Les autorités et les écoles pensent qu'il faut stimuler de l'extérieur cette créativité, qu'elle dépend des aiguillons de l'autorité. Selon Bohm, elles font cela par un système de **récompenses et de punitions.** Les médailles encore! Ce qui tourne l'artiste vers l'extérieur de lui-même, vers le gain et l'approbation, au lieu qu'il soit encouragé à être à l'écoute de la source silencieuse. Cela inévitablement tarit le courant divin. Dès qu'on crée pour une raison, on sort de ce courant. Dès qu'on fait quoi que ce soit pour une raison, pour une fin extérieure, par avidité, par esprit de gain, par ambition, on sort de l'intelligence créatrice pour s'enfermer dans les confins de la pensée et de la mémoire. On répète le passé.

L'éducation, telle que vue par Krishnamurti et Bohm, est la permission donnée à ce courant venu ni du passé ni de la mémoire, de s'exprimer librement, alors que les systèmes pédagogiques sont organisés pour stimuler et solidifier chez l'enfant la peur et l'avidité, la peur de ne pas réussir, qui est la même énergie que le désir d'être le plus fort, d'être supérieur, d'être enfin quelqu'un.

Rien à atteindre

Une autre leçon que j'ai retenue, c'est qu'on ne peut rien atteindre, que cette Intelligence-Lumière-Compassion n'étant pas une chose, elle ne peut être perçue ni saisie. Elle ne peut être que **reçue** puisqu'elle est déjà là. Ainsi, on ne peut que reconnaître et accueillir pleinement les ombres en soi. Le reste, comme toute la vie, se fait tout seul. C'est l'œuvre de la Lumière. Il s'agit de reconnaître constamment ce qui bloque celle-ci.

Le dialogue

Une des prédispositions à la créativité et à l'intuition créatrice est ce que Bohm appelle le dialogue, qui suppose que les interlocuteurs aient reconnu leurs présupposés et leurs préjugés. En effet, il ne suffirait pas que chacune des personnes en présence expose simplement son opinion. Cela se produit déjà au parlement, ce qui ne fait qu'endurcir les positions. **C'est l'écoute de soi qui seule permet l'écoute de l'autre, de ce qui est tout autre.** Il ne s'agit pas d'arriver à une entente, mais à une écoute. Si quelques-uns comme Mario Cayer pouvaient se grouper un peu partout dans le monde et écouter sans préparer leurs réponses à l'avance, sans défendre leurs arguments, il y aurait déjà une grande ouverture entre certains humains et dans le cœur de ceux-ci. Je n'ai pas dit tous, mais cela va peut-être venir...

L'amour qui n'attend rien, qui ne veut rien, qui ne refuse rien, pourrait enfin transparaître au travers des personnes et faire de la vie une danse continue dans la lumière. Après tout, pourquoi voudrait-on changer les autres, plutôt que d'être pour eux une ouverture sans rivage?

Pour finir, j'ai un texte de Achaancha qui était un des maîtres de Jack Kornfield, qui m'a enseigné la méditation bouddhiste, etc., qui a déjà été cité hier. «Essayez d'être attentifs et laissez les choses suivre leur cours. Ainsi, votre esprit se fera de plus en plus tranquille dans n'importe quel entourage. Il deviendra tranquille comme un lac pur en forêt. Alors, toutes sortes d'animaux rares et merveilleux viendront y boire. Vous verrez clairement la nature des choses. Vous verrez beaucoup de choses étranges et étonnantes venir et s'en aller, mais vous demeurerez tranquilles. Des problèmes surgiront, mais vous y verrez clair immédiatement. Voilà le bonheur d'un Bouddha.»

* * *

Q. — *On dit que Krishnamurti, à la fin de sa vie, avait une certaine forme de tristesse, parce qu'il se sentait encore seul et n'avait pas réussi à aider à faire éclore au moins un autre être humain dans son entourage. Il semblait avoir une certaine déception du fait qu'il n'ait pas vu d'autre être humain vraiment libre, ou qui n'avait pas complètement intégré cette liberté. Est-ce que vous avez quelques observations là-dessus?*

P.G. — Si cette déception était réelle, ça irait en contradiction avec ce qu'il a dit à plusieurs reprises, même quand il parle avec Bohm, que chercher à devenir, chercher à changer des choses, dans le sens d'améliorer, ce n'est pas la voie spirituelle. Peut-être même qu'il y a des phrases où il semble dire qu'il faut absolument changer la conscience des humains. C'est même là un point de sa doctrine que je trouve fort problématique. Krishnamurti voulait trop convertir le monde, le changer. Il semblait malgré tout croire que la transformation venait d'un effort, d'un acharnement.

Q. — *Krishnamurti a été visible pendant très longtemps, mais il a toujours insisté sur le fait qu'il ne voulait pas qu'on s'attache à sa personne. On m'a même raconté qu'au début il parlait derrière un voile, mais il s'est rendu compte que cela créait quelque chose d'encore plus ridicule que l'attachement à sa personne. Peut-être allaient-ils s'attacher au voile? C'est la même question que j'essaie de reformuler. Il ne voulait pas que les gens s'accrochent à un maître, c'était un des points saillants de son enseignement. Il y a un paradoxe dans le sens où il est important d'avoir une certaine concentration dans le temps et dans l'espace pour vraiment opérer un genre de percée par rapport à l'emprise qu'a la pensée sur nous. Le fait que Krishnamurti n'ait pas voulu garder de gens près de lui n'expliquerait-il pas qu'il les ait constamment repoussés?*

P.G. — Dans sa première grande déclaration, Krishnamurti dit qu'il ne veut pas de disciple. Il est très direct et franc. Et je pense qu'il n'a pas cessé de le penser, mais il a arrêté probablement de répéter aux gens : «Arrêtez de vous attacher à moi», mettant plutôt les gens devant eux-mêmes. Il ne pouvait pas leur dire : «Vous allez vous détacher.» Il faut qu'eux le fassent. La seule façon d'aider les gens à le réaliser est de faire en sorte que les gens commencent à se regarder eux-mêmes. C'était sa façon d'enseigner à l'époque de sa maturité. C'était toujours une sorte de plongée dans la pensée, l'inconscient, pour découvrir des mécanismes cachés, dont l'attache à quelqu'un, la dépendance vis-à-vis de quelque chose, toutes choses qui sont propres à l'enfant en nous. Krishnamurti ne pouvait guère aller beaucoup plus loin. Ce n'est pas tellement qu'il repoussait les gens, mais plutôt parce qu'il leur disait que tout dépendait d'eux. Or, les gens ne veulent pas faire cela, ils ne veulent pas être obligés de se regarder, de s'examiner et de s'accepter, de s'admettre, de s'aimer même. Ils veulent que quelqu'un soit un modèle, qu'il les fasse lever, monter. C'est romantique, réjouissant et très beau, mais ça ne donne absolument rien. Je pense qu'il ne pouvait pas attaquer cela de front. Il l'attaquait indirectement, «par la bande», comme on dit chez nous.

Q. — *J'ai toujours pensé que ce qui intéressait Krishnamurti était la liberté, la libération des gens, et non pas cette idée de ne pas avoir de maître, car lui-même a constamment été visible et public. Si c'est vraiment ce qu'il fallait prendre au pied de la lettre, je pense que la phase suivante aurait été de demander d'évacuer la salle, ce qu'il n'a jamais fait.*

P.G. — J'ai surtout été sensible à cette idée d'être libre de tout, des gens qui sont en haut, des gens qui sont en bas, des gens qui sont à côté, à gauche, à droite, de percer toujours plus et d'abandonner le passé. Ces choses sont arrivées dans ma vie d'une façon radicale, et c'est peut-être ça qui m'a le plus attiré chez Krishnamurti qui était, pour moi, un être libre. Et comme le fait d'être libre et de susciter la liberté est universel, ce n'est pas nécessaire qu'on vide la salle, car cela peut toujours atteindre d'autres personnes.

Q. — *Est-ce que dans votre démarche judéo-chrétienne Teilhard de Chardin a eu une importance pour vous?*

P.G. — La réponse est non. J'ai découvert Teilhard de Chardin beaucoup plus tard, quand j'ai fait des recherches philosophiques. Curieusement, cet homme n'était pas ouvert à l'Orient. Il a refusé une invitation de visiter Aurobindo. Il disait que les chrétiens n'ont rien à apprendre de l'Inde. Je l'ai découvert après avoir connu la spiritualité orientale, et je n'ai pas tout digéré de ce qu'il disait, parce que je le trouvais un peu arriviste, et le regard sur l'avenir, **l'espoir** est chez lui beaucoup trop important. Il disait qu'on allait arriver à un point oméga et que ça serait le Christ. Je trouve que ce n'est pas assez ouvert, même s'il dit que tout ce qui monte converge à la fin. Mais il a des images fixées d'avance : des préjugés, des attentes, des fixations. Dans *Le Phénomène humain,* même si le livre est très beau, quand il arrive à la fin et qu'il y place le Christ, cela me dérange un peu parce que le concept est chrétien dans son esprit, et cela n'est pas universel.

Q. — *En fait, c'est plus une question de consolation qu'autre chose?*

P.G. — Cela renvoie à la tradition chrétienne où il faut avoir la foi, l'espérance et la charité, mais c'est l'espérance souvent qui prend le plus de place, qui prend trop de place. Il n'y a pas de foi, il n'y a pas de charité, mais il y a beaucoup d'espérance.

Q. — *Pourquoi est-ce si difficile d'amener, dans sa vie quotidienne, les connaissances apprises au niveau intellectuel?*

P.G. — Tout ce qui regarde l'intellect, le mental, n'est pas quelque chose à quoi il faut s'identifier, mais qu'il faut regarder et observer. D'après moi, il n'est pas question d'amener cela dans sa vie réelle. Au contraire, il faut s'en libérer. Non pas intellectualiser sa vie, la rendre plus mentale, plus gorgée d'idées ou de pensées, mais la vider de tout ça, en regardant comment les conditionnements mentaux existent en nous, ces conditionnements émotifs, ces sensations et tout le reste. On ne fait que regarder. Ce regard n'est pas, bien sûr, mental ou intellectuel. C'est un regard sans attente, sans jugement, sans amélioration. C'est un regard généreux, une compassion; un regard qui ne peut venir de la pensée, du moi. On sort complètement du mental, ce qui ne se fait pas dans un instant. Pour moi, c'est ça la voie. Ce n'est pas de ramener le mental dans sa vie pour s'identifier à lui. C'est justement là le piège de l'être humain, de s'identifier à ses pensées. Il devient complètement absorbé par le mental et il ne se voit plus.

Q. — *Pour vous, Placide Gaboury, qu'est-ce que l'Essentiel?*

P.G. — À cette heure-ci, c'est la Vie, avec un grand «V» : la Vie qui est ouverture, tendresse, force, silence, et rien de tout ça séparément. Pour moi, c'est cela l'Essentiel, cette présence qui est notre absence, comme dit Jean Klein.

MÉTHODOLOGIE HOLO-ÉNERGÉTIQUE ET MÉMOIRES CELLULAIRES ORIGINELLES

Jean Ratte

> Ce réseau nerveux est sous le lampadaire
> bien éclairé. Tout le monde cherche la clé
> sous le lampadaire et oublie de chercher la
> clé dans l'obscurité.

Quand on m'a invité à parler d'holo-énergétique entre Krishnamurti et David Bohm, je me sentais un peu mal à l'aise. Au cours des dernières vingt-quatre heures, on a parlé beaucoup d'esprit, de mental. Ce matin, on va vous plonger un peu plus dans la matière, parce que l'holo-énergétique, ce n'est pas très connu, on n'est pas très nombreux à le pratiquer. Finalement, le fait de passer le dernier est une bonne chose parce qu'au fond, tout ce qu'on a dit va nous permettre de mieux comprendre ce que c'est que l'holo-énergétique, peut-être pas de le comprendre, mais d'en voir l'intérêt.

La préparation de cette conférence m'a obligé à lire ou à relire Krishnamurti, que j'avais lu dans les années 70 grâce à Robert Linssen. Quand on lit Robert Linssen, on a l'impression d'être intelligent. C'est même le défaut de ses livres, parce qu'on a l'impression de tout comprendre avec notre tête, mais on ne comprend pas autant avec nos cellules.

L'holo-énergétique, ce n'est pas une affaire de tête. C'est une méthode qui court-circuite complètement le mental. C'est une méthode physique qui nous fait travailler avec notre corps.

J'ai donc été obligé de relire Krishnamurti et on voit beaucoup de convergence entre la pensée de Krishnamurti et l'holo-énergétique. L'arrière-fond philosophique et les questionnements sont identiques. Ce sont les mêmes questionnements auxquels l'holo-énergétique peut essayer de répondre, mais sans passer par la tête, en passant directement par la matière. Alors, j'ai résumé un peu l'intérêt de Krishnamurti, tel que je l'ai vu, sous trois volets, sous trois titres.

Se libérer du connu, le premier titre que j'ai connu en 75, et j'ai même un ami psychiatre qui le suggérait à ses clients comme thérapeutique. Qu'est-ce qu'on retrouve dans *Se libérer du connu?* C'est se libérer de nos conditionnements familiaux, nos conditionnements sociaux et nos conditionnements culturels. Ce sont toutes ces conditions qui provoquent des ambitions, des désirs, des peurs et des angoisses qui sont souvent à l'origine de malaises et je dirais même de la maladie. C'est ce qu'on appelle en holo-énergétique : nos mémoires acquises dans cette existence.

Le deuxième titre important est *Vous êtes le monde.* Toute l'histoire du monde est inscrite dans nos cellules et toute cette histoire du monde provoque des conditionnements qui sont hérités des différents stades évolutifs. C'est ce qu'on appelle en holo-énergétique : les mémoires héritées.

Et le troisième volet, c'est *La recherche du fondamental,* après s'être libéré de nos conditionnements culturels, acquis, ou nos conditionnements innés, instinctifs, qui sont hérités des différents stades évolutifs. C'est ce que Krishnamurti appelait «ce qui est», ou ce qu'on peut appeler «l'originel» et c'est ce que David Bohm appelait «l'ordre implié», ce qui est invisible, ce qui est à l'intérieur, et ce qu'en holo-énergétique on va appeler «la mémoire originelle».

Voici quelques citations de Krishnamurti pour étayer ces trois volets. «Psychologiquement, intérieurement, chaque être humain quel qu'il soit est le monde.» C'est uniquement dans Krishnamurti qu'on trouve cette affirmation, j'allais dire, exprimée d'une manière aussi radicale. «Nous portons en nous la représentation du monde, nous sommes le monde.» On en a parlé au cours des dernières vingt-quatre heures, nous sommes la représentation du monde, c'est-à-dire nous sommes une image du monde. En holo-énergétique, on va dire : «Nous sommes un hologramme.» Un hologramme, c'est une représentation. L'humain est un hologramme de l'univers. «Nous sommes le monde. Et on n'est pas seul, on est l'histoire entière de l'humanité, pour peu que l'on sache déchiffrer cette histoire enchâssée au fond de nous. Et quand on réalise pleinement l'évidence de ce fait extraordinaire, alors une force monumentale émerge qui nous invite à explorer et à se transformer constamment parce qu'on est l'humanité.»

Krishnamurti avait un peu la science infuse. Même s'il était très simplet dans son enfance, il avait, plus tard, cette connaissance que les biologistes ont découverte par la suite. Ce schéma est bien connu en biologie, c'est ce qu'on appelait la loi de Heackel que l'ontogenèse récapitulait : la phylogenèse. Au fond, c'est une illustration de ce que dit Krishnamurti: «Nous sommes le monde.»

Vous voyez ici un embryon de poisson, un embryon de salamandre, un embryon de poulet, un embryon de lapin et un embryon humain. Je vous invite à plonger au stade de l'embryon. Vous ne vous le rappelez pas, heureusement, parce que vous seriez effrayés, mais vous voyez qu'il n'y avait pas de différence. On a du lapin en nous, on a de la salamandre et on a du poisson. C'est ce qui peut expliquer certains comportements bizarres. Cette illustration est tirée de *Scientific American* de février 94, à propos des gènes homéotiques. Les auteurs ont montré l'intérêt de cette même idée de Krishnamurti, par rapport aux gènes homéotiques.

Si on plonge encore plus profondément dans notre mémoire, dans notre matière, à un niveau plus précoce, on a les mêmes gènes. Ici, ce sont les mammifères et les poissons, mais ici, c'est au niveau de la mouche, au niveau des invertébrés. À un niveau plus primitif, nous avons les mêmes gènes que la mouche du vinaigre, sauf que la disposition est un peu différente. Là, c'est ce qu'on appelle le gène de l'*antennapedia*. Parfois, chez la mouche du vinaigre, ou *drosophilia*, on voit que les antennes sont transformées en pattes. Et chez l'humain, ce sont les gènes responsables de cette partie du corps, les ailes ou les bras. Chez beaucoup de personnes, on voit qu'il y a comme une régression et beaucoup prennent leurs épaules ou leurs bras pour des ailes, ce qui est à l'origine de beaucoup d'arthrites et beaucoup de bursites que la médecine officielle ou alternative a de la difficulté à comprendre, mais que l'holo-énergétique nous permet de comprendre.

On voit que le questionnement de Krishnamurti et celui de l'holo-énergétique sont identiques, sauf qu'ici nous plongeons dans la matière, grâce à Pribram qui a développé le modèle hologrammique de la mémoire. L'intérêt de David Bohm se classe sous trois rubriques. Premièrement, cet abandon de la vision linéaire. David Bohm a montré l'importance des modèles dont on a parlé hier. Cette vision linéaire donne une vision fragmentaire, que j'appellerais photographique, en deux dimensions. Dans une photographie, chaque point de l'image correspond à un point de l'objet. La vision photographique est due à des lentilles, et Pribram dit que «les sens sont des lentilles», avec le jeu de mot qui se fait en anglais : «senses are lenses». Les sens sont des lentilles, sont des objectifs. Ces lentilles ont été à l'origine du télescope ou du microscope, qui ont permis de découvrir différents aspects de la réalité. Mais les lentilles sont des œillères. Les lunettes sont des «oreillères». Ça nous permet de voir des choses, mais ça nous empêche d'en voir d'autres. C'est le consensus qui donne l'objectivité, mais on voit que dans le consensus il faut que toutes nos perceptions sensorielles soient accordées à celles de la communauté ou de la majorité, et, hélas, la majorité a souvent tort. Même les théories sont des lentilles. Les paradigmes sont des lentilles. Donc, ils vont nous permettre de voir quelque chose, mais vont nous empêcher d'en voir d'autres.

L'intérêt du modèle hologrammique que Pribram et Bohm ont développé, qu'on appelle «non linéaire», c'est que, par opposition à la photographie qui est en deux dimensions, l'hologramme lui-même n'est qu'une image, mais en trois dimensions. L'intérêt, c'est que chaque partie contient l'information du tout. Si on brise une plaque holographique en plusieurs morceaux, si on la réillumine, chaque partie va reproduire tout l'objet. Chaque point de l'image correspond à des milliers de point de l'objet. Il n'y a donc plus de correspondance univoque entre un point et un autre point. Et ce qu'a montré également David Bohm, c'est l'importance des relations internes entre les parties entre elles, entre les parties et le tout, alors que dans le modèle linéaire, chaque partie est isolée. On dit classiquement que le tout est plus que la somme des parties et Raymond Abellio précise encore plus que «le tout intensifie les parties». C'est ce qui explique «l'interdépendance universelle» ou, selon un des derniers titres de David Bohm, «plus que la plénitude de l'univers», «la plénitude indivise».

Voici pour les trois premiers sujets d'intérêt de David Bohm pour expliquer l'holo-énergétique. Et surtout l'importance des variables cachées, c'est-à-dire de tous ces paramètres qu'on ne peut détecter ni par les sens, ni par les appareils de mesure, donc qui n'existent pas. Si la science n'a pas d'appareil de mesure pour détecter un phénomène, ça n'existe pas, sauf que les appareils actuels de la science ne peuvent détecter que ce qui va se manifester par la présence d'un vecteur, c'est-à-dire d'une translation, mais dans beaucoup de phénomènes la somme des vecteurs s'annule. Si vous êtes pris entre deux pattes de mouche, les deux vecteurs s'annulent, c'est zéro. Si vous êtes pris entre deux pattes d'éléphant, au point de vue mathématique, c'est toujours zéro, mais il y a une tension interne qui est nettement différente. Dans les variables cachées, c'est cette tension interne, c'est cet aspect interne que David Bohm a développé.

J'ai mis quelques synonymes pour ces variables cachées. Selon notre formation, on peut les appeler le non-observable, le virtuel, le potentiel, l'imaginaire utilisé en mathématique, parce que les physiciens et les mathématiciens utilisent ces variables cachées depuis plus de 100 ans, mais ce n'est pas encore rentré dans les mœurs. Les biologistes, surtout, sont encore plus en retard, on ne comprend pas pourquoi, mais la plupart des biologistes en restent à une vue mécaniste, à une vue particulaire. Également, un autre synonyme de ces variables cachées, c'est le multidimensionnel, le non-local, ou même hyperspatial, tout ce qui correspond un peu à l'ordre implié, c'est-à-dire ce qui est à l'intérieur, ce qu'on ne voit pas, ce qu'on ne peut pas détecter avec nos sens ou avec la technologie actuelle. J'aurais envie de dire ce qu'on ne sent pas mais ce qu'on peut ressentir, ce qu'on peut sentir à un deuxième degré. Ce modèle hologrammique reste quand même un modèle statique et l'une des originalités de David Bohm, c'est d'avoir montré l'holomouvement, c'est quelque chose de dynamique, rien n'est statique. Cette notion d'ordre implié et d'ordre déplié, il m'a fallu plusieurs lectures pour le comprendre. L'ordre déplié, je dirais que c'est l'ordre manifesté, ce qui est apparent. L'ordre implié, c'est ce qui est invisible et l'ordre implié est quand même primaire.

Dans ses derniers livres, David Bohm va parler de super-potentiel quantique qui est en relation avec le champ universel non linéaire, non local, alors que le potentiel quantique, qui est en relation avec la particule, est un modèle linéaire. Cet ordre implié est un principe d'ordre, d'origine des formes. Le gros problème, c'est le fond et la forme. On est tous pris dans la forme, comme les vagues à la surface de l'océan, mais ce qui compte c'est le fond, c'est l'océan qui est à l'origine de ces vagues, et surtout la recherche du sens qui sous-tend la matière et l'énergie. Le sens qui est un peu le pont entre la matière et l'énergie.

Avec cet arrière-fond, vous allez pouvoir mieux comprendre ce qu'est l'holo-énergétique. C'est une méthode physique qui permet de décoder nos mémoires acquises dans cette existence présente, de décoder nos mémoires héritées de tous les stades évolutifs qui nous précèdent pour entrer en résonance avec la mémoire originelle, le programme profond à l'origine de l'existence et de la vie. L'holo-énergétique ne concerne pas uniquement cette existence matérialisée, mais également ce qui se passe avant cet accouchement dans ce monde à quatre dimensions et ce qui est après la mort.

Cette méthode physique est réalisable par le phénomène physique de résonance vasculaire des artères de chaque poignet à l'approche de gélatine pigmentée près du corps. Chaque artère correspond à un programme qui se traduit par une sémiologie vibratoire spécifique détectable au pavillon de l'oreille, et chaque programme correspond à un stade évolutif. Donc, il y a trois artères à chaque poignet, ça fait six programmes qui comprennent tous les stades évolutifs, non seulement la vie, mais même l'origine de la matière et de la vie. Une analogie peut simplifier les idées. On a trois artères à chaque poignet. C'est le phénomène physique de résonance qui a permis le développement de cette méthode. Chaque artère a une fréquence de résonance et à chaque fréquence correspond un programme. Le signal vasculaire holo-énergétique permet de détecter les interférences. Si vous êtes sur la fréquence de Radio-Québec, vous devez avoir le programme de Radio-Québec. Si vous êtes sur la fréquence de Radio-Québec, et c'est Radio-Canada qui passe, alors on a des interférences ou, autrement dit, des problèmes «constitutionnels».

Que fait donc cette méthode? Elle permet une syntonisation qui se fait techniquement, en mettant sur le corps les fréquences interférentielles. À la fin du «bilan», chaque programme est à sa place. C'est ce qui vous donne accès aux différents programmes, et chaque programme ayant une mémoire, ça va permettre le décodage par l'inconscient ou la conscience profonde du corps, quel que soit le nom qu'on lui donne. On n'a aucun effort à faire, ce n'est pas le mental, c'est le moi profond avec toutes ses mémoires de batracien, de dinosaure, et vos mémoires de toute l'espèce humaine, de tout l'animal, de tout le végétal qui va pouvoir s'extérioriser. On m'a posé la question à savoir si c'était dangereux, parce que certains avaient peur de sentir le dinosaure en eux. Ce n'est plus le mental qui intervient. Lui, c'est le grand tueur, et le mental étant à l'origine de la plupart de nos problèmes ne peut pas se guérir. Même si on essaie de ne pas y penser, c'est la meilleure façon d'y penser. Chaque programme artériel porte donc la mémoire d'un stade évolutif.

Les instruments qu'on utilise sont des filtres de gélatines de différentes couleurs qui ont été mis dans des montages de diapositive. Ce n'est pas la couleur qui importe. Telle couleur va évoquer, pour quelqu'un, un souvenir agréable, pour l'autre un souvenir désagréable. La couleur est en rapport avec notre mémoire acquise d'origine sensorielle, alors que les gélatines pigmentées font résonner des mémoires non sensorielles. On utilise un jeu de trente-sept filtres qui ont été sélectionnés pendant une dizaine d'années par

Claude Piro et André Secondy à partir des 137 filtres disponibles de Kodak. Ces filtres ont l'air bien anodin, mais ils contiennent des pigments et des gélatines. La physique montre les pigments sont des oscillateurs, c'est-à-dire des mécanismes qui peuvent passer d'un état fondamental à un état excité. Ils sont donc en mouvement, c'est un système vibratoire qui est analogue à l'effet Doppler ou à la fluorescence : l'effet Doppler concerne les sons et la fluorescence les ondes lumineuses. Dans ce phénomène, l'onde émise est différente de l'onde reçue. Le filtre qui émet telle couleur est un transformateur : il reçoit la lumière blanche et il va réémettre uniquement une couleur spécifique. Ce sont des transformateurs de l'énergie électromagnétique en énergie chimique, et ils ont une importance capitale dans le métabolisme cellulaire au point que Morovitz, dans *Begining of cellulaire life* a dit: «Le métabolisme récapitule la biogenèse.» On voit que chaque voie métabolique, en biochimie, représente une étape avant d'arriver à la vie cellulaire qui a permis le développement de l'existence dans laquelle on se trouve actuellement. Nous ne sommes pas formés uniquement de molécules. Les molécules ont donné des organismes unicellulaires, puis multicellulaires tels que les organismes humains, capables de vibrer à un champ de mémoire. Les pigments sont donc importants dans le métabolisme cellulaire et dans les stades évolutifs.

On connaît tous la chlorophylle qui permet la photosynthèse, c'est-à-dire la transformation de l'énergie lumineuse en énergie chimique qui va produire des sucres et d'autres drogues; on connaît l'hémoglobine, également, qui fait la différence entre le végétal et l'humain. Donc, chaque pigment intervient au niveau des différents stades évolutifs. Ceci explique que ces pigments puissent provoquer une résonance avec les pigments et les protéines à l'intérieur du corps. Ces pigments ont permis le passage de la vie anaérobique à la vie aérobique. Les premières formes animales sont anaérobiques, c'est-à-dire qu'elles vivent sans oxygène. L'oxygène a été toxique pour les premières cellules et il a fallu une mutation sous l'influence de l'oxygène pour que les unicellulaires puissent évoluer. On pense que c'est un des facteurs qui a obligé les cellules à muter et à se transformer en multicellulaires. Si la radioactivité augmente, il ne faut donc pas s'inquiéter. C'est peut-être un facteur qui est là pour nous faire muter en d'autres formes, ceci dit dans une perspective teilhardienne de consolation!

Ces pigments, qui assurent la vie cellulaire, représentent la première mémoire des formes de vie. Sans les pigments, il n'y aurait pas de vie, il n'y aurait pas de mémoire. Ce sont ces pigments qui permettent à la vie de continuer. Donc, au point de vue biochimique, c'est la première forme de mémoire. Les gélatines, au point de vue chimique, sont des polymères comme les plastiques, elles ont des propriétés optiques non linéaires. En premier lieu, l'oscillation subharmonique. Par exemple, si on envoie des ultraviolets, les gélatines peuvent réémettre des infrarouges. En deuxième lieu, la conjugaison de phases. Ce mécanisme est très important. Il est utilisé dans la technologie au laser, dans la photolithographie également, dans les communications entre les sous-marins et les satellites.

Cette conjugaison de phases représente plus qu'un modèle, et on pense que c'est un des mécanismes par lesquels les filtres de gélatine interviennent dans la résonance vasculaire. Dans un miroir ordinaire, quand le rayon incident frappe le miroir, il y a divergence du rayon réfléchi. Il y a une réflexion avec un certain angle de réflexion. Les phénomènes de conjugaison de phases sont produits par les polymères et les gélatines sont des polymères. Le rayonnement, au lieu d'être réfléchi à l'extérieur, reprend la même direction, c'est-à-dire que le rayonnement est renvoyé à la source, il est renvoyé à l'expéditeur. Ceci peut expliquer que ces filtres puissent renvoyer au corps le rayonnement que le corps émet, les filtres de gélatine pigmentée étant des miroirs qui vont renvoyer l'information émise.

Dans le miroir ordinaire, si une onde incidente va franchir un milieu «inhomogène» tel que l'atmosphère ou les cellules, le rayon qui va traverser ce milieu va être modifié. Quand il frappe le miroir ordinaire, le rayon va être réfléchi, mais la forme de l'onde va être inversée – un miroir ordinaire donne toujours une image inversée – et quand ce même rayonnement retraverse le milieu inhomogène, cette modification du rayon incident va être amplifiée, alors que dans un miroir à conjugaison de phases telles que les gélatines, l'onde réfléchie a la même forme, c'est ce qu'on appelle le retournement temporel ou la conjugaison de phase et quand ce même rayonnement qui est renvoyé à l'émetteur retraverse ce milieu corporel ou l'atmosphère, le rayon réfléchi retrouve la même forme que le rayonnement originel de départ. Cette métaphore nous indique que les filtres peuvent nous renvoyer le rayonnement originel, qu'ils peuvent nous ramener à la mémoire profonde.

Ces filtres de gélatine vont induire un signal vasculaire pariétal, c'est-à-dire au niveau de la paroi, ce qu'on appelle un «photon» en physique. Ce signal est différent du pouls médical, différent du pouls de l'acupuncture et différent du pouls de l'auriculomédecine. C'est un pouls qui ne dépend pas du système nerveux. Chaque artère du poignet – il y a trois artères par poignet – réagit de façon particulière. Il y a une liaison topologique entre l'artère et le pavillon de l'oreille. Comment se fait-il qu'il puisse y avoir une telle réaction quand on approche un simple filtre de gélatine pigmentée? Je vous ramène, dans vos mémoires, à un peu d'embryologie pour vous rappeler que ce système vasculaire est d'origine mésodermique. Dans un embryon, il y a trois couches. Il y a l'ectoderme qui va donner la peau, le système nerveux, les organes des sens; il y a une couche interne qu'on appelle l'endoderme, qui donne le tube digestif et ses dérivés, et il y a le mésoderme qui est intermédiaire. Déjà, en 1924, Spemann a montré que le mésoderme induit le développement du neuro-ectoderme, c'est-à-dire que si le mésoderme est mal structuré, les organes des sens, le système nerveux ne pourront pas se développer. Et le tube cardiaque provient du mésoderme. Déjà, le mésoderme cardio-vasculaire présente une activité rythmique à trois semaines chez l'embryon de mammifère qui a trois millimètres de long, alors que le neuro-ectoderme, qui donne les organes des sens, n'est pas encore fermé. Donc, ce mésoderme est porteur d'une information qui est plus originelle que celle du système nerveux. Alors que l'endoderme, la couche interne, et l'ectoderme, la couche externe, sont confinés à l'embryon, le mésoderme établit des contacts directs avec l'univers utérin par le placenta et les caduques. Déjà ce mésoderme, on voit qu'il n'est pas limité à l'embryon, il n'est pas limité à l'individu. Il a des rapports directs avec l'univers extérieur. Donc, le mésoderme *in utero*, à l'intérieur de l'utérus, préfigure, au point de vue fonctionnel, ses rôles adultes, *ex utero*, à l'extérieur de l'utérus, ses rôles adultes d'échange à l'intérieur de l'individu et avec les univers extérieurs. Ceci explique pourquoi ce système vasculaire peut avoir un rôle important.

Après l'embryologie, voyons un peu de physique. Ce système vasculaire représente un réseau massivement parallèle, c'est-à-dire qu'il traite de nombreuses informations simultanées. Si on prenait tout le système vasculaire : les artères, les veines, les capillaires, les lymphatiques, toute la «tuyauterie», et si on la déroulait bout à bout «en série», ça ferait une antenne de plus de 100 000 km de long, presque trois fois la circonférence terrestre, à notre latitude. Le système vasculaire représente une antenne capable de détecter des choses qui sont vraiment infimes, qui sont déjà des variables cachées. Au point de vue mathématique, c'est un hypervolume, c'est-à-dire que c'est un volume défini, mais la surface interne de toute la tuyauterie, de tous les tuyaux à l'intérieur de notre organisme, représente une surface indéfinie qui correspond à l'infini mathématique. Ça représente une surface membranaire capable de résonner à des choses vraiment infimes. Aux points de vue mathématique et géométrique, c'est une structure fractale. Un fractal, c'est un même modèle à des échelles différentes. Un fractal, par définition, c'est un hologramme. Et il y a ce qu'on appelle la résonance d'échelle ou résonance entre le macrocosme et le microcosme.

Un autre aspect mathématique important du système vasculaire est sa topologie en bouteille de Klein. On connaît la bande de Moebius qui a une seule face et deux bords. La bouteille de Klein est analogue à une bande de Moebius mais avec une dimension supplémentaire. C'est comme une bouteille où l'extérieur communique avec l'intérieur. C'est dur de se le représenter, mais si vous êtes un globule blanc, vous faites le tour de la bouteille plusieurs fois par jour, c'est-à-dire qu'un globule blanc va passer dans les artères, il va aller dans les capillaires, puis il va traverser les capillaires et se trouver dans les tissus, donc en dehors, et il va rentrer dans le système vasculaire par l'intermédiaire des lymphatiques et des veines. Il y a donc cet aspect topologie, en bouteille de Klein, où l'intérieur et l'extérieur sont continus. Déjà, c'est une analogie qui nous montre le rôle de ce système vasculaire.

Ce résonateur vasculaire peut détecter les ondes gravitationnelles qui sont 10 à la puissance 38 fois plus faible que les ondes électromagnétiques. On pense que les ondes de forme, que le champ morphogénétique – je fais référence aux travaux de Thomas Bearden publiés dans *Gravito Biology* – est l'équivalent d'un champ gravitationnel. On a demandé à Sheldrake s'il y avait équivalence entre le champ morphogénétique et le champ gravitationnel, mais il n'envisageait que le champ gravitationnel, cosmique. Einstein a négligé complètement le champ gravitationnel provoqué par notre matière humaine, et ce qui est très important est que T. E. Bearden pense qu'il y a plus qu'analogie, il y a équivalence entre le champ morphogénétique et le champ gravitationnel, et ce dernier a une structure scalaire où il y a de nombreux vecteurs qui ne sont pas détectables, mais où il y a une structure interne importante qui porte la mémoire de l'individu, qui porte la mémoire de l'espèce humaine. Donc, il y a une résonance vibratoire à l'approche des filtres de gélatine. Quand on approche ces filtres, il se produit un phénomène vibratoire de résonance. Ce phénomène vibratoire de résonance induit dans le corps par chaque filtre se traduit, sur le pavillon auriculaire, par une trace vibratoire analogue à une transformée de Fourier. Une transformée de Fourier, c'est une raie spectrale. C'est le phénomène de l'arc-en-ciel. Un prisme va décomposer la lumière blanche en différentes raies spectrales, en différentes couleurs, caractérisées chacune par une longueur d'onde. Le prisme réalise une transformée de Fourier. Le pavillon auriculaire réalise plus précisément une transformée de Gabor.

Gabor, qui est à l'origine de la théorie de l'hologramme, a pris en même temps le domaine fréquentiel et le domaine temporel – une onde, c'est un domaine temporel, une raie spectrale, c'est un domaine fréquentiel –, les a couplés dans une seule fonction et la transformée par ondelette est utilisée actuellement dans les théories du signal, dans les reconstitutions de l'image, dans les reconnaissances de forme. Ce phénomène vibratoire est détectable sous forme d'axes vibratoires en croix latine ou en «X» au passage du filtre près du pavillon auriculaire. On peut dire que le pavillon auriculaire est analogue à un oscilloscope sur lequel on voit l'électrocardiogramme ou l'électroencéphalogramme ou d'autres mesures. L'axe vibratoire de l'oreille est analogue à un tracé électrocardiogramme ou électroencéphalogramme. Il permet de vérifier le métabolisme énergétique de chaque programme et la présence d'interférences. Un écran de télévision, c'est un oscilloscope. Le pavillon de l'oreille est donc analogue à un écran de télévision avec six programmes. C'est pour ça qu'on dit que l'oreille est déjà une image du corps, ou que l'oreille est un hologramme du corps humain, lequel corps humain est un hologramme de l'univers, lequel est un hologramme de l'ordre implié.

Quand on passe avec un filtre près de l'oreille, selon la direction, on va voir une réaction vibratoire qui est détectable, au niveau de l'artère. C'est l'artère qui est le résonateur permettant de détecter des phénomènes qu'on ne détecte pas autrement. On ne les voit pas, on les perçoit grâce au phénomène de résonance vasculaire que nous détectons avec le pouce placé à plat sur chaque artère du poignet.

On a parlé de mémoire. On a parlé de variables cachées. L'holo-énergétique nous permet de décoder nos mémoires, nos mémoires acquises au cours de cette existence, toutes nos mémoires transmises par nos parents, toutes les mémoires de l'espèce humaine et toutes les mémoires des différents stades évolutifs qui nous ont précédés. Cette mémoire est une variable cachée, elle n'est pas observable. C'est ce qui était à l'origine des travaux de Pribram, à la suite de Lashley, qui avait essayé de localiser la mémoire dans le cerveau. Mais la mémoire n'est pas localisée. Elle n'est pas localisée dans une molécule, elle n'est pas localisée dans un organe. La mémoire est distribuée dans tout le corps. C'est une propriété systémique et notre corps humain est l'interface entre les variables cachées et la matière.

Au point de vue biologique, la mémoire est supportée par des réseaux. Au niveau de l'organisme multicellulaire, au niveau de notre organisme, cette mémoire est supportée par le réseau mésodermique qui comprend le système vasculaire et également d'autres structures. Au niveau de la cellule, les travaux de Hameroff ont montré qu'il y a un réseau de micro-tubules dans les cellules. D'abord, au niveau de l'organisme humain, ce réseau mésodermique tissulaire; je ne parlerai pas du réseau d'origine nerveuse, qui est d'origine ectodermique, qui est très développé, qui est très connu, qui est plus facile à étudier parce qu'il produit une activité électrique enregistrable avec des appareils. Ce réseau nerveux est sous le lampadaire bien éclairé. Tout le monde cherche la clé sous le lampadaire et oublie de chercher la clé dans l'obscurité. Donc, ce réseau mésodermique vasculaire comprend plusieurs éléments. Il contient l'élément sanguin avec l'hémoglobine, qui est un pigment, il contient également les hormones avec le réseau peptidique. Toutes les hormones constituent un réseau, qui va moduler la mémoire. Il contient les lymphocytes. Les lymphocytes portent la mémoire antigénique. Il n'y a pas que le système vasculaire qui va entrer en résonance. C'est lui qui est détectable, il est un peu le résumé de toutes les vibrations au niveau du mésoderme.

On trouve aussi le système musculo-squelettique, avec la mémoire musculaire. Tous les praticiens en approche corporelle sont familiers avec cette mémoire musculaire : toucher quelqu'un à tel endroit va réveiller telle émotion. On trouve aussi le tissu conjonctif, qui est l'intermédiaire, qui est le support de tout l'organisme. Il n'a pas uniquement un rôle de support, il a un rôle d'échange. Les cicatrices sont également des mémoires. On a aussi la névroglie. On parle beaucoup des neurones, mais en neurologie, on commence à voir l'importance de la névroglie. Ce sont toutes les cellules qui supportent le système nerveux et qui ont un rôle d'échange. C'étaient un peu les parents pauvres, un peu comme les veines étaient les parents pauvres des artères, mais on s'aperçoit finalement que les parents pauvres ont une richesse insoupçonnée. Alors, la névroglie a un rôle d'échange avec les neurones et fait le lien avec la mémoire nerveuse, qui est bien connue, mais ici on parle surtout de la mémoire mésodermique peu connue.

Maintenant, au niveau de la cellule, il y a un réseau de micro-tubules qui est connu également sous le nom de cytosquelette. Il a un rôle dans la division cellulaire. Hamerhoff lui attribue un rôle de guide d'ondes. C'est déjà à ce niveau qu'on peut situer l'interface entre la pensée et la matière. Ces micro-tubules ont un rôle dans le métabolisme cellulaire. Ils ont un rôle dans la division cellulaire. On parle des chromosomes, mais sans le réseau de micro-tubules, les chromosomes ne sauraient pas où aller. Hamerhoff leur attribue un rôle de processeurs de l'information. Ces micro-tubules sont des petits tubes qui sont faits de tubuline et, en 1994, James Taboni, à Grenoble, a montré que la synthèse de la tubuline était sensible au champ gravitationnel. Donc, ceci illustre au point de vue biochimique que le corps va détecter le simple champ gravitationnel.

Hamerhoff, qui est anesthésiste au départ, a montré que la conscience se traduit par un état de cohérence quantique au niveau des tubulines. Cette cohérence quantique représente un supraconducteur. Il n'y a plus aucune résistance et le courant peut passer indéfiniment. Roger Penrose a émis l'hypothèse que ces micro-tubules étaient le lieu d'interaction entre la matière vivante et le potentiel quantique. Donc, on trouve une analogie structurale entre le réseau de micro-tubules cellulaires et le réseau mésodermique vasculaire. La cellule est un fractal de l'organisme, c'est-à-dire que la cellule est déjà un hologramme de l'organisme et, un des buts de l'holo-énergétique est de permettre à toutes ces cellules d'entrer en résonance, de communiquer entre elles. On trouve ce phénomène de résonance d'échelle entre les différents niveaux.

Le réseau cellulaire de micro-tubules contrôle le centriole, c'est ce qui va permettre à nos chromosomes de prendre la bonne direction, sans ça ils ne sauraient où aller et la reproduction ne pourrait pas être possible. Au départ, on leur a donné un rôle de soutien. On l'appelait le cytosquelette, le squelette de la cellule, mais c'est plus qu'un squelette. Ils ont un rôle d'échange important. Il y a une homologie entre ce réseau mésodermique, entre ces tubes cellulaires et tous les tubes vasculaires. Dans le phénomène holo-énergétique, le fait d'amener un filtre près du corps entraîne une résonance non seulement au niveau de tout notre organisme, mais également au niveau de ces micro-tubules. C'est l'hypothèse qui permet d'expliquer comment l'holo-énergétique fonctionne.

Au départ, l'holo-énergétique était une médecine, parce qu'elle a été découverte par des médecins et tout ce qu'un médecin fait, il a l'impression que c'est de la médecine! Mais on s'est rendu compte qu'avec cette méthode on ne fait pas de diagnostic médical, on ne fait pas de traitement médical. En conclusion, cette méthodologie holo-énergétique entraîne une cohérence quantique corporelle. Ceci veut dire qu'après un bilan, notre corps devient plus conducteur. Il présente un état de supraconductivité où les interférences disparaissent. Après chaque bilan holo-énergétique, le moyen physique de voir si le corps a capté les informations, s'il est syntonisé, c'est-à-dire si chaque programme est bien sur sa fréquence, c'est qu'il n'y a plus d'interférence détectable au niveau de la paroi artérielle. On pourrait dire que l'aspect particulaire avec les résistances s'est transformé en un état ondulatoire où la communication intercellulaire est plus facile. Ce réseau mésodermique est responsable du mouvement. Le mouvement du corps, les échanges extérieurs, sont assurés par le système musculo-squelettique. On note déjà le rôle des muscles dans le champ gravitationnel. Ce sont les muscles qui vont donner le tonus vertical et qui vont nous permettre un déplacement horizontal. Ce réseau qui intervient dans les mouvements extérieurs de l'organisme entier intervient également à l'intérieur du corps. Le mouvement vasculaire est un prototype de ce mouvement intérieur impliquant les éléments du sang, les hormones, les récepteurs qui vont moduler la mémoire nerveuse, les lymphocytes avec la mémoire antigénique. Ce réseau mésodermique qui est responsable du mouvement intérieur et extérieur.

L'holo-mouvement est le courant entre deux pôles, de l'ordre implié invisible à l'ordre déplié qui est l'ordre manifesté ou matérialisé dans lequel on existe. Grâce à la mise en ordre des mémoires acquises dans cette existence, des mémoires héritées de toute l'humanité et des stades évolutifs antérieurs, l'holo-énergétique est un instrument qui nous fait entrer en résonance avec la mémoire originelle, ou ordre implié ou surimplié, selon la terminologie la plus récente, ou le super-potentiel quantique en relation avec le champ universel, selon la terminologie de David Bohm. Cette mémoire originelle, multidimensionnelle, interpénètre notre espace-temps à quatre dimensions, entraîne l'abolition du temps psychologique. Elle nous permet d'apercevoir le double sens de notre matérialisation dans cette existence, c'est-à-dire de l'ordre implié vers l'ordre déplié et de l'ordre déplié vers l'ordre implié. Elle nous permet de comprendre que la fin est dans le commencement et le commencement dans la fin, selon une parole citée par Carlo Suarès.

Pour terminer, rien de mieux que cette citation de Krishnamurti dans *Plénitude de la vie,* parce qu'au fond le but de la mémoire, c'est la fin de la mémoire, avec le double sens sur le mot fin : «Il n'y a temps psychologique que lorsqu'on s'éloigne de ce qui est. Ce mouvement d'éloignement de ce qui est, c'est le temps. Mais si l'on est totalement et pleinement conscient de ce qui est, alors ce temps n'existe plus.»

J'espère que mon exposé ne vous a pas paru trop long, et qu'il nous reste du temps disponible pour les questions.

* * *

Q. — *L'exposé est excellent. Ça mériterait des années d'études pour comprendre tout ce qui a été dit, mais pour que tout soit clair, j'aimerais relever la comparaison que vous avez faite entre la conscience telle qu'elle est exprimée par Krishnamurti et Bohm, et la méthodologie holo-énergétique parce qu'à entendre tout ce qui a été dit, on dirait que seulement en pratiquant cette méthode on est déjà dans l'état d'éveil dont parlent Krishnamurti et David Bohm. Personnellement, je ne le crois pas, car il ne faut pas penser qu'une technique donnée va nous ramener à cette conscience dont parlent Krishnamurti et David Bohm, et beaucoup d'autres sages. Ça ne veut pas dire que la méthodologie holo-énergétique ne peut pas faire un nettoyage ou une restructuration de l'énergétique corporelle. On croirait, à entendre tout ce qui a été dit du début à la fin, qu'en pratiquant la méthodologie holo-énergétique, on va aboutir à cet ordre implié ou à «ce qui est», selon Krishnamurti et David Bohm. Est-ce que c'est cela que vous dites ou ai-je mal compris?*

J.R. — Vous avez partiellement bien compris. La méthodologie holo-énergétique permet de mettre en place nos différentes mémoires, les mémoires de cette expérience acquise, de cette existence, les mémoires de tout ce qui nous précède. Et quand ces mémoires sont en place, il y a libération pour entrer en résonance avec l'ordre implié. Alors, je maintiens quand même la possibilité physique d'entrer en résonance. Mais ça ne veut pas dire que la résonance va se faire. L'expérience clinique montre que beaucoup de gens vont sentir une libération qui va leur permettre ultérieurement, si le travail se continue, d'avoir accès à l'invisible, au multidimensionnel. Ce n'est qu'une méthode. Au départ, on a parlé des méthodes psychologiques, ici c'est une méthode physique qui va nous permettre, en court-circuitant le mental, d'entrer peut-être plus facilement en résonance avec le non-mental. Mais ce n'est pas cette méthode qui va vous donner la conscience cosmique ou la vision pénétrante. Elle va accélérer le nettoyage qui va nous permettre peut-être facilement, je conserve le terme, d'entrer en résonance avec le non sensoriel.

Q. — *À ce niveau, nous sommes d'accord. À partir de ces trois artères, comment pourriez-vous démontrer ce que vous avez dit à propos de cela? En deux mots, quelle est la preuve que ces trois artères constituent le pouls originel, la mémoire originelle du corps?*

J.R. — C'est l'expérience clinique qui a montré tous les phénomènes que les gens vont revivre. Souvent, les gens vont le ressentir comme un déroulement du film de l'existence à l'envers; tous les passages douloureux, qu'ils soient physiques ou psychologiques, vont être réactualisés. Quelqu'un me disait hier qu'il avait l'impression de voir un album de photos de son existence, comme un hologramme de tout ce qui était enregistré dans cette mémoire tissulaire, mésodermique, cette mémoire cellulaire. Et le prouver, alors je dirais que l'holo-énergétique ne se prouve pas, mais elle s'éprouve.

Q. — *Vous parlez souvent de la résonance. J'aimerais que vous expliquiez un peu un effet physique et physiologique de ce que signifie la résonance, parce que ce n'est peut-être pas évident pour tout le monde.*

J.R. — Pour qu'il y ait une résonance, il faut deux choses qui soient capables de vibrer ensemble. Dans l'appareil radio, il y a résonance entre un circuit électrique qui vibre à telle fréquence et un champ électromagnétique qui vibre à la même fréquence. Résonance veut dire qu'il y a formation d'un couple entre deux systèmes vibratoires. Donc, un système qui vibre à telle fréquence va pouvoir entrer en résonance, va capter tout ce qui est sur la même fréquence, ou sur la même longueur d'onde. En plus de la résonance électromagnétique, on connaît bien la résonance magnétique nucléaire ou électronique. Ceci implique des énergies très faibles. L'analogie avec la balançoire permet de mieux comprendre le rôle du temps, de la phase. Quand le mouvement est ample, il faut chaque fois qu'on donne une petite impulsion et surtout la donner au moment opportun, au moment adéquat. Donc, une petite impulsion va augmenter l'amplitude. Alors, chaque fois que vous poussez sur la balançoire, vous êtes vous-même un mouvement vibratoire qui va provoquer une augmentation d'amplitude de la balançoire. Si le temps de l'impulsion n'est pas au bon moment, l'amplitude va diminuer. Dans le phénomène de résonance, il y a un système vibratoire très faible qui va entraîner, dans le système vibratoire réceptif, une augmentation d'amplitude des vibrations. Prenons l'exemple de la voix. Si vous gagnez un million à la loto et que vous criez très fort, vous êtes capable de faire éclater le miroir, parce que les atomes du miroir sont toujours en vibration mais ils ont un espace qui est très faible. Si la fréquence de votre voix est sur la même fréquence que la fréquence de vibration des atomes, ou un harmonique, un multiple, les atomes eux-mêmes vont entrer en résonance. Mais comme ils sont limités dans l'espace, cette augmentation d'amplitude va faire éclater le miroir. Il y a le phénomène bien connu également sur un pont. Un régiment ne peut pas marcher au pas cadencé sur un pont parce que même le pont a une vibration. Au XIXe siècle, il y a un régiment qui est passé au pas cadencé sur un pont de la Loire. Le rythme de tout le régiment a entraîné, par phénomène de résonance, un éclatement du pont qui s'est écroulé. Donc, dans une résonance, il y a quelque chose qui est très faible, qui va provoquer, dans un autre système, une augmentation d'amplitude. Ça veut dire que notre corps, notre système vasculaire, qui est un système vibratoire, va être capable d'augmenter d'amplitude à l'approche d'énergies extrêmement faibles, telles que l'interaction gravitationnelle et les ondes de forme, ou les variations du champ morphogénétique.

Robert Linssen — *J'ai été très intéressé par votre exposé. Mais je me permets de vous signaler deux choses. C'est que dans l'optique de l'enseignement de Krishnamurti, il y a cet inconnu,* cet inconnu suprême qui, bien entendu, est le domaine de l'holo-mouvement, etc., mais il y a comme une sorte de sens unique. D'une part, il y a cet inconnu fondamental, et ce sens unique peut s'expliquer par l'existence que je pourrais appeler une sorte de doigt spirituel. Il est impossible avec la prise en considération des éléments du connu d'arriver à l'inconnu. Il n'y a pas de contact. Le sens unique vient de l'inconnu vers le connu. Bien sûr, ça n'enlève pas du tout la valeur de votre exposé magistral, mais il y a à noter aussi que même au niveau de votre exposé, il faut bien faire la distinction entre le niveau de l'ordre implié, de l'ordre expliqué (explicated order) et l'ordre surimplié, parce que même à ce niveau-là, il faut bien se rendre compte que le domaine de l'espace infiniment petit, où l'on évoque précisément le domaine des variables cachées, est un domaine qui est d'une telle subtilité et d'une telle réduction de toutes les valeurs d'espace habituel, qu'il est infiniment au-delà — je parle maintenant du domaine de l'ordre implié, je ne parle pas du domaine de l'ordre superimplié —, il se situe entre les conditions d'espace que nous connaissons et, pour en donner une idée, d'exposant 10 moins 17 des plus petites possibilités d'espace que nous connaissons. Or, d'après David Bohm, le super ordre implié se situe à un niveau encore infiniment plus réduit qui est de 10 exposant moins 33 centimè-tres. Alors, il faut bien se rendre compte de la distance énorme des valeurs qui sont connues dans tous les mécanismes notamment de la biologie moléculaire, – je connais tout ce qui est dit au sujet des fameux micro-tubules dont vous avez souligné l'existence et qui est extrêmement intéressant –, mais je pense qu'il y a encore un abîme entre les niveaux de la biologie moléculaire, les niveaux de tous les champs que vous avez énoncés, et l'ultime limite dans laquelle se réalise ce fameux processus absolument extraordinaire de la mécanique subquantique de transition virtuelle. La mécani-que subquantique de transition virtuelle utilise encore les mémoi-res, elle explore au milliardième de seconde toutes les possibilités d'un système, possibilités qui sont extraordinairement variées et en fait une synthèse. Cette synthèse lui donne un résultat et à ce moment-là, les transitions virtuelles deviennent actuelles. Mais *cela se passe dans un domaine qui est d'une telle finesse que, ou bien il faut compléter la valeur des énergies qui sont mises en mouvement lors des explorations de votre théorie très intéressante, ou bien alors il faut envisager, à mon humble avis, des modifications. Mais la conclusion sur laquelle j'insiste, c'est que certainement il y a là une exploration qui a une très grande valeur du point de vue des profondeurs de tout le système nerveux et de tout notre organisme qui se révèlent d'une ingéniosité vraiment extraordinaire, mais il y a finalement à retenir que jamais toutes les informations du connu, qui sont admirables et qui, d'année en année, se révèlent d'une ampleur extraordinaire, même avec tout cela il ne faudrait pas créer une systématisation d'approche du suprême, parce que comme l'a bien souligné Samir Coussa, il y a ce sens unique, un sens unique. Le suprême s'impose à nous grâce justement à notre total silence intérieur, à notre absence de nous-mêmes. Voilà ce que je voulais vous dire.*

J.R. — Je vous remercie pour ces mises au point qui m'intéressent. Ceci ne représente qu'une étape dans un cheminement. Le débat reste ouvert et nécessite des recherches et des interrogations supplémentaires pour arriver à mieux étayer ces transitions entre le matériel spatiotemporel et le multidimensionnel et leur réversibilité éventuelle.

LECTURE D'UN TEXTE DE DAVID PEAT

Robert Linssen

Un ami, le professeur David Peat, nous a communiqué le texte évoquant différents détails de la vie de David Bohm. C'est là un document très émouvant lorsqu'on prend conscience des nombreuses difficultés et des événements vraiment dramatiques généralement méconnus que David Bohm a traversés dans sa vie.

HOMMAGE À DAVID BOHM
par D. Peat
(traduit de l'anglais et commenté par R. Linssen)

Par son esprit universel, animé d'une capacité de synthèse exceptionnelle, David Bohm doit être considéré comme l'un des penseurs les plus remarquables de notre temps. Sa vision globale partait de la physique et embrassait la philosophie, la psychologie, la sociologie, l'éducation, la biologie, l'étude des religions et les nouvelles approches thérapeutiques.

Il faisait partie des précurseurs de la nouvelle médecine holistique, dont l'un des plus fervents partisans, le docteur Larry Dossey, lui a rendu un fervent hommage.

Quant à l'écrivain anglais Yan McEva, il a rendu hommage à l'œuvre de David Bohm *Wholeness and the implicate Order* (La Plénitude de l'Univers) dans son roman *L'enfant du temps.*

L'œuvre de David Bohm s'étend de la théorie des plasmas jusqu'à une approche physiologique du processus de l'ego. Elle comprend une alternative radicale de la **théorie quantique** ainsi qu'une tentative de **cosmologie unifiée** qui aurait englobé la théorie de la **relativité** et la théorie **quantique.**

Ses travaux débutent avec *The implicated Order* jusqu'à une théorie aussi géniale qu'audacieuse sur les **champs d'informations actives,** inspirés d'un nouvel aspect du monde physique.

Très intéressé par les méthodes nouvelles d'éducation créatrice, David Bohm a apporté une importante contribution pratique aux écoles Krishnamurti, en Californie, et en Angleterre, à Brockwook Park.

L'inspiration fondamentale de son œuvre résulte de sa considération de l'Univers comme **une Plénitude indivise** et l'**Unité organique** d'un **seul et même Vivant.**

David Bohm est né en 1917 en Pennsylvanie, dans une ville minière formée de catholiques irlandais et polonais, au moment où une dépression économique entraînait le chômage et une grande pauvreté. Bohm se sentait rejeté par son père, et, de religion juive, il était exclu de la communauté catholique de son école. Très sensible à la souffrance du monde, il sentit l'urgence d'une transformation de la société par la puissance de l'esprit.

Déjà, pendant sa scolarité, il tenta de développer une remarquable cosmologie quadridimensionnelle ainsi que les rapports existant entre l'esprit et la matière.

Dès son enfance, David Bohm **pressentit l'existence d'une lumière omnipénétrante, possédant un pouvoir de pénétration tel qu'elle pouvait traverser l'univers entier.**

Effectivement, une telle intuition devait le prédestiner à évoquer plus tard un océan de lumière nouménale formant les profondeurs ultimes de la matière.

Après une transformation remarquable qui se produisit dans son corps et dans son esprit, transformation qui dura toute sa vie, David Bohm se consacra à l'étude de la physique et de la philosophie.

Très jeune, David Bohm avait déjà perçu le fondement de l'œuvre de sa vie : **l'univers comme unité d'un flux mouvant, l'holo-mouvement,** l'ordre implié, vie et conscience de la matière, etc.

À l'université, il fut un étudiant absolument exceptionnel et fut remarqué par Oppenheimer, pour lequel il avait une grande admiration, et se joignit au groupe de l'université de Berkeley dans lequel se trouvaient Richard Feynman et Weinberg. À Berkeley, David Bohm commença à étudier non seulement la théorie quantique, mais aussi le marxisme. Ayant été témoin des conditions de vie misérables des mineurs, il estimait que la société devait subir une transformation et qu'il était d'une importance vitale de comprendre **la nature** par les moyens d'une physique claire et rationnelle. À cette époque, entre 1940 et 1950, il croyait que le matérialisme dialectique de Marx et de Lénine donnait une base rationnelle pour cette transformation. David Bohm se fit plusieurs amis à Berkeley et considérait Oppenheimer comme le père idéal qu'il n'avait jamais eu.

À cette époque, son travail le plus important consistait à développer la théorie des plasmas, un quatrième état de la matière découvert dans les étoiles et dans les espaces interstellaires.

Les travaux de David Bohm attirèrent l'attention du célèbre physicien J. A. Wheeler, qui lui offrit un poste à l'université de Princeton. Là, il se lia d'amitié avec Einstein, avec lequel il évoqua les paradoxes de la théorie quantique. Il se consacra aussi à l'étude des problèmes de la causalité. À cette époque, David Bohm croyait que la nature humaine prenait ses origines dans la matière, et que les êtres humains **ne pouvaient se comprendre eux-mêmes et transformer la société que s'ils comprenaient la nature de la causalité.**

L'importance que les théories quantiques accordaient au hasard tendait à donner une image causale du monde, n'offrant aucune description claire des événements du monde atomique. Cette situation incita David Bohm à développer sa théorie géniale sur les variables cachées dans laquelle l'électron se déplace selon une trajectoire émanant d'une influence étrangère et nouvelle, théorie connue sous le nom de «potentiel quantique», dont les parachèvements n'ont été réalisés que vers 1980.

Entre 1940 et 1950, il s'intéressa aux problèmes de la superconductivité et commença à entrevoir les bases de sa théorie des champs quantiques d'informations actives. Il était digne, selon ses collègues de l'université de Princeton, de mériter le prix Nobel.

Cependant, tout changea radicalement lors de la triste période dite «de la chasse aux sorcières». Sa réputation de partisan des théories marxistes et sa sympathie pour ces milieux eurent pour résultat que l'administration des activités anti-américaines l'appela à comparaître pour témoigner et **dénoncer ses amis accusés d'activités anti-américaines. Il refusa, fut arrêté et accusé d'hostilité contre le Congrès. Bien qu'acquitté, David Bohm fut exclu de l'université de Princeton et informé qu'il ne pourrait plus jamais exercer aux États-Unis.**

C'est ainsi qu'il émigra au Brésil, seul pays où il pouvait travailler dans une université.

Au cours des semaines qui suivirent son arrivée, **le consul des États-Unis confisqua son passeport. Contraint de rester au Brésil, il se retrouva complètement isolé et exilé pendant quatre à cinq ans.**

Il était totalement privé de contact avec les scientifiques prédominants et incapable de défendre sa théorie des variables cachées, qu'il considérait comme seule solution pouvant résoudre les paradoxes de l'ancienne physique quantique même si les implications philosophiques, spirituelles et sociales de cette nouvelle physique étaient immenses.

L'attitude que le célèbre physicien Oppenheimer, que David Bohm considérait comme un père, eut à cette époque, est choquante et incompréhensible.

Pendant la guerre, Oppenheimer fut le directeur du célèbre projet Manhattan, qui visait la fabrication de la bombe atomique. Talonné par le zèle des agents de la sécurité, il donna les noms de plusieurs jeunes étudiants qu'il estimait potentiellement dangereux. **David Bohm était parmi eux et fut qualifié de communiste dangereux.**

Après la guerre, Oppenheimer, trouva le réseau de sécurité autour de lui insupportablement oppressif et désira prendre ses distances de toute forme de marxisme.

Lorsque David Bohm rentra au Brésil, Oppenheimer organisa un séminaire sur les théories des variables cachées. Au cours de ce séminaire, **David Bohm fut attaqué par Oppenheimer lui-même et par ses collègues, qui le traitèrent de marxiste, de trotskyste, et le qualifièrent de jeune délinquant de la science et de «nuisance publique».**

Finalement, Oppenheimer annonça à ses collègues que s'ils ne pouvaient pas désapprouver complètement la théorie des variables cachées, ils devraient cependant l'ignorer.

Pendant qu'il était au Brésil, David Bohm avait eu une vision remarquable de l'électron sous forme d'une série de niveaux englobant de nombreuses dimensions sous-jacentes. Il vit aussi le monde quantique comme une série de reflets dans des miroirs dans lesquels toutes choses étaient reflétées, y compris les reflets des reflets.

Cette vision intuitive de David Bohm était connue et souvent évoquée dans les anciens textes philosophiques de l'Orient, plus spécialement en Inde. Elle est symbolisée dans l'image du «Collier d'Indra». Les origines lointaines de cette image se situeraient dans l'Avatamsaka Sûtra, ancienne doctrine de l'interfusion cosmique enseignée dans le Kegon Zen. L'univers y était comparé à un immense collier formé de milliards de «perles». Chaque «perle» contient le reflet de toutes les autres et, réciproquement, toutes les autres contiennent le reflet de la première «perle» dans le flux d'interéchanges constants.

Après quatre ans d'exil, Bohm obtint la nationalité brésilienne et alla enseigner en Israël où il rencontra sa future épouse. Il se rendit à Paris où il prit contact avec le groupe du célèbre physicien et prix Nobel Louis de Broglie.

C'est à Paris que David Bohm apprit que Khrouchtchev dénonçait les erreurs de Staline. Pour Bohm, le monde s'effondrait. Il comprit à quel point le régime qu'il avait pris pour exemple était corrompu. Il en fut fort ébranlé et rejeta le matérialisme dialectique et le marxisme. Il étudia les religions, le mysticisme chrétien ainsi que les œuvres d'Ouspensky et de Gurdjieff.

Après avoir vécu en Israël, Bohm s'établit en Angleterre, à l'université de Bristol. Avec Yakir Aharonov, un étudiant diplômé, il découvrit un nouvel effet de la physique : l'effet Bohm-Aharonov. Cet effet fut confirmé plus tard par des expériences en laboratoire. Il démontra la haute sensibilité de l'électron à toutes les perturbations de son milieu. Le bruit courait, peu avant sa mort, en 1992, que cette découverte était désignée pour l'obtention du prix Nobel.

Bohm pressentait qu'en tant que partie de l'univers, il contenait à l'intérieur du microcosme de son corps la **totalité du cosmos.**

Actuellement, cette vision est totalement corroborée par la non-séparativité. En effet, la nouvelle physique considère l'interdépendance et l'interliaison de toutes les particules de l'Univers réellement engagées dans un processus d'interliaisons mutuelles sous l'action constante d'un champ unique. Ceci se trouve résumé dans la déclaration fondamentale de la nouvelle physique, qui s'énonce de la façon suivante : «Une particule existe parce que toutes les autres particules existent simultanément.» Autrement dit, chaque particule du stylo écrivant ces lignes possède une partie d'elle-même dans les particules les plus lointaines des galaxies et, réciproquement, chaque particule des lointaines galaxies est partiellement présente dans les particules de ce stylo, en raison d'une interfusion, ou interpénétration, universelle.

* * *

Dans une librairie de Bristol, l'épouse de David Bohm releva une phrase dans un livre évoquant l'interdépendance entre l'observateur et l'observé. Le livre était écrit par Krishnamurti. David Bohm sollicita une entrevue privée avec l'instructeur indien et cette rencontre fut l'événement le plus extraordinaire de sa vie.

Dans ce livre, Krishnamurti évoquait une transformation pouvant se réaliser par le silence de la pensée et l'action de l'Intelligence. David Bohm le questionna sur la nature de la pensée, sur la possibilité de mutation des cellules cérébrales et de régénération du cerveau (Maurice Wilkins). De nombreux dialogues eurent lieu entre Bohm, Krishnamurti et divers scientifiques mondialement connus.

Les rapports entre Krishnamurti et David Bohm connurent cependant une phase difficile. David Bohm était soucieux du changement d'attitude de l'entourage de Krishnamurti à son égard. Il était troublé par l'admiration excessive des intimes de Krishnamurti à l'égard de sa personne, tandis qu'inversement, Krishnamurti cherchait à rejeter l'admiration que Bohm lui témoignait. Toujours est-il que les circonstances incitèrent Bohm à ne plus considérer Krishnamurti comme son père spirituel, bien que leurs rapports restassent toujours amicaux. Bohm quitta Bristol pour l'université de Londres où, avec la collaboration du professeur Basil Hiley, il développa ses idées sur un nouvel ordre, à la fois philosophique et mathématique.

Il approfondit sa vision de l'univers comme **flux mouvant** et déclara **que le monde que nous voyons autour de nous n'est qu'une ombre évanescente d'une essence unique sous-jacente.**

Le monde des objets en interaction est l'*explicated order* à l'intérieur duquel, ou sous-jacent à ce monde, réside l'*implicated order.* Plus tard, David Bohm compléta sa théorie de l'ordre implié en y ajoutant un super-ordre implié.

Il déclara que l'électron était guidé par un potentiel quantique pouvant être considéré comme un champ d'informations actives dont l'électron fait la lecture. Il déclara également que l'électron possède une complexité intérieure considérable.

Le tableau suivant tente de résumer les diverses dimensions de l'Univers.

Schéma
«Voies abruptes» – **Éveil**
(Nisargadatta, Krishnamurti, Wei Wu Wei)

INCONNU   Plénitude   **LE TÉMOIN**
Noumène   **?**   Niveau du «seul sujet»
(Non manifesté)   Universel
(Inconnaissable par la pensée)

PARABRAHMAN   **ABSOLU**
                    «Super-ordre impliqué»   (David Bohm)
                    «Super-implicated order»

«douane» spirituelle intransigeante exige un total abandon
de tous les «bagages», mémoires, images, etc.

                    «Implicated order»   (David Bohm)
origine première de **CONSCIENCE PURE**   mécanique subquantique
la manifestation   **NI NOMS NI FORMES**   des transitions **virtuelles**
                                                 (David Bohm)

                    ISHVARA
                    (le «Dieu» des religions)

zone d'échanges

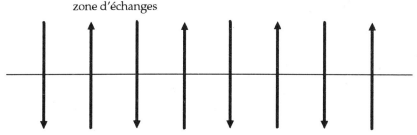

échanges   **NOMS - FORMES - EGO**   (niveau des impostures
                    MENTAL - TEMPS - DUALITÉ des ego «faux sujets,
«ordre déplié»   **SOUFFRANCE - PLAISIRS**   paquets de mémoires
«explicated order»   **RÉINCARNATION**   résiduelles»)
                    EGO DE L'HUMANITÉ
(David Bohm)   **INCONSCIENT COLLECTIF**

241

La notion d'information active de David Bohm introduisit un principe totalement nouveau dans la physique et compléta la trinité : **matière, énergie, information.** David Bohm évoqua également l'existence d'un champ d'informations à l'intérieur du corps, une activité cohérente qui sauvegarde la totalité du corps, différente du système immunitaire. Cet aspect de son travail attira l'attention de nombreux chercheurs en médecine alternative.

En 1991, la santé de David Bohm se détériora et il devint progressivement déprimé, suite aux différentes déceptions ou trahisons dont il avait été victime.

Quelques mois avant sa mort, il se rendit en Amérique du Nord et donna des conférences sur sa nouvelle psychologie en Californie. Il rencontra également un groupe d'indigènes américains qui exposaient leur vision du monde et du langage basé sur le verbe d'une façon semblable à la sienne, notamment dans ses tentatives de création d'un nouveau langage : «le rhéomode». Celui-ci accorde une priorité aux verbes par rapport aux substantifs.

Quelques heures avant son décès, il téléphona à son épouse pour lui dire qu'il était sur le point de rentrer et qu'il se sentait bien, car il était au seuil de découvrir quelque chose d'entièrement nouveau. Il prit un taxi et souffrit d'une grave crise cardiaque au moment où le taxi arrivait en face de sa maison. Il ne reprit pas conscience et mourut dès son arrivée à l'hôpital.

Rappelons enfin l'ampleur de l'hommage rendu à l'œuvre de David Bohm, à son honnêteté, à son audace, à sa modestie et à sa bienveillance au cours de toutes les circonstances parfois pénibles et cruelles de sa vie, hommage rendu par de nombreux savants éminents tels les prix Nobel I. Prigogine, R. Feynman, Eugène Wigner et Maurice Wilkins.

* * *

Pour terminer cet exposé, j'aimerais ajouter qu'il me semble impossible que David Bohm ait écrit ce qu'il a écrit, qu'il ait perçu ce qu'il a perçu, sans avoir eu cette vision holistique, ces moments d'éclair, cet *insight*. Et mon intuition est bien fondée, car David Bohm a eu des perceptions directes et fondamentales, qui ont présidé à toute son œuvre. C'est d'ailleurs la seule raison pour laquelle j'ai tenté d'en rendre le résumé dans ce très modeste essai qui s'appelle *La spiritualité quantique*. C'est surtout pour faire ressentir au monde que l'œuvre de David Bohm n'est pas qu'un édifice génial par toutes ses découvertes sur les informations actives, etc., mais qu'elle correspond à une disponibilité fondamentale et à une vision pénétrante authentique.

Références bibliographiques

Peat, D., *Vie et œuvres de David Bohm*, à paraître.

Bohm, D., *La Plénitude de l'Univers*, Éditions du Rocher.

Weber, Renée, *Dialogue avec des scientifiques et des sages*, Éditions du Rocher.

LE DÉFI D'ÊTRE PERSONNE

Constantin Fotinas[1]

> Tout nous a été donné,
> pour cela on a droit à rien.

Je ne peux parler de Krishnamurti

Aussi longtemps que je continue à être quelqu'un, écrire sur Krishnamurti est un non-sens. Aussi longtemps que je détiens une identité, parler de Krishnamurti est un non-sens. Le défi est de taille. Il s'agit d'une problématique qui me préoccupe depuis des années et que j'ai exprimée dans d'autres textes sans pouvoir envisager une certaine solution. Mais y a-t-il une solution?

Toute sa vie, Krishnamurti s'est battu contre les mots et les concepts. «N'écoutez pas ce que je dis, ne vous arrêtez pas sur mes paroles», répétait-il souvent dans ses conférences. «Vous devez plutôt regarder en vous, profondément en vous. Mes paroles ne sont que le miroir qui doit refléter votre monde intérieur.» Quel défi! Quelles sont ces paroles magi-

---

1. Cet article a été écrit avec la collaboration de Dr Nicole Henri, coresponsable du Laboratoire de recherche *Café-École*, à la Faculté des Sciences de l'éducation de l'Université de Montréal.

ques qui ne nous éloignent pas de nous, ces paroles divines qui nous font plonger en nous? Comment puis-je les identifier? Où trouverais-je la force et l'intelligence pénétrante pour les reconnaître? Mes lèvres sont-elles capables de les prononcer?

Dans ses présentations et ses conférences, Krishnamurti s'est constamment battu pour s'effacer de la scène et devenir «personne». «Ne vous arrêtez pas sur ce que je suis ou sur ce que je fais. Ce que je fais ne peut vous être d'aucune utilité. Cela ne peut vous servir en rien dans votre vie, dans votre travail, dans votre famille.» Il savait pertinemment qu'une des raisons de la souffrance humaine réside dans les modèles de vie et d'actions que les traditions, les religions, les sociétés proposent à leurs membres, modèles qu'ils nous recommandent, pour notre salut : suivre le «bon» modèle, imiter la vie de Jésus ou de Bouddha, suivre pas à pas la vie et les comportements des maîtres ou des gourous. Même nos parents – les pauvres! – nous demandent de suivre leur exemple. Quelle force et quelle intelligence pénétrante de pouvoir être là, présents, et pourtant effacés, presque invisibles; une présence qui tourne son regard vers soi, profondément dans son monde intérieur, dans «ce qu'on est». Krishnamurti disait : «Ce qui est». Il enlevait de sa phrase le pronom personnel, et cette phrase banale devenait un énoncé magique : «Observer ce qui est», «La vérité est dans ce qui est.» Et le monde change devant nous. Le «moi», le «toi», le «il» disparaissaient, la fragmentation disparaissait sous son bâton magique. L'homme fragmenté – le terrain de notre souffrance – se retirait pour laisser apparaître l'homme «total». C'était cela son défi, sa raison d'être.

Je me rappelle encore cette sensation indescriptible qu'a produite sur moi la première apparition de cet être total; elle est toujours ici dans le bas de mon ventre. Il y a plus de vingt-cinq ans, avec un groupe de Grecs d'Athènes – chercheurs, médecins, homéopathes, poètes –, j'ai eu la chance d'assister, pendant quelques étés, aux présentations-dialogues de Krishnamurti, en Suisse. Quelle intelligence pénétrante!

Mais, mon Dieu!, comment parler sans parler, écrire sans écrire? Comment formuler un discours sans enfermer l'objet ou le sujet de ma préoccupation dans les limites de mes mots? Comment parler de Krishnamurti sans le réduire aux dimensions de mes paroles, et, pire encore, sans m'enfermer moi-même dans cette prison que je me bâtis? Je sais pertinemment que mon identité me renferme en moi, m'éloigne de vous et du monde, et justifie sa présence en me disant qu'elle me protège de tout danger extérieur. Dans son petit royaume, elle enferme avec moi tout un cirque pour m'occuper et me faire passer le temps agréablement. Oui, il s'agit d'un merveilleux, d'un fabuleux cirque, avec des numéros extraordinaires, qui apaise souvent mes angoisses et mes peurs, qui recrée mes plaisirs passés et qui enlève momentanément mon insécurité psychologique. Reconnaissez-vous, profondément en vous, votre cirque personnel? Oui, parce qu'il est personnel à chacun de nous, bâti pièce par pièce par nous-mêmes afin d'être à notre mesure, et ainsi nous donner pleine satisfaction. Très connue dans le monde d'aujourd'hui, sa devise est: «Satisfaction garantie ou argent remis». Reconnaissez-vous ce cirque qui nous habite? C'est le cirque du «connu»: le connu est le vécu de nos expériences personnelles et de nos expériences en tant qu'espèce. C'est toute notre histoire. Notre cirque nous offre des spectacles qui puisent leurs sujets dans notre mémoire individuelle et notre mémoire d'espèce. Des bandes vidéo plus ou moins fidèles et, de toute façon, dépassées, de ce qu'on a vécu, disponibles 24 heures sur 24 comme dans tout bon club vidéo. D'après nos humeurs, on peut choisir une cassette avec un événement heureux ou malheureux, prendre la cassette chez soi et commencer la projection. On visionne et revisionne nos histoires anciennes, et le cycle recommence.

On confond la projection avec la réalité et on s'emprisonne dans le «connu» qui est plus sécurisant, sans surprise et sans risque, et finalement, on étouffe et on meurt. Sur notre pierre tombale, nos concitoyens, qui vivent aussi enfermés dans leur propre cirque, vont graver : «Voilà un homme qui s'est battu pour améliorer la vie.»

Alors, aussi longtemps que j'ai une identité, qu'elle soit la meilleure ou la pire n'a aucune importance, aussi longtemps que j'ai mon cirque personnel et mes bandes vidéo, écrire sur Krishnamurti est un non-sens. Aussi longtemps que mes amis me reconnaissent parce que je continue à projeter la même image de moi et à jouer le même numéro – nous nous invitons dans nos cirques respectifs pour souffrir ensemble : «Je vous aime. Venez, nous allons souffrir ensemble!» –, parler de Krishnamurti est un non-sens.

Aussi longtemps que mon petit royaume personnel n'a pas ouvert toutes ses portes et démoli tous ses murs de protection, aussi longtemps qu'il n'a pas déposé toutes ses armes, je ne peux parler de quiconque, et encore moins de Krishnamurti. La grâce qu'a reçue l'homme de son Créateur, la grâce de la parole, qui, au début, était à l'image du Verbe divin, ce pouvoir de nommer le monde et son contenu, de se nommer soi-même et ainsi se reconnaître, est devenue le plus terrible obstacle à notre évolution, la prison la plus redoutable. Mon petit royaume doit s'ouvrir pour se réunir avec le royaume du monde, avec le royaume des cieux. Notre salut, c'est cela. Nous devons redevenir des pauvres d'esprit, sans identité, sans ego, sans nom. Nous devons redevenir «personne», sans aucune attache et sans aucune «résistance». Cette résistance, au sein du champ énergétique cosmique, nous a permis de nous distinguer de celui-ci et de créer une entité différenciée qui est devenue le fondement de notre ego. Nous devons devenir des orphelins, des errants, sans famille, et rester longtemps ainsi avant d'avoir le droit de reprendre la parole. Le royaume des cieux peut alors s'ouvrir et nous réintégrer enfin dans notre champ d'origine.

...Mais je peux parler de moi

En avançant dans mon texte, et après ces quelques pages du début, je constate que je cite souvent Krishnamurti. Et pourtant, j'avais décidé de ne pas parler de lui, de sa vie et de son œuvre! Je réécoute la cassette et me pose sérieusement la question : est-ce que je parle de Krishnamurti? Je ne pense pas. Et pourtant, le texte donne l'impression que je ne parle que de lui. Bien sûr, je me réfère souvent à lui. Parfois, il devient mon système de référence, mais il s'agit plutôt d'un point de départ pour mon exploration. Finalement, tel que promis, je ne parle que de moi et de mon vécu personnel. J'expose mes sentiments, mes réflexions, mes sensations corporelles, mes expériences intérieures, face au phénomène Krishnamurti. Et ça me rassure!

Quoi que je dise, je ne peux parler que de moi. Parler de moi par rapport à Krishnamurti est intentionnel. Mais il ne s'agit pas d'une simple spéculation à l'occasion du sujet de la conférence, car souvent on fait cela. D'autres fois, on intervient et on crée l'impression d'une analyse objective, d'un simple jeu intellectuel. Il y a d'autres façons, et dans tout ceci, on a l'impression de parler de Krishnamurti!

Moi, j'ai choisi de ne parler que de moi, tel que je suis apparu dans le miroir de ses paroles, de son discours et de sa présence. «Ce que je dis, ce que je fais ou ce que je suis ne vous serait d'aucune utilité. Tout cela n'est qu'un miroir. Regardez-vous dans le miroir. Regardez votre monde intérieur.»

Je me regarde alors dans ce miroir de cristal pur, sans aucune déformation (voilà la vraie définition d'un maître!), et que vois-je? Tout simplement «le visage en arrière de mon visage». Suis-je capable de percevoir toute la richesse que le miroir de Krishnamurti peut me dévoiler? Tout cela me rassure : je ne parle que de moi! Mais si parfois le contrôle m'échappe et que je me laisse emporter, pardonnez-moi. Ce qui me soulage le plus est l'irréfutable fait que quoi que je dise, ce ne sera d'aucune utilité pour vous, ni pour personne, et cela sans aucune prétention. Je n'ai pas la sagesse ni le talent d'agir comme un miroir.

De l'élémentaire à l'université, tout bon enseignant doit agir auprès de ses élèves comme un miroir afin qu'ils se découvrent à travers les connaissances acquises par leur travail personnel. Le miroir doit être présent en classe; il doit constamment tourner de gauche à droite afin de permettre à chacun de se regarder. Oh! que la nature est sage et belle... tout ce que l'élève ou l'étudiant ne découvre pas dans ce miroir magique, il le rejette et l'oublie en sortant de la classe. Et c'est très bien ainsi! Probablement qu'il ne restera en lui qu'une ou deux questions qui ont émergé de ses profondeurs pendant l'exposé.

Avec quel plaisir je me souviens d'une activité didactique paradoxale que nous avons proposée à nos étudiants, à la faculté des sciences de l'éducation de l'Université de Montréal! Le programme contenait beaucoup de théorie et d'informations à transmettre, sans aucune initiative de la part des étudiants qui devaient se limiter à prendre des notes à mémoriser et à rédiger des travaux. Par réaction, mes collaborateurs et moi avons placé une grande poubelle à la sortie de la classe, et nous avons proposé aux étudiants de prendre la responsabilité d'y «flanquer» tous leurs écrits. Quand le miroir n'est présent ni dans la classe ni dans l'école, la «poubelle» doit prendre sa place. Et elle la prend malgré nous. Et c'est tant mieux! Mais on doit avoir le courage de l'introduire et de la présenter officiellement. Si on en est incapable, au moins qu'on soit honnête... D'après les résultats et l'évaluation, cette activité didactique – qui était l'une des plus importantes – a eu, au niveau de l'apprentissage, un impact assez extraordinaire! Cet automne, dans notre cours d'*Animation pédagogique,* nous avons pensé apporter une petite poubelle à chaque étudiant afin qu'il se rappelle qu'en sortant du cours il doit oublier ce que nous y avons dit ou fait. Il doit garder seulement ce qu'il a découvert dans le miroir qu'on a placé devant lui.

Alors, je me sens soulagé! La suite de mon communiqué sera composée de tout ce qui émerge en moi, de mes profondeurs, suite à mes regards attentifs dans le miroir de Krishnamurti. Et je désire le laisser apparaître dans l'ordre de son émergence. Je ne peux rien faire d'autre puisque je détiens encore une identité. Parler de Krishnamurti serait donc un non-sens.

Un monde qu'on a créé de toutes pièces...

Depuis une cinquantaine d'années, les scientifiques de différentes disciplines disent que notre monde – social, culturel, politique, économique, idéologique et religieux – n'est qu'une pure création de l'espèce humaine. Il est d'ailleurs sa seule création. Il s'agit d'un monde à deux volets : un monde matériel extérieur (sciences et technologies) et un monde psychologique intérieur (valeurs et symboles). D'Adler à Watzlawick, les scientifiques humanistes basent leurs recherches et leurs théories sur cette hypothèse. Ce monde, plein de beautés et de laideurs, de bonheurs et de souffrances, de créations et de destructions, est un choix qu'il a fait, tout au long de son histoire, parmi tous les mondes possibles qui sont en nombre indéfini. Et il l'a créé à son image et en est pleinement responsable.

Cette création est un processus cumulatif qui a duré longtemps : une accumulation d'actions locales, individuelles ou de petits groupes dont les plus efficaces pour la survie ont été retenues. C'est moi, c'est vous, c'est chacun de nous qui a créé le monde, pièce par pièce, et c'est encore nous qui l'alimentons et le renforçons avec nos actions quotidiennes. Depuis le début de notre histoire, ce monde est encore plus présent et plus fort que jamais. Nous sommes enfermés dans ce monde fictif et, à travers lui, nous regardons la vie, les autres et nous-mêmes. Nous avons investi sur lui tout ce que nous sommes, et, par refus de voir notre responsabilité, nous le considérons comme la cause fondamentale de ce que nous sommes devenus. Enfermés dans ce monde que nous avons créé, chaque fois que nous prenons la parole, nous ne pouvons parler que de nous-mêmes. «Quoi qu'on dise, on ne parle que de soi.» Parler de Krishnamurti, alors, serait le réduire à notre monde et à notre discours. Mais sommes-nous heureux dans le monde que nous avons créé?

D'après tous les témoignages, il semble que dans ce monde à deux volets nous vivions dans la misère – physique, matérielle, psychologique et mentale, individuelle, familiale, collective–, et cela depuis le début de notre histoire. C'est en ces termes que Krishnamurti présente le monde d'aujourd'hui et également en ces termes que les scientifiques de notre siècle le décrivent. Même la métaphysique et la spiritualité pratiquées actuellement sont plongées dans cette misère. Des centaines de sectes et de religions, grandes ou petites, apparaissent chaque année et nous promettent le salut sur terre et aux cieux. Des centaines de maîtres, de gourous de toutes sortes, circulent en Orient et en Occident. L'homme désespéré s'attache à eux; il se met à leur service et sous leur domination. Toutefois, il sort de cette expérience plus confus qu'avant. Même l'image qu'on a dessinée de notre Dieu, le Dieu des religions monothéistes, est l'image d'un Dieu misérable. On lui a attribué les caractéristiques d'une autorité terrestre, on l'a façonné à notre image. Enfermé dans le cirque humain, il est réduit aux limites de notre discours. Devenu un pauvre comptable agréé, à l'extrême, diplômé de l'École de Hautes Études Commerciales, il calcule du matin au soir nos actions sur terre. Pire encore! Il se comporte parfois comme un percepteur d'impôts du Moyen Âge qui a un plaisir fou à nous faire peur, à nous punir et à nous châtier dans cette vie et dans la prochaine. La confusion augmente, la misère s'installe et l'insécurité psychologique nous guette. Et, à la première occasion, la question revient : «Comment peut-on distinguer un vrai Maître d'un faux Maître?» La réponse est simple : un vrai Maître n'a ni dogme, ni théorie du salut, ni disciples attachés à son service, et il ne s'enrichit ni de son charisme ni de son illumination. Il refuse violemment tout attachement et toute servitude mentale ou psychologique à son égard. Il est *personne*. Krishnamurti donnait une réponse encore plus radicale : «Allez-vous-en. Rentrez chez vous. Vous n'avez besoin d'aucun maître. L'esprit n'a besoin d'aucun point d'appui pour se manifester, d'aucun maître, d'aucune théorie, d'aucune technique, d'aucun concept, d'aucun objet, d'aucune voie.»

Éveiller l'esprit alors sans l'appuyer sur rien, absolument rien. Tout appui, même le plus noble, le plus beau, le plus respectable, devient un obstacle majeur. Savez-vous pourquoi? Simplement parce qu'étant un discours implicite ou explicite – c'est-à-dire structuré et organisé –, tout appui, de par sa nature, trace les limites de son monde, et, par conséquent, enferme, emprisonne et réduit l'esprit recherché dans son cirque. Tant qu'il y aura une théorie, l'esprit nous échappera. Pendant que nous sommes enfermés dans notre monde personnel, nous ne pouvons parler de rien. Nos paroles empoisonnent le monde, contribuent à la confusion nationale, internationale, politique, sociale, culturelle et religieuse.

Depuis le début de son histoire, l'être humain a entrepris plus de 16 000 guerres et plusieurs centaines de génocides. Sans aucune exception, tous les grands événements de sa longue histoire ne sont que les conséquences d'un antagonisme acharné et d'un conflit perpétuel. Chaque jour, 40 000 enfants meurent de faim et 100 000 personnes disparaissent sans qu'on retrouve leur trace. Inutile de continuer cet exposé dont nous connaissons tous le macabre bilan que les médias nous rappellent quotidiennement. Nous vivons dans la confusion. Où est le vrai et où est le faux? Nos valeurs sont déjà écroulées. Notre crise actuelle est une crise d'idéation. La confusion règne dans nos têtes, dans nos idées, dans nos représentations mentales. Nos guerres sont fondamentalement des guerres d'idées qui se matérialisent sur le champ de bataille, armes en main. Ce sont nos discours qui sont confus. L'exploitation de l'homme par l'homme n'est plus à l'ordre du jour, ni l'exploitation des richesses matérielles. On exploite des idées. Les guerres sont des guerres d'idées, de discours et de théories. Il ne nous reste rien; nous n'avons absolument rien sur quoi nous appuyer. Même le refuge dans les grands textes des grandes traditions ne peut nous consoler. La Bhagavad-Gîtâ, la Bible, le Coran, les livres de Nietzsche, de Marx, de Marcuse ne sont que des livres de propagande. La vérité recherchée ne peut survivre dans des livres de propagande, parce qu'elle est réduite à son discours, emprisonnée dans son champ limité. La propagande ne peut qu'augmenter la confusion.

Avez-vous jamais assisté à une discussion entre partis politiques dans la Chambre des communes? C'est la psychose. Il ne nous reste rien, dans notre monde, sur quoi nous appuyer. Est-ce le désespoir? Mais non. Nous n'avons plus rien à perdre et tout est à gagner. N'oubliez pas : on doit réveiller l'esprit sans l'appuyer sur rien. Tout appui et tout attachement le chassent. N'oubliez pas ce que disent les physiciens les plus avancés : il n'y a pas de brique fondamentale dans l'organisation de l'univers, l'univers n'a pas de fondements, il s'appuie sur rien. Alors, aussi longtemps que je m'appuie sur un préalable, sur une certaine identité, parler de Krishnamurti est un non-sens.

Un grand parc d'attractions

Ce grand ensemble de mondes qu'on a créés ressemble étrangement à un grand parc d'attractions, qui contient nos expériences de vie comme des numéros de cirque à faire revivre et à remettre en scène aussi souvent qu'on en a besoin. Notre mémoire, qui n'est pas située exclusivement dans le cerveau mais dispersée dans tout notre corps – la dernière des cellules dispose de sa mémoire et de son mental – fonctionne comme une bibliothèque de prêts : elle conserve nos expériences vécues et les met à la disposition de toute demande, les demandeurs n'étant que chacun de nous.

Tout ce que contient notre mémoire est le fameux «connu» souvent cité dans les conférences-dialogues de Krishnamurti. Et c'est ce connu qui revient dans les représentations de notre cirque, qu'on visionne et revisionne avec beaucoup de plaisir, tout simplement parce qu'il est du «connu». Le connu apaise nos angoisses, éloigne momentanément nos peurs de l'inconnu et diminue notre insécurité psychologique. Notre parc, avec ses attractions, a alors une fonction importante et on comprend pourquoi l'homme a créé ce monde à deux volets – matériel et psychologique –, création fictive.

Mais le connu ne se limite pas seulement à la mémoire; il contient aussi des informations qui viennent de nos acquisitions intellectuelles et des connaissances développées par l'apprentissage. Conservées comme concepts ou principes logiques, ces informations, parce qu'abstraites, ne prennent pas une part active dans les représentations de notre cirque, mais servent à créer un rationnel pour le soutenir. L'administrateur ou le directeur artistique de notre parc d'attractions est un autre élément, enfermé lui aussi dans notre petit royaume personnel. À un moment critique de notre évolution, les éléments composants du connu ont augmenté en si grand nombre qu'il a été nécessaire d'en effectuer une mise en ordre – trier, classifier, catégoriser, faire des index, etc. –, ce qui a donné naissance à la fameuse pensée ou, si vous préférez, la logique, première autorité créée par l'homme. Cette pensée cherche alors les données et organise toutes les présentations à la demande du public. Avec les spectateurs – les membres de notre famille et les amis qu'on désire faire participer à notre drame personnel –, on assiste au spectacle et on pleure ou on rit, croyant que c'est la réalité de la vie. Et tout cela augmente notre confusion et donne des fondements solides à notre insécurité psychologique.

Disons dès le départ que cette insécurité fait aussi partie de notre cirque et de notre connu. Elle est la force motrice qui fait repartir le spectacle. De toute évidence, elle aussi n'est pas réelle et objective mais fictive, un autre «construit» psychologique. Et le cycle recommence, et d'un cycle à l'autre, on s'attache de plus en plus aux valeurs sensuelles des objets. On a besoin de plus en plus d'objets pour se sentir en sécurité psychologique; les objets se multiplient, la confusion augmente et on en devient les victimes. Et pourtant, on est auteur, réalisateur, producteur et spectateur d'un spectacle aussi réel que l'image d'un film sur l'écran de la salle cinématographique. Pendant la projection, on souffre avec les acteurs, à la différence qu'on ne peut sortir de la salle parce que la salle est en nous, c'est notre espace psychologique, nos représentations mentales. Mais comment sommes-nous tombés dans cette misère?

Quel âge avez-vous?

Il faut se rappeler que chacun de nous dispose d'au moins deux âges : son âge en tant qu'individu depuis sa naissance, et son âge en tant que membre d'une espèce – l'espèce humaine – qui se calcule depuis son apparition sur notre planète. De toute évidence, ce deuxième âge nous détermine beaucoup plus que l'âge individuel. Ce qu'on est aujourd'hui dépend beaucoup plus de notre âge en tant qu'espèce.

Si on accepte l'hypothèse des anthropologues, ainsi que des grandes traditions qui étudient l'évolution de l'espèce humaine, l'hominisation a débuté il y a approximativement 3 000 000 d'années. Cette merveilleuse machine biologique-humaine commence son évolution par un processus d'inter-actions avec son environnement, qui change d'une période à l'autre – les alternances de l'ère glaciaire, etc. – et la merveilleuse machine humaine, dans son effort de survie, réalise des sauts quantiques, de grandes transmutations, des changements qualitatifs qui marquent, à leur tour, les gran-des périodes de la vie de notre espèce et, par conséquent, son évolution. La nature même de la machine humaine change. La première de ces grandes transmutations est ap-parue il y a environ 200 000 ans, la deuxième, 20 000 ans, et la troisième, environ 500 ans avant Jésus-Christ. La première lignée du genre humain est apparue dans les régions her-beuses, à la faune abondante, au-dessous de l'Équateur, dans les savanes luxuriantes du haut plateau d'Afrique orientale. La science croit qu'il s'agit d'un produit assez «inhabituel» et, sûrement jusqu'à aujourd'hui, «inachevé». Jamais aucune espèce n'a agi aussi profondément et dura-blement que l'homme dans les déroulements des processus naturels.

La première période de notre évolution, entre les 3 000 000 d'années et les 200 000 ans, correspond à notre petite enfance en tant qu'espèce. La conscience, caractéristi-que spécifiquement humaine, commence à émerger de la machine biologique. Elle dispose d'une structure archaïque. C'est le paradis, notre période du jardin d'Éden. L'espèce se sent physiquement séparée du cosmos et de son environne-ment, mais reste attachée et dépendante de lui comme un bébé de ses parents.

Entre la période de 200 000 ans et celle de 20 000 ans, l'espèce traverse son enfance. Sa conscience évolue – c'est le début de l'émergence de la conscience de l'ego –, mais elle dispose d'une structure magique. Elle s'éloigne davantage du cosmos et de l'environnement, au point de les percevoir en tant que sujet et d'observer les phénomènes de son monde. Tout comme un enfant, elle projette sur les phénomènes des relations magiques. Sa propre relation avec le monde est magique.

La prochaine période, entre 20 000 ans et 500 ans avant Jésus-Christ, correspond à la pré-adolescence. La conscience de l'ego domine, l'homme se sent complètement séparé du cosmos et de l'environnement; il est chassé du paradis. La structure de sa conscience est mythique. La mythologie se développe. Il perçoit, appréhende et décrit son monde à travers des symboles, des allégories, des métaphores, des analogies. Le mythe de Narcisse qui, pour la première fois, s'est vu dans le miroir de l'eau d'un lac et est tombé amoureux de lui-même, appartient à cette période. Le mythe désigne la domination de l'ego. L'être humain prend conscience de sa propre personne, de son existence et de sa capacité d'intervenir sur le monde et sur son environnement. Il devient créateur d'objets et d'événements. Voilà une autre caractéristique purement humaine. Sa capacité de perception se perfectionne, il observe, inventorie les phénomènes qui sont liés à sa survie et prépare des actions-réactions. Son affectivité, comme force motrice de ses actions, et sa mémoire commencent à émerger, à se structurer, et alors se développe un système de traitement du contenu de la mémoire qui est la fameuse pensée, la première divinité de fabrication humaine. Mais étant donné que pendant cette période ses conditions de vie sont instables, les changements extérieurs et l'apparition des phénomènes nouveaux l'obligent à créer, dans sa merveilleuse machine biologique, une nouvelle capacité presque magique : l'acquisition de connaissances. Il acquiert alors la capacité d'observer, d'analyser, de mémoriser et de connaître des phénomènes nouveaux, et cela devient sa capacité d'apprentissage. La machine du cirque est alors complétée. L'ego a besoin de cette machine du connu, car il s'identifie à tel point avec le connu qu'en dehors de lui il se sent menacé de mort. Ainsi, il est dominé par des sentiments de peur et il se dit : «J'ai peur, par conséquent, j'existe.» Il est un pré-adolescent qui ne veut pas souffrir. Il tourne la tête à la réalité et se cache avec son imaginaire dans le monde du connu. Le parc d'attractions est installé.

Ah! mon grand amour, le *connu*...

Je veux vous avouer ce que j'ai vu de moi dans le miroir, concernant mon amour du connu. Quand notre environnement était relativement stable – et il a été stable pendant de très longues périodes de notre histoire – et que le besoin d'une intervention de notre part se présentait dans des conditions de vie qui nous étaient connues, on ne se sentait pas en danger. Ce qui nous gérait était alors la sécurité psychologique. À son tour, la pensée cherchait dans la mémoire et les connaissances le connu qui correspondait à l'événement extérieur. Elle identifiait l'action à entreprendre et l'extériorisait par un comportement. Cette intervention donnait les résultats attendus et la satisfaction aux besoins. L'homme se sentait en sécurité. Oh! quel grand amour que ce «connu»!

Et voilà qu'apparaissent, dans l'environnement, des événements et des faits qui signalent un changement important dans nos habitudes et nos conditions de vie : changements de climat, de nutrition, déplacements, disparition d'espèces ou arrivée de nouvelles espèces, etc. Au départ, l'homme semble désorienté. En l'absence de préalable, il ne sait pas comment affronter la nouvelle situation, la mémoire ne disposant pas, dans sa banque, d'un phénomène équivalent et analogue. Parce qu'elle se base sur la mémoire et sur des connaissances acquises, la pensée ne peut préparer aucun plan d'action, d'attaque ou de retraite, et ainsi le connu devient sans utilité dans des conditions de vie changeantes et instables. Imaginez qu'actuellement on considère que toutes les connaissances se renouvellent à chaque période de vingt-cinq ans et, par le fait même, notre monde humain change de figure. Alors, dans cet inconnu s'installent la peur et l'insécurité psychologique. C'est à ce moment que notre cirque se met en marche pour apaiser notre angoisse. Voici comment.

Notre système sensoriel perçoit le phénomène extérieur, l'envoie au cerveau, et la recherche immédiate commence par la mémoire et les connaissances afin de reconnaître et d'interpréter la nouvelle situation. Mais cette recherche ne donne pas de résultat. La pensée s'immobilise dans l'inhibition de l'action. L'angoisse est telle qu'elle prépare et commande le spectacle de notre cirque. Le connu – une situation qui se rapproche de l'événement inconnu – est alors présenté sur la scène de nos représentations mentales. Ce connu dispose déjà d'une action-réaction qui s'est démontrée efficace dans le passé. Ainsi, la pensée essaie de passer à l'action. La représentation mentale de cet événement du passé occupe tout notre cerveau et tout notre système sensoriel, de sorte que si on regarde encore une fois l'événement inconnu du monde extérieur, au lieu de recevoir les stimuli venant de l'événement en soi, on reçoit l'image mentale qu'on projette sur lui. On utilise le monde extérieur comme un écran de projection cinématographique, et quand on perçoit de nouveau l'événement, on perçoit notre projection. Le nouvel événement est dissimulé, caché en arrière de la projection. Notre peur le cache bien.

Dans mon travail de psychothérapeute, j'ai souvent rencontré des couples qui, bien qu'ayant vécu ensemble durant 20 ou 30 ans, ne se sont jamais rencontrés, parce qu'ils ne percevaient que l'image qu'ils se projetaient mutuellement. Et quand la thérapie donne des résultats, ils sont surpris d'apercevoir le conjoint pour la première fois. J'ai entendu une dame avouer sincèrement : «Je suis devenue timide. J'ai des difficultés à me déshabiller devant mon mari.» Elle a perçu son mari pour la première fois, et a mis du temps pour le connaître et s'habituer à lui.

Avec ce jeu, puisqu'il s'agit d'un jeu psychologique de projection, on se sent en sécurité : l'événement projeté et perçu est connu. La pensée prépare une action connue qu'on extériorise avec un comportement. Au début, notre intervention provoque des changements qui dérangent le système environnant et que nous interprétons, à notre avantage, comme une intervention corrective. Mais, par la suite, l'événement réapparaît intact, puisque l'intervention était inadéquate par rapport à lui, à sa nature. Rien n'a été changé et l'homme ne comprend plus. Ce qui était efficace dans le passé ne l'est plus dans le présent. La confusion s'installe et l'insécurité psychologique aussi. Et le cercle vicieux peut recommencer. On est prêt à reprendre le spectacle du cirque en choisissant un autre «connu», on s'enferme dans notre royaume du connu, et on se plaint que la vie ne se renouvelle pas, qu'elle est «plate». Finalement, on s'emprisonne, on étouffe et on meurt par désespoir.

On doit redevenir *personne*

«Libérez-vous du connu», répétait Krishnamurti. «Oubliez le connu.» Si je n'oublie pas le connu, mon connu à moi, je ne peux parler de Krishnamurti. Tout simplement parce que j'engagerais Krishnamurti dans le spectacle de mon parc d'attractions, je le transformerais en un numéro de cirque et le réduirais à mes dimensions. Quoi qu'on dise, on ne parle que de soi. Aussi longtemps qu'on a une identité, une personnalité, un nom, un statut, qu'on occupe un espace-temps personnel, qu'on est habité par notre vécu et nos expériences, qu'on est dominé par nos représentations mentales – images quasi permanentes de ce que je pense de moi, des autres et de la vie –, aussi longtemps que je suis mon ego, parler de Krishnamurti est presque un manque de respect. Mais comment oublier le connu, mon connu? Et où trouverais-je les mots pour parler de Krishnamurti? Peut-être que je ne devrais pas parler de Krishnamurti du tout. Passer en silence. Mais quel silence? Le silence aussi est bavard. Il est plein de représentations non verbalisées. On devrait dire plutôt «le vide» : le vide de l'applaudissement à une main. Un vide qui nous amène au «champ primordial», au «ground», comme on le nomme en anglais.

À vrai dire, pour découvrir le champ primordial, on doit devenir *personne,* ou plutôt redevenir personne. Pendant notre petite enfance, on était personne. Comme le petit enfant attaché à ses parents, on était attaché et dépendant de notre environnement, lié à l'univers. L'absence de la conscience de l'ego nous rendait *personne.* Dans cette unité primordiale dont on faisait partie, il n'y avait ni sujet ni objet. C'était notre période du jardin d'Éden; on vivait dans le paradis, en contact avec notre Créateur, et, d'après la Bible, on dialoguait directement avec lui. On était porteur des cinq vertus du Tao : le Non-désir, le Non-savoir, le Non-faire, le Non-lutter et, finalement, la grande vertu du Non-être. Notre désir était le désir de l'univers; notre savoir aussi. Son savoir et sa sagesse nous conduisaient. Ainsi, on n'avait rien à faire, c'est lui qui faisait, et on n'avait pas besoin de lutter pour conquérir quoi que ce soit. Ces quatre grandes vertus nous amenaient à la suprême vertu du Non-être. On était *personne,* sans la nécessité de se distinguer de l'environnement et de l'univers pour survivre. C'était le paradis. Et Jésus nous a rappelé que le royaume des cieux leur appartient : «Bienheureux les pauvres en esprit.» «Un arbre devenu très grand sera abattu», nous dit Lao Tseu, et il continue : «Une armée devenue très forte ne vaincra pas.»

Par la suite, dans notre évolution en tant qu'espèce, et avec l'émergence de notre conscience de l'ego, on s'est détaché de l'univers – ce détachement était et reste toujours psychologique – et l'être humain a commencé son histoire comme individu, avec une personnalité, une identité, une image séparée du monde. Il est devenu un «sujet» et il a créé un monde dans lequel il s'est enfermé. Son ego s'est fortifié à travers ses prouesses technologiques, scientifiques, culturelles. Et on connaît la suite...

Redevenir *personne* ne signifie pas se dresser contre notre ego, ni contre nos prouesses et notre monde, comme plusieurs traditions semblent le demander. Il s'agit plutôt d'élargir notre ego, notre conscience, d'ouvrir les portes de notre royaume humain et de l'inclure dans le royaume des cieux. Notre conscience s'ouvrira pour se réunir avec la conscience cosmique, la conscience universelle. Ainsi, on peut redevenir *personne*. Le défi du 3e millénaire n'est que cela : se réintégrer dans le champ primordial qui est le manifesté informel de l'univers. René Guénon nous parle de ce manifesté informel qui se place entre le non-manifesté qui l'a généré – la place théorique de Dieu –, et le manifesté formel qui émerge de lui et qui compose le monde matériel. Les physiciens de la physique moderne nous parlent de ce champ en le nommant «champ quantique», une entité sous-jacente à tout objet d'où se manifestent la matière et le monde matériel. C'est le royaume «de la forme sans forme» des grandes traditions. L'homme en contact avec ce champ devient *personne* : un individu sans identité fixe, sans personnalité déterminée, qui recompose sa personnalité d'après les exigences de l'environnement, chaque fois que le besoin se présente. Il aura la vertu de l'eau qui, chaque fois, prend la forme de sa bouteille. C'est l'être humain du 3e millénaire, de l'ère du Verseau, la voie vers le supramental tel que défini par Aurobindo, Mère et Satprem. Ainsi, l'espèce humaine fera son entrée grandiose dans des expériences non sensorielles.

Quand on touchera le champ primordial, on sera apte à parler de Krishnamurti. Du vide de ce champ vont émerger toutes les fonctions primordiales. L'espace comme localité et le temps comme durée seront abolis. Est-ce possible de ne plus occuper un espace et un temps en tant qu'individu? C'est cela le défi. Le vide nous amènera à la non-localité ou l'abolition de l'espace, que même les physiciens reconnaissent, et nous conduira à un présent éternel qui est l'abolition du temps, deux propriétés que l'on a attribuées à Dieu. Alors, quand je n'occuperai plus par ma présence un espace et un temps personnels, je parlerai de Krishnamurti.

... Et on accède à un monde de rationalisation

Enfin, nous arrivons à la dernière période de l'évolution de l'espèce humaine, à l'âge de l'adolescence, qui s'étend de 500 ans avant Jésus-Christ à nos jours, la veille de l'entrée dans l'ère du Verseau.

Environ 500 ans avant Jésus-Christ, le miracle grec fait son explosion : un saut quantique parmi les plus importants de notre histoire. La conscience de l'ego acquiert une structure logique, le mental se développe à pas de géant; le royaume de la conscience rationnelle domine encore la fin du deuxième millénaire. À la suite du développement de l'affectivité de la période précédente, le mental atteint son apogée et ainsi la mémoire, la connaissance, la pensée se trouvent de plus en plus renforcées. Notre parc d'attractions se consolide et renouvelle tout son équipement technologique, il engage des numéros plus performants. L'homme observe le monde, il se regarde, il regarde les phénomènes qui se manifestent et relie l'ensemble avec des relations logiques de causes à effets. Le miracle grec qui se manifeste autour d'Aristote et Platon réoriente le monde, change toute notre histoire, et l'espèce humaine passe à l'âge de l'adolescence. Le rationnel détient la place fondamentale, gère le monde et l'homme lui-même, et génère les sciences et les technologies, celles-ci donnant à l'homme un pouvoir renforcé d'intervention sur son environnement. Il complète ainsi la construction de son monde à deux volets : matériel et psychologique. Ce processus de création est simple en soi, mais il échappe à l'entendement humain. Parce qu'il n'est pas conscient, il croit que ce monde est objectif et réel. Suivons ce processus ensemble.

Disons d'abord que l'espèce humaine est la seule espèce connue de nous qui a le don de l'action intentionnelle. Elle est capable d'agir sur le monde physique qui l'entoure et d'y apporter des changements assez importants. Mais ces changements sont intentionnels, chargés d'un but, et ce but est conscient. Ils visent à apporter et à créer de meilleures conditions, plus favorables pour sa survie. Aucune autre espèce n'est capable d'agir consciemment et intentionnellement, suite à une observation et à une analyse, et de prendre une décision. Cette aptitude lui a permis de tracer toute l'histoire de son évolution. Par exemple, l'abri qui le protégeait des changements de climat est devenu une maison avec différents styles et, enfin, un château de toute beauté, pendant que le nid des oiseaux est resté le même, tout au long de leur histoire, étant plutôt le résultat d'un réflexe conditionné de l'espèce. Ce don de l'action intentionnelle se trouve à la base de la création de notre monde matériel et psychologique. Continuons la description de ce processus presque inconscient.

Cette capacité d'action et d'intervention dans notre environnement nous projette en dehors des limites physiques de notre machine biologique. Ébloui par ce miracle, l'homme devient créateur et producteur, prêt à construire son monde à deux volets. Mais où trouve-t-il le modèle de ses créations ? Il puise tout prototype dans la source inépuisable de ses représentations mentales : images qui représentent des objets, des formes, des événements. Sa mémoire, avec la richesse de son contenu, lui fournit des matériaux multiples. Les connaissances acquises par l'apprentissage complètent les données. La pensée, avec sa fonction structurante, organise cet ensemble et l'étale dans les dimensions spatio-temporelles. La mémoire (le passé) et la connaissance (le présent) offrent le terrain de la construction. Partant du passé et arrivant dans le présent, la pensée se projette dans le futur pour ainsi développer l'anticipation (fonction protectrice pour sa survie) qui permet l'émergence de l'imagination. L'espèce humaine se trouve alors outillée pour construire : il a le modèle, dispose des matériaux et a l'espace-temps. Ainsi, par son action intentionnelle, il se projette à l'extérieur et matérialise les objets de son imaginaire. Il devient créateur à l'image de son Dieu. Cet univers matériel constitue le premier volet de son monde.

Le processus continue, les matérialisations s'accumulent, les sciences et les technologies font des prouesses; d'autres réalisations s'ajoutent sur les précédentes, et un monde nouveau, différent du monde physique naturel (les arbres, les animaux, etc.) s'installe autour de nous, un monde objectif et matériel pouvant être considéré comme réel. Nous vivons ensemble dans ses limites, nous nous intégrons dans ses fonctions, et, finalement, nous risquons de le croire réel dans le sens primordial. Un monde dont on croit dépendre et qu'on doit subir. Et pourtant, il est notre création, et on peut le changer de la même façon qu'on l'a créé.

Mais ce monde matérialisé a créé en nous un monde parallèle, non matériel : le monde psychologique, deuxième volet de notre monde. N'oublions pas que pendant notre âge d'enfant et de pré-adolescent nous avons développé la fonction des sentiments et de l'affectivité. Les émotions, qui semblent situées au centre du cerveau, constituent une des plus vieilles capacités qu'on ait développées pour notre survie. Dans leur extension, elles sont devenues sentiments et affectivité conscients. D'ailleurs, elles font partie de notre parc d'attractions et ont participé, comme force motrice, à la construction de notre monde matériel. Jumelés à nos sensations corporelles, les sentiments et l'affectivité ont orienté tout le processus créatif grâce à deux sentiments majeurs : le plaisir et la souffrance. Ainsi, ils se sont projetés sur nos réalisations, sur les objets, sur les événements, jusqu'à s'identifier à eux. Désormais, ils font partie du monde extérieur et ont érigé en nous, dans notre monde parallèle intérieur, le monde psychologique qui fonctionne d'après deux principes : le plaisir et la souffrance. Et si on se rappelait que même ce plaisir et cette souffrance ne sont que des construits, un monde fictif...

Si ce monde nous crée des problèmes, il nous apporte également des plaisirs et des satisfactions en provoquant des réactions physiques, affectives, mentales et psychologiques. Mais, en plus de tout cela, il nous donne une sensation de pouvoir, de grand pouvoir, qui est projeté sur les objets et le monde matériel de sorte qu'on s'attache tranquillement aux valeurs sensuelles des objets. Ce monde psychologique, deuxième volet de notre monde, se compose d'un système de valeurs, d'un modèle de vie qui nous dictent comment aimer, comment haïr, comment se battre, comment coexister, comment... comment... jusqu'au moindre détail. Et on suit presque aveuglément les consignes.

Ce sentiment de pouvoir va de pair avec l'insécurité psychologique et nous a poussés à bâtir nos relations humaines sur des fondements d'antagonisme et de conflit. L'homme d'aujourd'hui croit sincèrement que l'antagonisme et le conflit font partie de sa nature profonde. Bien plus, il cherche à valider cette croyance en essayant de décrire et d'interpréter les phénomènes naturels sur ce même principe de l'antagonisme et du conflit. Or, un observateur avec une intelligence pénétrante trouvera nulle part dans la nature inorganique ni organique ces relations de conflits destructifs. L'homme a créé l'antagonisme et le conflit, et il peut aussi le supprimer. Comment? En oubliant le connu.

Vivre sans conflit!

Vivre sans conflit, est-ce possible? Oui, et c'est la seule façon de sortir de notre misère. Avec les conflits, on meurt chaque jour. Perdant ou gagnant, on vit avec la menace : menace de la prochaine confrontation, d'un antagonisme qui prend fin seulement avec la mort psychologique, sociale ou même physique d'une des parties. Comment l'homme a-t-il projeté sur la nature et sur le monde son concept de conflit? Pourquoi s'obstine-t-il à interpréter les forces naturelles comme forces antagonistes?

Le mot grec *antagonisme* signifie précisément «lutter contre», pendant qu'existe son contraire, le mot *synagonisme* qui signifie «lutter ensemble» même si nos positions respectives peuvent être opposées. Par exemple, le courant électrique est composé du courant positif et négatif. Leurs forces semblent opposées et antagonistes, et pourtant elles ne sont que synagonistes : elles travaillent ensemble, occupent des points opposés pour donner un produit final commun – la lumière –, dans lequel les deux forces se trouvent ensemble. Il n'y a ni perdant ni gagnant. Le champ magnétique aussi peut donner l'impression d'un antagonisme. L'ensemble des forces de la nature (électromagnétiques, gravitationnelles, atomiques), observées dans le cadre de l'approche mécaniste newtonienne, peut créer cette fausse impression.

L'être humain a tendance à interpréter ces forces comme conflictuelles, parce qu'il veut justifier et rationaliser tous les conflits destructeurs vécus depuis le début de son histoire jusqu'à la société d'aujourd'hui, à l'intérieur de sa famille et de son couple, et même dans ses propres idées. Rappelez-vous seulement que les hommes et les femmes parlent d'eux-mêmes en se nommant «le sexe opposé». Leurs relations deviennent conflictuelles. En psychologie, on parle de la «lutte des sexes». Adler, le premier, a introduit dans ses écrits le terme «l'autre sexe» pour signifier qu'ils ne sont pas opposés et que leurs relations n'ont rien d'une lutte acharnée visant à conquérir et à gagner quoi que ce soit. Avez-vous jamais observé le mécanisme de la locomotive d'un chemin de fer? Il est exposé presque en entier entre les roues. Quand j'étais petit, il me fascinait. Je restais pendant des heures, dans les grandes gares en Égypte, à observer la locomotive qui se déplaçait lentement pour changer de rails. L'action de se mouvoir et de faire tourner les roues est un système synagoniste avec deux mouvements opposés : un premier qui va en avant et un deuxième qui revient en arrière. J'admirais cette «opposition» qui collaborait dans un état de pseudo-antagonisme pour générer un produit commun : faire déplacer le chemin de fer en avant.

Toute la nature, sans exception, du microcosme au macrocosme, est bâtie sur ce même principe. Le monde naturel est dominé par le mouvement, des mouvements en nombre et à des niveaux indéfinis qui composent un «holomouvement», selon l'expression de Bohm. Pour qu'un mouvement se réalise, il a besoin de deux forces quasi opposées, mais avec une différence de potentiel. Votre voiture se déplace à cause de son différentiel qui transmet la rotation de l'arbre moteur aux deux roues motrices.

Le monde du vivant, végétal ou animal, est organisé sur le même principe. Une observation pénétrante nous permet de constater que ce qui ressemble à un antagonisme destructeur – confrontation jusqu'à la mort : le grand poisson mange le petit, le lion chasse et mange la gazelle, etc. – n'est qu'une mécanique inconsciente pour rééquilibrer les populations de différentes espèces dans les limites imposées par l'environnement. Il s'agit d'un synagonisme.

Héraclite disait que tous les changements dans l'univers proviennent de l'interaction dynamique et cyclique des «contraires», dont il soulignait «l'unité». La dualité n'était que la dynamique de l'unité. Cette unité, qui contient et transcende toutes les forces opposées, s'appelait *logos*. Logos, en grec, signifie le «verbe» – Au début était le Verbe – et, par extension, la logique. Chez les philosophes présocratiques, esprit et matière désignaient deux manifestations de *physis*, la nature essentielle. Aucune opposition entre eux.

Pourquoi l'homme veut-il tellement croire que ses relations conflictuelles émergent de sa nature profonde? L'espèce humaine enfermée dans son royaume du connu, c'est-à-dire dans son passé, est incapable d'affronter le présent tel qu'il se manifeste. Tout «présent» est différent de tout autre, et encore plus de tout passé ou de tout «connu». «On ne peut pas traverser deux fois la même rivière», disait les philosophes grecs. Le passé ne peut être d'aucune utilité pour affronter le présent. «Une vérité du passé devient un mensonge aujourd'hui.» Alors, si ce passé n'est d'aucune utilité, imaginez la déception de l'homme quand il utilise les expériences ou les connaissances du passé pour résoudre un problème du présent! L'échec est assuré. L'insécurité psychologique prend le dessus et se transforme en conflit avec le monde extérieur. Krishnamurti nous rappelle que notre confusion est tellement profonde qu'on en arrive à justifier le mal par le bien. On se prépare toujours pour la guerre sous prétexte d'assurer la paix. Quelle absurdité!

Nous sommes des adolescents amoureux

On est encore de jeunes adolescents curieux, pleins d'énergie, habités par un imaginaire débordant, éblouis par leur capacité de passer à l'action intentionnelle, qui ont tout essayé, plutôt mal que bien, exactement comme des enfants qui veulent se connaître et connaître le monde, qui désirent essayer leurs capacités et se mesurer avec les phénomènes de la nature. Les erreurs étaient donc inévitables, mais les gains de cette expérience étaient extraordinaires aussi.

Oui, on est des adolescents amoureux de la vie et du monde, des amoureux sans expérience, qui aiment parfois trop, parfois mal, mais qui aiment quand même. Je suis convaincu qu'on est débordant d'amour qu'on ne sait pas gérer, et c'est tout à fait normal. Rappelez-vous vos amours d'adolescence. Oh! que c'était beau! Une innocence, un amour sans conditions, une soif d'appartenance à notre amant, prêt à se consacrer à lui, sans aucune logique – le mental n'est pas encore développé au point de prendre le contrôle –, aucun calcul. Rappelez-vous vos amours d'enfance. À l'élémentaire, j'étais profondément amoureux de ma maîtresse de français. Je pouvais plonger et me perdre dans ses yeux verts. C'est exactement la sensation que j'avais à cinq ou six ans.

Et c'est le moment, je pense, de me plaindre un petit peu, parce que comme enfant ou jeune adolescent, j'ai rarement entendu de votre part quelques mots d'encouragement : «Ne te décourage pas, mon petit. Je le sais, ça va mal, mais avec l'expérience et avec ta foi en ta bonne nature et en tes capacités, tout va se replacer! Viens, repose-toi un peu, appuie ta tête confuse sur moi, je veux t'enfermer dans mes bras et tout va se clarifier!» Quand on est jeune, enfant ou adolescent, on a besoin de ces mots d'amour et d'encouragement chaque fois qu'on essaie de manipuler la vie pour apprendre à la gérer et qu'on commet des erreurs plus ou moins graves ou qu'on provoque des accidents de parcours. Mais au lieu d'encouragements, on reçoit des torrents d'accusations, de lamentations sur notre chute, et une foule de conseils inutiles pour notre salut. C'est le désespoir.

Connaissez-vous le mythe de Pygmalion, un sculpteur grec ancien très connu pour ses chefs-d'œuvre? Il a sculpté une statue d'une beauté inimaginable représentant la déesse Aphrodite – d'autres disent Galatée –, et quand il l'a terminée, il l'a regardée et en est tombé profondément amoureux. Le mythe raconte que son amour était tellement sincère et profond qu'il a donné la vie au marbre et de l'âme à la statue. Et ils ont vécu heureux ensemble. La signification du mythe est facile à reconnaître : l'amour sincère, toujours animé par la foi, peut donner la vie et même faire émerger l'âme de la matière inorganique. Par contre, l'absence d'amour et de tendresse peut tuer la vie et chasser l'âme. Ainsi, pendant son enfance ou son adolescence, l'espèce humaine avait et a toujours besoin d'encouragement pour pouvoir se reprendre en main et se redresser comme un adulte, car, avec la fin du 2e millénaire et notre entrée dans l'ère du Verseau, on a tous les signes de notre passage à l'âge adulte. Les grands sages de notre temps annoncent la conscience supramentale. Elle prépare son émergence et se déplie tranquillement de nos profondeurs, où elle était «involutée» par le Créateur et le processus de création cosmique. On doit en faciliter le passage par notre amour et notre tendresse envers l'espèce humaine qui se bat pour se ternir debout comme une grande personne.

Mais nous, au lieu de lui montrer notre amour, on lui cite des études et des statistiques, on lui rappelle des événements historiques désastreux et on l'accuse de nature perverse. On prévoit qu'elle s'achemine vers son autodestruction et la destruction de notre planète. N'est-ce pas cette même attitude accusatrice qu'on utilise presque quotidiennement avec nos propres enfants, chaque fois qu'ils manifestent des comportements antisociaux? Et on enchaîne avec des accusations et des menaces : «Qu'est-ce qu'on a fait au bon Dieu pour avoir un enfant comme toi! On ne veut plus te revoir, tu n'as plus le droit de profiter des biens de la famille», et le refrain très connu : «On ne t'aime plus. Tu es la honte de la famille.»

Je sais pertinemment, comme psychothérapeute auprès d'enfants révoltés, que quand ils reçoivent un tel traitement, leur colère s'amplifie. Ils se sentent davantage rejetés et montent dans l'échelle des comportements antisociaux. Ils choisissent des actions de plus en plus destructives ou auto-destructives, prêts à aller jusqu'à leur perte, à plonger dans la psychopathologie, ou à se cacher derrière les barreaux d'une prison d'État.

Le paradoxe avec l'espèce humaine est que, souvent, chacun d'entre nous joue, en alternance, le rôle de parent critique, sévère et punitif, et celui de jeune délinquant. Dans les deux rôles, on est intransigeant et sans merci. Cette schizophrénie est acceptée par la société : on est des adolescents qui se baladent entre deux personnalités. Et l'insécurité psychologique se réinstalle. Par besoin du connu, on remet le spectacle de notre cirque en marche. Il devient alors urgent d'oublier le connu.

Donnez-nous notre gratification quotidienne...

Quand nos relations conflictuelles ne sont pas actives – lutte psychologique, sociale, morale ou physique – et ne se présentent pas comme une véritable agression, elles prennent une forme passive où l'agression est très bien camouflée dans les relations d'autorité : maître/esclave, patron/employé, supérieur/inférieur, homme/femme, etc. Or, à moyen et à long terme, ces relations s'avèrent plus pénibles et plus destructrices. On étouffe lentement, on crée des maladies physiques ou psychiques, et on meurt avec un faux diagnostic médical. La souffrance contenue dans la relation d'autorité s'exprime par le besoin psychologique qui émerge de cette relation et qui, à sa base, est extrêmement solide. Il s'agit du besoin de reconnaissance mutuelle qu'exigent les partenaires dans une telle liaison. Le maître exige une soumission et une reconnaissance absolue de sa supériorité pendant que l'esclave exige la reconnaissance du travail réalisé par des «récompenses». Si le travail n'est pas bien exécuté, il reçoit des «punitions». Ce jeu de récompense/punition est le plus destructeur que l'espèce humaine ait inventé et constitue la structure de fond de toute notre vie. Voulez-vous un exemple?

Toute la philosophie de notre éducation occidentale se base sur le principe de la «punition/récompense», qui se concrétise, dans nos écoles, par le système de mesure et évaluation du rendement de l'étudiant et le système de notation. Mais cette philosophie s'investit davantage dans la relation maître/élève ou école/élève : relation autoritaire entre des maîtres quasi absolus et des subalternes qui n'ont qu'à exécuter correctement. Dans ce cas, les récompenses sont abondantes : bonnes notes, prix divers, distinctions de différentes sortes, bourses d'étude, réussite sociale; l'élève modèle peut même espérer avoir un jour le droit à la clé en or du fameux club *Play Boy!* Dans le cas contraire, les punitions sont terribles : l'élève est exclu de tous les plaisirs de la société – bonbons, reconnaissances –, et ne reçoit que des accusations. Quand ce système inhumain a été théorisé par Skinner et al. et offert comme base à l'éducation et à la société américaine type U.S.A. – sa fameuse théorie du conditionnement opérant –, les gens sont restés bouche bée, pleins d'admiration.

Krishnamurti nous rappelle que le besoin le plus généralisé que manifeste actuellement l'espèce humaine est celui de la «gratification». De nos parents, de nos maîtres, de nos patrons, de nos aînés, de nos conjoints, de nos curés, de nos gourous, de nos politiciens, etc., on attend la récompense qui nous assure qu'on est dans la bonne voie. La voie de qui? Et chaque matin, on récite encore notre prière : «Seigneur, donne-moi ma gratification quotidienne.»

On accède à l'âge adulte

Nos révolutions politiques, culturelles, scientifiques, technologiques ont presque toutes échouées puisqu'elles n'ont changé en rien nos relations humaines. Krishnamurti disait que la seule révolution qui nous reste à faire est celle des relations humaines. Celle-ci ne peut débuter que par l'école et l'éducation. C'est pourquoi il a créé plusieurs écoles, en Inde, et formé des enseignants. Depuis de nombreuses années, mon équipe de recherche et moi-même avons introduit, dans nos classes universitaires, une pédagogie synagoniste qui a été investie dans tous nos actes didactiques, sans toucher pour autant le système éducatif antagoniste en place. Quelques-unes de nos publications exposent nos efforts sur ce point. Tout est possible!

Nous croyons profondément que l'ère nouvelle commence. Elle nous donne tous les signes de sa présence. Avec la fin de l'adolescence, le mental acquiert une maturité, prend possession de ses fonctions et provoque un élargissement de la conscience. La conscience de l'ego se transcende, trace ses limites et les dépasse. Cette maturité conduit le mental au surmental, qui annonce à son tour la révolution du supramental. Il s'agit d'une véritable révolution dans l'évolution de notre espèce. Des grands sages de notre époque – Aurobindo, Mère, Satprem, etc. – ont déjà amorcé ce passage pour nous indiquer la voie. Il est important de souligner que la conséquence de cette nouvelle transmutation amène l'espèce humaine à se regarder et à s'explorer profondément, dans son intérieur, afin d'appréhender et de connaître ses mécanismes et ses processus internes plutôt que son contenu psychique.

L'homme a finalement compris que le processus de son fonctionnement est le contenu de sa conscience, que ce processus génère le contenu, comme le dit David Bohm. La connaissance de soi, qui, depuis Socrate, était la valeur suprême de l'être humain, passe avant tout par la connaissance du processus. On revient à ce que McLuhan disait : «Le médium est le message», et à ce que nous disons depuis plusieurs années en éducation que «la méthode est le contenu du cours».

Pour mieux comprendre, voici quelques changements majeurs qui favorisent cette dernière transmutation. Ces nouvelles aptitudes permettront cette connaissance de soi tant désirée depuis la Grèce antique.

La logique formelle, codifiée par Aristote, règne encore sur notre monde. Fondée sur le principe de la dualité, elle s'opérationnalise sous la forme d'un syllogisme qui est une série de comparaisons créant des associations entre éléments, objets, concepts, principes, etc., ce qui produit une chaîne de cause à effet. Il s'agit d'un filet qui couvre et inclut la surface de notre monde, et qui se développe horizontalement. Il traite le surfaciel. Or, notre relation avec le monde des profondeurs – microcosme ou macrocosme – échappe à ce traitement et ne peut être appréhendé par nous. On doit changer de logique, changer le traitement qu'on fait du monde. Dans ce monde des profondeurs, le principe de la dualité n'est plus valable; par conséquent, notre logique n'est d'aucune utilité. On est à la recherche d'un traitement plutôt vertical et acausal, une logique synchronique. Toute la physique moderne – subatomique – se dirige vers la même direction. Le principe de la dualité n'est plus fonctionnel.

La transmutation a commencé au moment où nous avons constaté que le principe de la dualité n'était pas universel. Toute une révolution intérieure a pris place. Notre monde psychologique et matériel, seule création de l'homme, a été secoué dans ses fondements. Ce monde intérieur qui nous habite est le royaume du connu, notre parc d'attractions, notre cirque personnel. Il est secoué dans ses fondements, parce que bâti à l'époque où le principe de la dualité régnait partout. Il est donc structuré et organisé sur ce même principe. Sans la dualité, il ne lui reste aucun point d'appui. À notre opinion, le malaise vécu à la fin du 2e millénaire et la confusion ressentie par l'espèce humaine sont dus, avant tout, à cette transmutation qui commence. Lao Tseu disait qu'il y a des maladies qui nous guérissent. On est malade, mais d'une maladie qui guérit et amène tout droit à la transcendance de la dualité. L'ego et notre identité seront transcendés et ainsi on sera libéré du connu. Cette liberté, liberté intérieure de l'individu, devrait être la base de toute éducation, de tout enseignement à l'école et de toute relation maître/élève. La révolution doit commencer à l'école. Une révolution tranquille!

Une école qui a oublié le connu

Faisons une visite dans une école qui a oublié le connu. Que voit-on? Des petits groupes et des individus sont concentrés sur un point d'intérêt significatif, choisi librement, qu'ils décident d'étudier. L'étude commence par l'observation, une observation directe, sans intermédiaire; l'intermédiaire ne pouvant être que le connu. L'effort du maître ou des élèves plus avancés consiste à mettre en garde les plus jeunes, en début d'apprentissage, contre toute connaissance acquise pouvant intervenir dans ce processus d'observation. Aucun connu, ni par leurs lectures, ni par leurs expériences passées, ne doit secourir la compréhension, la description ou l'interprétation de l'objet observé. Ils doivent rester vides en tant que personne devant l'observé, mais concentrés, presque absorbés jusqu'au moment de se sentir unis à lui. Il est difficile d'arriver à ce point, mais c'est à ce moment que l'observation directe commence. Le miracle de la compréhension qui est abrupte va suivre. Elle émerge de l'intérieur de l'élève, intérieur qui est commun à l'observateur et à l'observé. Dans cette école, tout le processus est consigné dans le carnet de bord de chaque élève, car cette éducation vise la conscientisation du processus plus que de son contenu qui est la connaissance à acquérir.

Je vous rappelle tout simplement que l'observation enseignée par les sciences, dans nos écoles, est complètement différente. Elle est une chaîne de comparaisons, un polysyllogisme qui associe le connu avec l'inconnu, et les projette l'un sur l'autre pour pouvoir tirer une conclusion. Dans l'observation scientifique, il y a trois parties : l'observateur, qui possède déjà des connaissances qu'il utilisera dans ce processus; une théorie scientifique qui se compose de connaissances organisées et qui seront utilisées comme hypothèse pour l'observation; et l'objet observé qui est partiellement inconnu. Sur ce terrain, il est plus qu'évident que l'«inconnu» observé, encerclé par toutes ces connaissances préalables, est complètement perdu et noyé dans les multiples projections qu'on fait sur lui. On le ramène alors au connu en faisant de lui une doublure. On peut se demander si, dans un processus d'observation pareil, on peut connaître quelque chose de nouveau! Voilà un des cercles vicieux de la science et du paradigme newtonien, de la recherche positiviste.

Aucune comparaison n'intervient dans la première observation, aucun connu ne sert de base pour notre compréhension. Alors, d'où émerge la connaissance, et comment? On qualifie cette compréhension d'abrupte et cette observation de «pénétrante». Elle est verticale et non pas horizontale. Il s'agit d'une expérience intérieure qui peut se décrire approximativement. La connaissance abrupte émerge de nos profondeurs – l'inconscient où est enregistré tout notre passé d'espèce et d'individu –, là où l'involution a plié toute la sagesse et les connaissances universelles, et elle attend le moment de se déplier et de monter jusqu'au conscient. Cette observation directe nous met en contact avec nos profondeurs, avec le monde et ses objets. Dans cet état, l'observateur appartient au même tissu cosmique et au même réseau d'interactions dynamiques. Rappelons que Wheeler est le premier physicien qui a proposé, il y a déjà quelques décennies, de remplacer le mot observateur par celui de participant. Ce dernier offre une participation complète et crée une unité indifférenciée avec l'objet observé. Cette concentration sur l'observé, sans l'intermédiaire du connu, nous amène tranquillement à un monde nouveau. Le phénomène qui apparaît surprend le non-habitué et nos représentations mentales s'écroulent comme un château de cartes. On sent qu'on n'a plus aucun point d'appui et on plonge dans le vide. C'est à ce moment qu'on peut prendre contact avec la trame du tissu cosmique qui est le fond ultime de toute existence. Ce champ quantique est ce que les traditions appellent le «manifesté informel». C'est la forme sans forme du zen. Et on reste devant la réalité ultime, face à face, sans le camouflage de notre monde matériel ou psychologique. Le moment est grand puisque dans ce «champ», on se retrouve tous ensemble, formant une unité indifférenciée, faisant partie du même réseau d'interactions dynamiques. Cette unité nous permet de connaître, par communion, l'objet observé. Cette connaissance émerge spontanément de nos profondeurs; il s'agit d'une compréhension abrupte. Ce fonctionnement provoque une telle concentration d'énergie que tout semble «illuminé» et on appelle ce phénomène l'«Intelligence pénétrante». Là où il n'y a pas d'identité, là où le moi est dissous, la créativité émerge et, ensuite, l'amour, un amour sans condition. Voici une des expériences que vivront nos élèves dans les écoles quand le connu sera chassé. Les connaissances techniques nécessaires pour vivre et fonctionner dans notre monde, qui, d'habitude, demandent des années d'apprentissage à l'école, deviendront un jeu de société qui donnera même du plaisir.

On a droit à *rien!*

L'homme qui se prépare, et on doit faciliter son devenir, est de toute évidence un «créateur amoureux», un homme complet qui n'a besoin de rien et beaucoup plus : il a le droit à *rien*. Le champ primordial fréquentiel, ce manifesté informel, ne peut jamais donner ou créer deux fois la même forme. Il est créateur par sa propre nature, à cause du nombre indéfini des variables composantes et des forces agissantes en lui. L'homme, libre de son monde matériel et psychologique qui l'enferme et l'oblige à des répétitions, apparaît à l'image et à la ressemblance de son lieu d'appartenance, ce champ de la réalité créatrice. Lié directement avec le «ground», tissé dans sa trame, il se sent uni avec l'univers et puise en lui le savoir, le désir, le faire et l'être. Donc, sa personne peut rester vide, dans le sens métaphysique du terme, et elle détient dans ce vide les cinq vertus du Tao : le Non-savoir, le Non-désir, le Non-faire, le Non-lutter et le Non-être. Habité par le Non-être, sans résistance, un éveil qui n'a pas de choix, on se trouve envahi par la sagesse universelle qui n'est autre que la liberté intérieure de la réalité créatrice. Un être libre est par définition *personne*. Il vit dans la plénitude. Aucun écart entre ses besoins et leur satisfaction. Il n'a besoin de rien et pour cela il a droit à *rien*. Les maîtres soufis nous rappellent qu'on doit se contenter de ce que l'on a, de ce que l'univers nous a donné. Notre salut commence par cette conviction. Ainsi, on se trouvera au cœur de la réalité créatrice, et au cœur de cette réalité créatrice habite l'Amour universel, la force créatrice de l'univers. Cet Amour n'est ni personnel ni impersonnel. Un Amour qui ne peut pas être exprimé ou décrit par l'homme; il ne peut qu'être vécu. L'Amour, d'après les sciences traditionnelles, dispose de sa propre éternité; il est la suprême vérité, l'incommensurable. Je vous aime. Je vous aime profondément.

Je vous aime profondément

Mais oui, je vous aime, mes frères et sœurs. Sans vous, je deviens un être fragmentaire, incapable d'aimer, plein de peur, d'angoisse et d'insécurité psychologique. Je ne veux plus mon cirque, je ne veux plus mon parc d'attraction, et c'est mon amour pour vous qui chasse tous les fantômes. C'est votre amour pour moi qui me redonne mon sentiment de sécurité. Avec vous, je redeviens ce que je suis, un élément qui fait partie de la trame universelle, ce que j'étais depuis toujours : un être total. Je vous aime profondément. Cet Amour est le cœur de la réalité créatrice de l'Univers qui est notre salut. Il n'y en a pas un autre.

Je me trouve présentement en Europe pour donner des conférences-dialogues et, chaque fois, je commence avec une expérience qui vaut plus que la conférence même. J'attends à la porte d'entrée et j'embrasse toute personne qui vient y assister. Souvent, on fait la même chose dans nos cours, à l'Université de Montréal. Nous prenons le risque, mon équipe et moi, de répéter à chacun : «Bienvenue, on vous aime.» Parfois, on leur offre des marguerites. Une marguerite : tu m'aimes - tu ne m'aimes pas. Quelle question insensée! Et si on voit une résistance à l'entrée et qu'on en a le courage, on complète : «Mon frère ou ma sœur, si, dès le début, on n'échange pas entre nous un petit geste d'amour, comment va-t-on dialoguer? Comment le sens, l'énergie vont-ils circuler entre nous? Où va-t-on trouver le courage d'oublier le connu?»

Et vous, personnellement, qui avez répondu à notre invitation, je vous aime aussi. Je vous aime profondément. J'ai besoin de vous. Je regarde nos racines et je dis : «Oh! que c'est beau! Nous sommes unis.» Je regarde plus haut, nos branches et nos feuilles, et je dis : «Oh! quel miracle! C'est comme si nous étions séparés.» Avec nos racines, je deviens un être total. Je vous aime profondément. Mais si je vous regarde à travers nos branches et nos feuilles, je deviens un être fragmentaire. J'ai peur... et je suis tenté de m'éloigner de vous. Je désire m'enfermer dans mon royaume du connu. Et pourtant, je connais la vérité. Et je me dis : «Petit Constantin, regarde au fond de nous, nos racines sont unies, elles le sont depuis toujours. Viens, petit Constantin, prends ton courage à deux mains et ouvre en premier tes branches pour enfermer tes frères et tes sœurs. Quand on réunit nos branches, on se rappelle sûrement de nos racines.»

Oui, on était toujours en Amour. Socrate, le vieux philosophe grec, disait parfois aux parents : «Ce jeune homme, je ne peux rien lui apprendre, il ne m'aime pas.» C'est l'Amour universel qui est notre salut. Et cet Amour doit recommencer avec nous dans cette salle, ici et maintenant. J'ouvre mes vieilles branches et j'attends de vous y enfermer. Je vous aime profondément.

CONCLUSION

Jean Ratte

J'ai appris énormément au cours du colloque, mais surtout en préparant ce colloque. On a insisté sur le rôle des modèles. Si mon rôle n'est que de «réveiller» les gens, ce colloque aura été, pour moi, et je pense pour nous tous, une occasion de questionnement. Au cours d'un colloque, ce qui compte ce ne sont pas les réponses mais les questionnements.

Mario Cayer

J'aurais, évidemment, aimé un peu plus de dialogue, mais comme la forme d'un colloque est une conférence, il est difficile de faire autrement. J'ai eu l'occasion d'avoir des échanges avec certains d'entre vous. Ça serait intéressant – peut-être pour le 150e anniversaire – d'avoir aussi des formes *dialogiques!* À ce moment-là, peut-être saurons-nous comment faire le dialogue? J'ai apprécié chaque moment en essayant de suivre l'inspiration de Robert Linssen et d'être présent à chaque instant de ce colloque. La préparation de cette conférence m'a beaucoup apporté et je suis certain que les suites vont également m'apporter beaucoup.

Samir Coussa

Tout en me joignant à ce qui a été dit, je voudrais ajouter quelque chose que Krishnamurti a dit, après une conférence. À quelqu'un qui lui a posé la question : «Ce que vous dites est extraordinaire. Qu'est-ce que je pourrais faire pour le propager parmi les gens, pour le communiquer aux autres?», Krishnamurti a répondu : «Le message, c'est vous. Je n'ai aucun autre message.» J'espère que vous portez ce message en vous et que vous ne vous attachez ni à David Bohm ni à Krishnamurti. Le message, c'est nous.

Jean Bouchart d'Orval

On a célébré, ici, Krishnamurti et David Bohm en apparence, parce qu'au moment où nous en parlons, en mai 95, ce sont des images, des mémoires, au même titre que les électrons dont nous parlons avec tant d'enthousiasme. Les électrons existent principalement dans la tête des physiciens en tant que formes, et nous nous sommes réunis pour célébrer ce qui, en nous, est vivant, le grand Vivant, qui est toujours le même qui nous inspire. J'ai été très touché de voir à quel point tout a bien coulé, et jusqu'au dernier moment. C'est le flot du Vivant qui a prédominé et non les formes, les contenants et les véhicules. En ce sens, j'ai été dans l'auditoire autant qu'en avant et j'ai senti qu'il n'y avait pas de différence parce que dans l'attention qui s'est établie et qui s'est maintenue, il n'y avait pas quelqu'un qui parlait ou quelqu'un qui écoutait. Il y avait seulement *un* flot, *une* seule énergie, *une* seule vie. C'est à ça que je tiens à rendre hommage, et ça inclut toutes les formes aussi.

Lucette Leclerc

J'aime que la réalité m'interpelle continuellement, j'aime entendre les gens parler de leur réalité. Et si vous me le permettez, je vais m'excuser de m'être trop attachée à mon texte, chose que je m'étais promis de ne pas faire. Je me suis expliqué pourquoi je l'ai fait et je me suis acceptée ainsi. Ça me laisse sur ma faim d'avoir vraiment dit qui j'étais. Quelqu'un, d'ailleurs, me l'a reproché, en me disant : «Tu nous as parlé de quelqu'un qu'on ne connaît pas et on n'a pas su qui tu étais, toi.» J'ai aimé ce reproche et je l'accepte. Ce n'est qu'une représentation de quelqu'un et ma représentation à moi n'est qu'une représentation à laquelle j'essaie de ne pas m'attacher. C'est pour ça que je continue de me poser des questions.

Placide Gaboury

Je pense qu'il faut oublier ce que Krishnamurti et Bohm ont dit, retourner à son vécu et regarder ce qui, en nous, n'est pas libéré et ne pas se prendre pour des libérés. Dès qu'on regarde ce qui n'est pas libéré, c'est la liberté qui regarde, ça se fait tout seul. Mais dès qu'on veut obtenir la liberté, c'est nous qui la bloquons. Donc, je vous souhaite d'être libre.

Robert Linssen

Merci à tous. Voilà plus de soixante ans que je donne et que j'organise des conférences. Ce n'est pas pour vous flatter, mais j'ai très rarement senti un tel intérêt, autant de sérieux et de profondeur dans votre recherche intérieure, et une qualité de cœur qui montre que, pour vous, les questions scientifiques et philosophiques n'enlèvent pas cette profondeur, cette fraîcheur et cette bienveillance dans les relations humaines. Je vous remercie de tout cœur de votre attention en insistant sur le fait que je n'ai absolument rien à voir avec tout ce qui a été énoncé ici de ma part. L'inspiration qui a présidé à ces différentes interventions se trouve en vous. Suivant la pensée des Oupanishads, il n'y a pas ici plusieurs paires d'yeux qui regardent à travers ces paires d'yeux multiples qui regardent, il y a une seule et même présence. Il n'y a pas ici plusieurs paires d'oreilles qui écoutent. Oui, en surface, il y a plusieurs paires d'oreilles qui écoutent, mais il y a une seule et même présence qui, par ces paires d'oreilles multiples, écoute. Cette présence est en nous tous. Si des éléments d'une certaine profondeur ont été énoncés, c'est essentiellement grâce à cette présence.

ACHEVÉ D'IMPRIMER
CHEZ
MARC VEILLEUX,
IMPRIMEUR À BOUCHEVILLE,
EN DÉCEMBRE MIL NEUF CENT QUATRE-VINGT-QUINZE